国家级专业技术人员继续教育基地
专业技术人员知识更新系列丛书

TEDAXING CHENGSHI RUANSHILI
SHEHUI ZHILI YU CHUANGXIN

特大型城市软实力社会治理与创新

张文红 孟添 主编

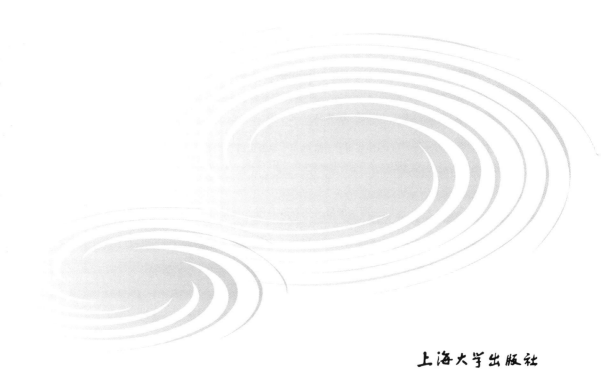

上海大学出版社
·上海·

图书在版编目(CIP)数据

特大型城市软实力:社会治理与创新/张文红,孟添主编. —上海:上海大学出版社,2022.11
ISBN 978-7-5671-4416-3

Ⅰ.①特… Ⅱ.①张… ②孟… Ⅲ.特大城市—社会管理—研究—中国 Ⅳ.①D63

中国版本图书馆 CIP 数据核字(2022)第 216829 号

责任编辑 刘　强
封面设计 柯国富
技术编辑 金　鑫　钱宇坤

特大型城市软实力
——社会治理与创新
张文红　孟　添　主编
上海大学出版社出版发行
(上海市上大路 99 号　邮政编码 200444)
(https://www.shupress.cn　发行热线 021-66135112)
出版人　戴骏豪
*
南京展望文化发展有限公司排版
上海颛辉印刷厂有限公司印刷　各地新华书店经销
开本 710mm×1000mm 1/16 印张 15.5 字数 238 千字
2022 年 12 月第 1 版　2022 年 12 月第 1 次印刷
ISBN 978-7-5671-4416-3/D·250　定价 85.00 元

版权所有　侵权必究
如发现本书有印装质量问题请与印刷厂质量科联系
联系电话: 021-57602918

本书编委会

（排名不分先后）

主　编

张文红　上海大学社会学院原院长、教授
孟　添　上海大学上海经济管理中心副主任（主持工作）
　　　　国家级专业技术人员继续教育基地（上海大学）办公室主任

副主编

尹后庆　中国教育学会副会长、上海市教育学会会长
冯　卫　上海市委网信办网络管理处一级调研员
杨　雄　上海社会科学院社会学研究所研究员
赵中建　华东师范大学教育学部教授
张民选　上海师范大学教育科学学院教授
章友德　上海政法学院社会管理学院教授
程　波　上海大学上海电影学院教授
金江波　上海大学上海美术学院教授
汪大伟　上海大学上海美术学院教授
孙继伟　上海大学管理学院教授
李凤章　上海大学法学院教授
袁　浩　上海大学社会学院副教授

参与编写人员

戴建英　国家级专业技术人员继续教育基地（上海大学）办公室培训部主任
高　举　国家级专业技术人员继续教育基地（上海大学）办公室行政部主任
钱密林　国家级专业技术人员继续教育基地（上海大学）办公室项目主管
沈凯文　国家级专业技术人员继续教育基地（上海大学）办公室项目助理

目 录

上海电影与海派文化软实力的传承与提升 …………… 程　波／1
非物质文化遗产保护、传承与城市治理发展新思路 ………… 金江波／21
什么是好的公共艺术 ……………………………… 汪大伟／32
法律视角下的社会基层治理重点、热点与难点问题解析 ……… 李凤章／54
党的十九大后健全社会治理体系建设的若干思考 ………… 杨　雄／61
城市营造与城市治理——谈谈城市科学管理的路径选择 …… 章友德／77
网络舆论生态和综合治理 ………………………… 冯　卫／106
党政部门精细化管理 ……………………………… 孙继伟／120
国际基础教育发展现状与趋势及与我国的比较 …………… 张民选／144
基础教育的全球趋势与创新型人才培养 ………………… 赵中建／181
上海基础教育的改革和发展 ……………………… 尹后庆／196
现代社会调研方法和趋势 ………………………… 袁　浩／219

附录　上海大学上海经济管理中心简介 ………………………／237

上海电影与海派文化软实力的传承与提升

程 波

一、上海电影和海派文化

上海建设国际文化大都市,提四个品牌,说明文化艺术越来越重要,而在文化当中电影是跟大众接触最紧密的一种。

上海是中国电影的发源地之一,在很长的一段时间里,上海电影基本上是中国电影的代名词。

新中国成立后,上海电影制片厂、北京电影制片厂、长春电影制片厂形成了国营电影制片厂三足鼎立的状态。改革开放后作为国营厂的上海电影制片厂,以及以上海电影制片厂为代表的上海电影,依然还有活力,但是遇到了一个非常明显的问题,就是民营电影制片厂的兴起和国营电影制片厂的股份制改造。这使得一些资本不断向某些地方聚集,比如北京,以中影公司为代表,还有大量的民营企业,比如华谊兄弟。上海在这个时间段里,电影的规模、质量、影响力都呈急剧下降的状态。在这个状态之下,上海电影的复兴不仅仅是电影本身的复兴,还要以电影的复兴来促进上海的文化大都市建设。所以在这种语境之下,电影会变成上海文化、海派文化、江南文化的重要载体和支撑,既有内在的逻辑,也是现实的需求。

去年我去了浙江杭州西溪,跟浙江广电的人开了一个关于浙江电影的影视研讨会。会上他们非常明确地提出一个说法,浙江要建设中国电影的副中心(北京是中心)。所以以上海电影复兴有其必要性和紧迫感。

上海学界、产业界经常提到一个说法:上海电影复兴的目标是什么?

就是在北京之外，建设中国电影的又一个中心。

上海电影学院的成立，其实也是这个逻辑下的产物。从上海本身文化发展角度来讲，需要有一个电影教育和电影产业相结合的平台。我们成立上海电影学院，对标北京电影学院，但是我们知道差距还很大。不过我们有非常好的传统，有政策、地缘、文化上的某种优势，包括可能具有更开阔的视野。基于这样的前提，我们今天分享以下内容：

上海电影和海派文化传承的关系。上海电影有非常优良的传统，电影是 1895 年在巴黎诞生的，巴黎塞纳河边的咖啡馆放映了第一部电影。虽然这部电影本身是片段，拍的是下班时工人从里面出来的场景，但那是最早的电影放映。而中国放映电影的时间并不晚多少，而且是发生在上海。我们知道电影史上有一种说法，中国电影诞生于 1905 年，这指的是我们自己生产电影，自己拍摄电影。1905 年，北京大栅栏丰泰照相馆放映中国人自己拍摄的带有舞台记录色彩的电影——《定军山》。

实际上中国人自己拍摄影像之前，放映活动早就开始了，早于《定军山》十年就开始了。放映活动是从哪里开始的？就是上海，当时的影像类似于西洋镜，不是活动影像。有两种说法，一说今天的徐园是中国最早放映电影的地方，一说为今天的张园。后来有人考证徐园放映的影像类似于 PPT，不是活动影像。上海电影的早期活动，在中国毫无疑问是居于领先地位的。这也容易理解，因为上海开埠之后是一个舶来品包括外来文化进入中国最主要的口岸。今天的大光明电影院、浦江饭店，前面提到的徐园，还有电影名人故居、老的电影制片厂所在地，等等，实际上不仅仅是当时跟电影有关的空间，不少都变成了文化遗存，变成文化传承的载体。

建设世界文化大都市，非常重要的就是载体，要对某些物理空间做好保护传承。上海的文化场所目前大概有 1 600 处而伦敦有超过 4 000 处，纽约接近 6 000 处。可见这之间有很大的差距。

回到刚才的话题：上海文化和海派文化、江南文化之间的关系。海派文化其实包含若干种元素。其中，一种是以中国传统文化为主的文化；一种是在上海近代化过程中进入的西方文化；一种是各地移民来了之后所形成的带有移民城市色彩的市民化的通俗文化，这也是海派文化非常重要的组成部分。20 世纪二三十年代，上海流行过一个文学流派，叫鸳鸯蝴蝶派。

鸳鸯蝴蝶派的很多作品改编成了电影,特别是在20年代末。因为有市民社会的观影需求和文化需求,所以海派文化中非常重要的一支就是市民文化。当然,上海作为有着庞大工人群体的城市,作为党的诞生地,还有深厚的红色文化。以上这些文化在电影里都多少有所体现。

我这有一个简单的统计数据。在20世纪初上海最早的电影放映活动中,有九家最重要的场所:外资有七家,其中欧美的六家,日本的一家;华商有两家;六家在今天虹口区苏州河沿岸。这类文化留存,其实是很重要的载体。我们统计里提到的虹口大戏院,是上海最早的一家活动戏院。它是非常重要的文化空间,20世纪五六十年代还成为上海舞台表演的场所。2004年海宁路拓宽的时候,这个地方被拆除,非常可惜。对于一个文化都市来说,某些东西要保留下来,并使之不断地对现在的文化,对市民,对这个城市的文化起到传承和支撑的作用。上海文化的兼收并蓄、海纳百川,包含着对外来文化的接纳。

空间留存之外,电影文化传承来源于人及其留下的作品。张石川兼有商人和电影导演的身份,郑正秋是他的搭档,这两个人是中国第一代导演。张石川拍了大概150部电影,其中最红的是《火烧红莲寺》,一部武侠神怪片,带有非常明显的中国传统文化色彩和市民文化的趣味,和电影这样的舶来品的表达方式结合在一块儿。

电影里还有一种非常重要的文化的基因,这种文化就是刚才讲的红色文化。左翼电影实际上是有红色文化基因的电影,是老上海电影最有成就的一个分支,不是说仅仅是意识形态的红,在艺术成就上也是相当重要的。有一些人,比如古万仓,体现了海派文化的另一面,就是消费性,他把意识形态、观念、票房、消费性、偶像、明星做了很好的结合。导演、演员、编剧对电影进行创造,他们的电影作品实际上自觉不自觉地变成了海派文化基因的来源和载体。

我稍微展开讲几个人。费穆,他在生前有一定的名声。他过世了之后,遗作就是《江湖儿女》,贾樟柯导演的一部片子就叫《江湖儿女》,因为贾樟柯非常喜欢费穆,所以用了这个名字。而且贾樟柯在自己办的平遥国际电影节里专门设了一个费穆单元。在后来的电影史评价中,费穆的价值逐步提升,甚至国内的很多电影评选,会把费穆的《小城之春》看作中国电影百年史上排在第一位的作品。

费穆是非常典型的移民后代。其家乡在苏州,但出生在上海,成长在上海,主要创作活动也都在上海。抗战期间上海沦陷后费穆去了香港,他其实特别想回来,但他的作品有很强的个人主义色彩,与当时的时代背景格格不入,最后没有回来。他对中国传统文化在电影中的呈现是有自觉意识的,比如他用民族乐器给默片配乐,这是非常好的尝试。所以后来的《小城之春》里有中国古典诗歌的意境不是偶然的。《小城之春》讲的故事很简单,夫妻两个住在世外桃源一样的地方,他们迎来了一个好像参加过社会事件但是又失落的老朋友,女主人跟这个男人之前有过一段恋情。所以这个人进入这个家庭后,在那种迷茫的情景之下,形成了一种隐喻关系,看上去讲的是三角恋的矛盾,实际上讲的是整个国家和社会所处的时代。

史东山是很自觉和我党保持一致的导演。他的作品,比如《青年进行曲》《八千里路云和月》,都是老上海电影里具有红色基因的代表。

孙瑜、费穆这一代是第二代导演,谢晋这一代是第三代导演。谢晋的成就很多,他把个人的艺术追求和国家社会的政治发展态势紧密结合起来,比如《红色娘子军》《芙蓉镇》《巴山夜雨》《海峡》《天云山传奇》等,他时刻保持与社会,特别是与社会政治态势的密切联系,这是有社会责任感的表现,从某种意义来讲,也是上海电影或者说海派文化非常重要的方面。有市民性,有个性,挺洋气,但是始终保持一种社会责任感,谢晋在这方面是非常好的代表。

在青年导演中,我就提一个人——郑大圣。他生于电影世家,他的妈妈是黄蜀芹,外公是黄佐临,黄蜀芹拍过很多电影,也拍过广为人知的电视剧《围城》。郑大圣在美国学的电影,而且他的艺术观念很先锋。但是你看他拍的很多电影,很关注中国传统文化,特别是戏剧,比如《古玩》《天津闲人》《春喜》。他可以把带有非常明显的政治宣传色彩题材的东西,和艺术上的创新结合在一块儿。

除了以上这些人之外,还有一些电影院、报刊传媒载体和电影厂,也是文化传承非常重要的组成部分。

大光明电影院真的是上海电影圣地般的存在,一是因为它的位置,二是因为它存在的时间,以及它在很多电影事件中扮演的角色。时至今日,上海很多重要的影展还是会选择大光明电影院。类似的还有大上海电影院。

这是我想跟大家分享的,从海派文化的基因和上海电影发展的历史当中,我们看到了关于这些基因的存留或者呈现,我们从这个思路把上海电影和海派文化的传承做了一个简单的结合。

接下来,我想从具体的角度跟大家聊聊上海文化包括电影传承的载体问题。上海有一江一河:黄浦江和苏州河。不管是在城市发展还是在文化传承中,它们都起着非常重要的作用。我们如何认识和利用好这两个具有地标性的空间,来为城市文化的发展助力?

二、上海电影与江河影像:苏州河

回溯历史,自1896年上海徐园第一次放映电影开始,开放、包容以及现代化的上海便与电影结下了不解之缘,而在其后的历史发展中逐渐成为电影影像内外的重要书写对象。在中国电影史上,最早的上海影像出现在1913年。这一年,亚细亚影戏公司的张石川拍摄的一系列滑稽短片,开启了上海影像的历史。在这批滑稽短片中,《二百五白相城隍庙》描写的是农民第一次游上海,乡下人在都市中出尽洋相的故事。《脚踏车闯祸》则是一段一名女郎骑脚踏车在闹市横冲直撞,笑话百出的片段。从内容来说,《二百五白相城隍庙》《脚踏车闯祸》等一批滑稽短片是中国电影史上最早的上海影像[①],自此以后,在中国百余年的电影历史当中,上海作为叙事空间被反复书写着。

众所周知,早期电影以上海为中心。民国时期,上海就是全国最为重要的电影制作与生产基地,诸多不同类型的电影的叙事空间均以上海为主,如《劳工之爱情》(1922)、《桃花泣血记》(1931)、《野玫瑰》(1932)、《小玩意》(1933)、《都市风光》(1935)、《马路天使》(1937)、《渔家女》(1943)、《八千里路云和月》(1947)、《太太万岁》(1947)、《关不住的春光》(1948)等;而新中国成立后,在"十七年电影"关于上海的影像书写中,以上海为叙事背景的电影主要强调阶级斗争,着重于电影的政治诉求,如《为了和平》(1956)、《不夜

---

① 王艳云:《早期中国电影中的上海影像研究——一种都市视角下的考察》,上海大学2007年博士学位论文。

城》(1957)、《永不消逝的电波》(1958)、《战上海》(1959)、《革命家庭》(1961)、《魔术师的奇遇》(1962)、《舞台姐妹》(1965)等;进入新时期,《子夜》(1981)、《日出》(1985)、《上海舞女》(1989)则重点展现了消费语境下的作为十里洋场的现代都市上海。自新中国成立以来,与民国上海影像遥相呼应的真正集中表现上海的影像热潮要到20世纪90年代以后才出现,对应全球化以及中国城市化进程的加快,作为现代摩登代表的中国"新都市"上海得到大规模的影像表现,出现了《阮玲玉》(1993)、《摇啊摇,摇到外婆桥》(1994)、《风月》(1996)、《海上花》(1998)、《花样年华》(2000)、《长恨歌》(2005)、《理发师》(2006)等一批电影,最终构成了90年代以来关于上海怀旧与影像表述热潮的重要文化现象。

纵观电影历史,现代上海是上海影像生产的根本来源,而上海影像又是以上海为故事空间的影片,从民国到新中国成立到新时期乃至20世纪90年代后期到现在,关于上海的影像已经明确表达出现代上海与上海影像之间的紧密联系。作为地理意义与文化意义上的现代上海的发展和成熟,是上海影像表现上海的基础。作为都市文化的代表,现代上海包含的文化影响广泛涉及该空间的影像表达方式,包含行为个体的文化活动以及与之相关的心理空间、社会空间等诸多层面。

列斐伏尔在《空间的生产》中提出"社会空间"的概念,将空间分成物理空间(自然)、心理空间(空间的话语建构)和社会空间(体验的、生活的空间)。他认为从根本上讲,空间是由人类活动生产出来的,它不是启蒙时期以来所认为的那种物化的静态结构,而是一种开放的、冲突的和矛盾的动态进程[①]。在上海的影像呈现中,相对于东方明珠电视塔、金茂大厦、上海环球金融中心、上海大世界游乐中心等地理坐标意义的上海标志性建筑所结构的空间,苏州河与黄浦江的影像表达更为自然地诠释了上海作为一个现代都市因河而兴、通江贯海的精神气质。具体来讲,河水奔流所代表的时间流动性与两岸带有历史错落感的建筑在空间上的固定性,决定了苏州河与黄浦江在上海城市叙事中的独特地位。苏州河与黄浦江的影像不只是静态

---

① Philip E. Wagner, "Spatial Criticism: Critical Geography, Space Place and Textuality," in Julian Wolfreysed. *Introducing Criti-cism at the 21st Century*. Edinbourgh University press, China Ocean University Press, 2006.

的单一呈现与单向度表达,更多的是对城市文化想象的岁月易逝的动态心理及情感体验的深入刻画。更为重要的是,在其影像历史性书写与当下描摹之中,跨越时间的空间表达,也是与苏州河和黄浦江历史变化密切关联的行为主体的书写,是时代和人的空间化书写,更是多角度呈现了以河流影像为中心建构起的城市空间中,在主客体关系基础之上的心理空间以及动态进程中的社会空间。

吴淞江上海境内的段落被称为"苏州河",它自西向东穿上海而过,最终经外白渡桥汇入黄浦江,作为上海最早的航运主道,苏州河在上海城市早期发展中贡献巨大。在现代上海的城市格局中,苏州河始终处于城市的边界内里,苏州河沿岸的生活群落、民居建筑以及由此形成的完整的社会生活空间是上海最初的发展中心,而后又经历了百年搭建最终完成了作为国际大都市的上海的基本水域框架,在上海的发展和城市空间的建构中扮演了"生母"的角色,在历史的起起落落中经历了早期农业经济形态的传统船运、近代工业特别是纺织工业的水源和交通、现代工业化的重度开发、20世纪90年代中晚期持续到当下的河流治理。其空间景观与文化功能处于持续的动态的建构之中,其所承载的社会文化内涵也在不同历史阶段与题材类型的影像书写中发展变化,具体表现为历史表述与个体体验两个方面。

老上海时期,苏州河影像在诸如《十字街头》等作品中有所呈现,往往和底层工人的工作生活场景及工人运动场景有关,但并不多见。在老上海,苏州河位于公共租界的北端,很长一部分是公共租界与华界辖区闸北的分界线,其一方面带有分隔的意味,另一方面又是从文化和阶层上区分人群的依据。比如与福煦路——爱多亚路(今延安中路与延安东路)以南的法租界相比,苏州河两岸特别是北岸的面貌就差很远,上海"东方巴黎"的称号也与这里无关。这里是日本纺织工厂的聚集地,一方面有着"大自鸣钟"地区(今天长寿路曹家渡地区)一类充满了劳动密集型工厂的空间特征,另一方面又有着"潭子湾"(今天的中远两湾城)棚户区的色彩,在苏州河沿岸,工人们住在离开现代化工厂不远的棚户区,甚至是苏州河上的乌篷船里。

在日军进入上海之后,不仅非租界,苏州河以北虹口的公共租界也成了日占区。不仅是苏北移民和底层市民聚居的闸北在空间上是传统的"下只角",整个苏州河以北也成了动荡、不安全的空间符号,此岸与对岸,在很长时间里成了以苏州河区分开来的不同社会和文化心理空间。

上海新都市电影代表人物李欣导演的《对岸的战争》(2008)以一个儿童的视角重述了"八·一三"淞沪抗战爆发时著名的四行仓库保卫战,从历史细节处着手,以普通百姓的日常生活与战争的联系为叙事基础,通过苏州河两岸的呼应联动将普通百姓的生活苦难、抗击日寇的民族决心与国家军人的英勇抗敌行为结合起来,通过西藏北路桥、父子之情、家国之情、同胞之情连接起来,成为苏州河最为悲壮的历史景观,在正视了河流对于人群的区分的前提下,也在影响呈现上表达出了苏州河的历史厚度与深度。有意思的是,《对岸的战争》与同样表现四行仓库保卫战的台湾电影《八百壮士》(1975)形成了有效的互文关系,如果说《八百壮士》是对四行仓库保卫战的正面描写,那么《对岸的战争》则是对这一战役的侧面补充,更为丰富的生活细节,使得四行仓库保卫战的历史景象更为细腻动人。管虎导演还未上映的新片《八佰》,也是以同样的历史题材对苏州河空间的影像表达,让人十分期待。

由白沉导演,龚雪、张铁林等人主演的20世纪80年代经典电影《大桥下面》(1984)是苏州河在新时期影像表达和文化想象的很好样本。影片讲述了同住在苏州河畔的上海知青高志华和秦楠的故事。"文革"期间,身为教师的父亲被关进牛棚,知青秦楠在上山下乡运动的狂潮中被分配到淮北乡下参加劳动,接受贫下中农再教育。在他们的知青集体户里,在枯燥乏味没有希望的农村劳动中,她和有着相似命运的另一名知青,同属"黑七类"①子女的男同学孟彬走到了一起,然而当秦楠怀孕三个月的时候,孟彬在加拿大的父亲为他办了移民手续,孟彬便一去不回。在望眼欲穿的等待中,绝望的秦楠只得把户口迁到苏州舅舅家里,生下了孩子。"文革"结束后,返城的秦楠一边以个体裁缝为生,一边往返于苏州和上海之间,抽空照料儿子。而在这个时候,因为没有合适的地方设摊,遇到困难的秦楠在同为返城知青的高志华的帮助下把裁缝摊摆在了高志华的自行车摊旁。曾经相似的生活经历与当下共同的现实命运,让秦楠和高志华由相识到相知,最终相爱。然而秦楠过去的生活成为街坊邻居们嘲讽的对象,一时间也成为两个人乃至两

---

① 专指地主、富农、反革命、坏分子、右派、资本家、黑帮七类人。这些人被认为是无产阶级的敌人,是无产阶级专政的对象。

个家庭关系发展的羁绊，但最终在阳光坚强的瘫痪女孩萧云的启发下，秦楠决定鼓起勇气重新生活，向高志华倾诉了自己坎坷的遭遇，在互相理解下，他们摆脱了历史生活的情感重压，开始新的生活。放在中国电影文化的谱系里来看，《大桥下面》具有明显的"伤痕"意味，它以现实境遇反射历史经历，重点描摹"文革"期间饱受身体和情感双重摧残的人们当下的互相扶助与自我疗愈。电影中苏州河畔的民居简单质朴，既具有一定的市井气息，又包含了一种冲动和热情。历史浩劫之后经济复苏，各种经济形式出现，尤其是被称作"个体户"的个体经济获得发展，成为当时国家体制外知识青年自我扶助的重要途径，在多元的经济形式发展下，生活回归常规，日常生活中个体情感及心理空间获得展现的机会。正如电影中多次出现的苏州河，不断变化的视角与河水本身的动态结合在一起，成为从历史中走向现实的个体的映照，个体在历史过程中伤痕逐渐愈合。在空间表现上，局部的狭窄的苏州河两岸的居民街道，在影片结束的时候被逐渐拉开至大全景的现代的广阔的上海街道，这是对个体心理空间变化的明喻。

《苏州河》(2000)由娄烨导演创作，对上海新都市电影具有开创性的价值和意义。电影几乎完全依赖于一个主观视角的自我叙述方式展开叙事，着力于表现个体情感体验中的苏州河。电影讲述了在上海当地一名自由职业的青年摄影师，在一次工作过程中爱上了一个在苏州河畔的一家酒吧打工的名叫美美的姑娘。美美的主要工作就是把自己打扮成美人鱼的样子，在一个巨型的水族箱里游来游去，供顾客观看。跟都市里大多数快餐式的爱情一样，很快他们就相爱了，但是在恋爱的过程中美美一直怀疑他对爱情的忠诚度。随着故事的推进，摄影师证明自己爱情忠诚度的过程，就是在影片套层结构中另一个故事的叙事过程，套层故事里因为被绑架，牡丹对自己的爱人马达彻底失望，在绝望的情感和报复心理的驱使下，最终跳进苏州河，在激流的河水里消失不见，尸体最终也没有被找到，马达作为嫌疑犯则被警察带走送入监狱。服刑期满后马达重新回到上海，回到苏州河畔，到处寻找曾经的爱人牡丹，在寻找的过程中，把与牡丹长相酷似的美美误认为牡丹。美美、马达以及摄影师自己在主观的感受与情感关系内，在最初的证明与被证明之中互相交织并互为镜像。故事的结尾处，一个普通的黎明，马达和牡丹因为饮酒过量，在酒精的迷醉下出了车祸，一起坠入苏州河中。两人的死亡给美美带来了巨大的精神刺激,美美选择离开苏州河,离开她的爱人——摄影师,最终只有摄影师一个人孤单地留在上海。

罗德威在《感官地理》中将认识空间的方式分为两种:认知绘图和感官地理。对城市来说,认知绘图强调"街道""建筑"尤其名胜古迹等地标的重要性,重视认知者的历史和地理知识,是理性的认知;而感官地理是个人色彩的随心游走,是包含游者记忆和情感的感官经验,是感性的漫游[1]。电影中马达、牡丹、美美以及作为主观叙述者的摄影师,在苏州河畔自由行走、互相追随,作为现代青年的他们以自己的情感体验来表达自己对苏州河两岸空间的自我理解,其略带颓废、散漫的精神状态也是对经历了上海工业高速发展之后,饱受污染困扰的苏州河工业伤疤的直接回应。尤其是电影中的野牛草伏特加的淡绿色在观感上通于苏州河水的颜色,可视作影像与现实中苏州河边上90年代上海青年对苏州河的味觉体验,是燥烈中含有沉静、迷醉中存有清醒的感性的精神漫游。与《大桥下面》不同,奠定了上海新世纪都市电影元叙事的《苏州河》在运镜上独具个性,掌镜人通过画外音讲述"从西向东,穿过上海"。具体到其影像空间移动路线就可以发现,摄影机的视角界限很少逾越苏州河上的外白渡桥——这座关联着几代上海市民细微情感的桥梁,在城市现实空间连接着苏州河与黄浦江,却在这里如同一个有意义的边界,相应地区分开了传统与现代,同时也似乎隐含了个体与群体、边缘与主流、本土与国际之间的文化和情感对峙[2]。

不过有意思的是,在现实的时空里,苏州河治理取得了很大的成效,苏州河两岸逐步成为上海中产阶级生活的空间想象之"苏州河景观公园"和"河景房"的载体,是"黄浦江沿线贯穿工程"和"江景房"的延续。原本文化和阶层上的固化形态随着空间的变化被打破,并结合着物理空间变化被重新编码,这样的苏州河现在或者未来会以怎样的方式进入电影,可能是一个有意思的问题。

---

[1] Paul Rodaway, *Sensuous Geographies: Body, Sense and Place*, New York: Routledge, 1999, pp. 41-42.
[2] 洪崇恩:《百年卧波渡尽几多沧桑——上海外白渡桥世纪纪念》,《文汇报》2007年8月13日。

三、上海电影与江河影像：黄浦江

黄浦江作为上海的另外一条地标性河流，在上海市中心接纳了苏州河后最终在吴淞口注入长江，是长江汇入东海之前的最后一条支流，与苏州河一起构成了上海主要的水域结构。它流经上海主城区，自然的水域流向将上海分成浦西和浦东两个部分，在其西岸的上海外滩，一直就是上海城市现代化和文化多元开放的象征。与苏州河所代表的上海内里的城市空间与文化想象不同，黄浦江的文化特征更为重要的是其开放性与多元化。从历史上来看，百年之前的上海即是世界范围内最为自由的港口之一，自开埠以来，黄浦江所蕴含的文化就带有中西结合、融会贯通的国际化特点。打一个不一定恰当的比方，作为上海内里的苏州河孕育了上海，但在很长的时间里，它的"卑微"不足为外人道，如一个"主内的母亲"，是上海这座城市的"里子"；而黄浦江对上海城市空间形成与发展的决定性影响则主要在于近现代，且逐渐成为上海现代主流文化和现代化进程的代表，在上海城市文化结构中扮演了"主外的父亲"的角色，是上海这座城市的"面子"。相较于苏州河，黄浦江在上海城市影像中呈现得更为明显。

在时间的河流中，这个"空间的河流"的文化特征当然会发生一定的变化，其具体呈现在影像中的方式和状态，我们主要可以从现代性想象与焦虑、国家意志载体、个体情感和文化诗意表达三个方面来看。

《马路天使》(1937)中外滩从地上到地下这第一个镜头就把黄浦江"钉"在了现代性想象和焦虑并存的位置上，后来赵丹去黄浦江和苏州河交界位置上的摩天大楼（今天的上海大厦）找律师的桥段，作为一种乌托邦和反乌托邦的想象出现在电影里。《新女性》(1935)有一组平行镜头，一边是百乐门里的歌舞，一边是女音乐教师带着女学生们演唱《黄浦江歌谣》，同时通过分屏呈现黄浦江及外滩的都市景象。很明显，在这里，黄浦江成了现代化、社会精英主流乃至男权的象征，也成了反思阶级压迫、现代性压抑和男权压抑的对象。另一个相关的方面，在老上海，黄浦江既是上海的门户和面子，同时也是上海的边界，浦东人和外地人一样，坐轮渡通过黄浦江来到浦西，都叫作"去上海"。这种"边界"的意味也具有明显的现代性想象和焦虑：一是国际化的大上海从这里开始,十里洋场在它的西岸,外来的物质和多元文化从这里进入,黄浦江连着大海,这让人感觉自豪、开放并对未知空间和未来充满想象;二是黄浦江上外国商船、邮轮乃至军舰和本土的小舢板并置,而且作为边界区别着空间,同样也可能区别着人群,用一种阻隔的方式。所以旧时代的黄浦江之于上海的文化意味,是具有悖论性的。

  由黄佐临导演的《黄浦江故事》(1959)带有"十七年电影"的鲜明特征,是黄浦江意象国家意志表达的典型代表,是新的历史语境下国家文化政策主导的对黄浦江两岸空间偏向于政治的文化阐释。影片主要讲述了从清末到民国再到新中国成立等不同历史时期,黄浦江两岸普通劳苦大众处于阶级压迫下的艰辛生活以及历史转变,以历史化的表达方式,全景式地呈现了黄浦江两岸的空间景观。故事的起始时间是1908年(光绪末年),当时黄浦江两岸的历史景象是伤痕累累,强势的西方帝国商船与兵舰在黄浦江上肆意妄为,主人公常信根是一名普通船民,在江中行船经常受到他们的欺压。到了民国时期,长大成人的常信根的儿子常桂山,在岸边的造船厂当上了一名普通的工人,时隔不久,北伐军一路打到了上海,在共产党的领导下,上海工人成功举行了第三次武装起义,积极配合北伐军作战。也就是在这一时期,常桂山最终受到共产党员李德发的启发和引导,勇敢地投身工人运动,在集体活动中受到了良好的革命教育,在蒋介石发动反革命政变以及爆发抗日战争等重要的历史性时刻,积极配合党的工作,由参加到组织领导工人罢工,最终在见证了国民党政权的失败后,成长为党领导下的新时代的工人,父子两代人一起见证了新的历史以及政治环境下黄浦江两岸的景观的重大改变。国家意志直接硬性地体现在整个叙事过程中。进入90年代,同是上海电影制片厂拍摄制作的《情洒浦江》(1991)同样以黄浦江为故事中心凝聚国家意志的表达,其叙事核心在于国家主导下南浦大桥的成功建设就是新的历史时期上海崛起的象征。虽然仍以家庭为人物结构设置的基础,但与《黄浦江故事》的历史性叙述不同,它主要以现实为表达对象。影片以南浦大桥的工程建设为事件中心,将与工程建设紧密关联的工程队长罗大卫的家庭矛盾,青年工人陈辉与恋人宋丽之间的爱情发展变化融入其中,表现了与国家建设发展息息相关的当代上海工人个人情感的矛盾、现实和理想的冲突,有效展现了新的历史时期上海工人的精神风貌,同时也表现了改革开放之后处于社会变革之中的人们思想观念的发展与变化,以宏观与微观相结合的方式表现了主流意识形态建构中对于社会空间变化的文化表达。

与侧重于国家意志宏观表达的那代导演不同,第六代导演更习惯于从个体性、青年性甚至边缘性的角度进行微观表达。比如娄烨的《周末情人》(1995)中多次出现主人公乘轮渡往返于黄浦江两岸的情景,青年人的爱情焦虑和释放,和一周一次的往返约会联系在一起,增添了这一空间的情感阻隔和欲望延宕的意味。王全安的《团圆》(2010)则完全是以现实之下个人的情感纠葛来回应历史伤痛,黄浦江在电影中成为情感纠葛的历史源头、当下回望以及再次别离的复杂情绪的主要空间承载者,流逝的滚滚江水更多是离愁别绪意象的表达。影片主要讲述了台湾老兵刘燕生在妻子去世以后重返上海,寻找在解放战争期间失散几十年的妻子乔玉娥和从未谋面的儿子的故事。乔玉娥与刘燕生失散之后,迫于政治偏见和生存压力与陆善民结婚,并生育了两个女儿,抚养她们长大成人。刘燕生回来后逐渐了解到这对历史逆境下被迫结合的夫妻之间的情感间隙,于是萌生了带乔玉娥到台湾生活的念头。当他承诺要以经济补偿的方式带走乔玉娥时,这种超越常理的"非分之想"对这个和睦稳固的家庭来说无异于一场地震,强烈的感情震荡使得跨越几十年时光的亲人团聚变成了互相之间的二次伤害。其后,情感伤害的主要承受者陆善民突发脑溢血,生命垂危。伦理压力和家庭情分双重作用之下的乔玉娥唯有放弃,时隔几十年,只能在相同的上海码头,在依依不舍中又一次送走了刘燕生。影片中除了展现上海地标性的外滩和东方明珠塔、石库门民居、嘈杂的菜市场以及摆下的家宴门前等日常生活空间外,重点表现了刘燕生重回上海后的复杂情感,以及最终不得不乘坐由黄浦江上开出的客轮,成为历史的重演,意味深长。

不同于个体情感纠葛对以黄浦江为中心的城市空间的直接呈现,《长江图》(2016)中的黄浦江则被诗意化地表现出来。影片的主人公高淳在父亲亡故之后,继续以父亲留下来的驳船广德号运送货物为生。他在一次为赚取高额利润,偷运国家禁物沿江而上的旅程中,偶然发现了名为《长江图》的诗集,并邂逅了女人安陆。在之后沿江而上的旅途中,神秘的安陆总是能以不同面貌在长江沿岸不同的地方与高淳短暂相遇,随后又悄然告别。高淳在诗集的引导下,在现实与幻象的交叠中最终到达长江源头楚玛尔河。《长江图》呈现了中国电影中的"水墨影像"美学,它有意识地传承了中国古典绘画中的美学意识,重塑长江风景语法,这也许是杨超导演和李屏宾摄影对中国古典诗意中长江意境的感怀。有意思的是,黄浦江是这一切的源头,作为沿江而上回溯路途的起点,黄浦江在影片中也得到了不同以往的诗意呈现,冷色调下江面薄雾缠绕,江面上的船只若隐若现,发动机迟缓的声响融于具有影调层次的影像之中,夜幕下灯光里的码头沉浸于难得的安宁中。《长江图》的"水墨影像"给予黄浦江的是另一个特别的影像侧影,它与大都市或者现代性无关,而是作为个体的人追溯精神源头的起点。

不论是苏州河还是黄浦江,其物理和文化上的差异与作为城市空间里的河流的共性同样重要。"电影作为文化的一脉,也承续了中国传统江河叙事的正宗大统。粗略统计一下,仅以'长江'为时空背景的影片就有,蔡楚生与郑君里的《一江春水向东流》(1947)、汤晓丹的《渡江侦察记》(1954)、吴永刚与吴贻弓的《巴山夜雨》(1980)、郭宝昌的《神女峰的迷雾》(1980)、汤化达、于本正的《等到满山红叶时》(1980)、吴天明的《没有航标的河流》(1983)、章明的《巫山云雨》(1996)、王超的《江城夏日》(2006)、贾樟柯的《三峡好人》(2006)、王小帅的《日照重庆》(2010)等名片佳作。"①同样,如果把苏州河与黄浦江的影像表达置于中国传统"江河叙事"文化体系中来看的话,无论是与更为丰富的长江的影像叙事比较,还是就它们在上海城市空间的建构中的位置和重要性而言,其影像阐释的力度和广度仍然不足,尤其是其动态影像空间的建构与表达。

贾樟柯导演的纪录片(伪纪录片)《海上传奇》(2010)对苏州河与黄浦江动态影像的空间建构具有重要参考价值与意义。影片以历史影像对比和个体文化体验为切入点,在虚构与现实之间,对苏州河与黄浦江的历史经验和文化变迁作了比较,突出城市体验者的自我言说,试图营造一种共时性的空间概念。而共时性的城市空间是由"体验者"感知的。"体验者"作为"居民"或"使用者",超越城市空间的真实与想象,存在于"第三空间"中。爱德华·

---

① 石川:《〈长江图〉与中国传统的江河叙事》,《文汇报》2016年9月8日。

W. 苏贾在《第三空间：去往洛杉矶和其他真实和想象地方的旅程》（*Third Space: Journeys to Los Angeles and Other Real-and-Imagined Places*）中认为"第三空间"超越第一空间（物质性）和第二空间（表征性）的纠结与对比，是理解并改变人类生活空间性的他者化方式，是一种新模式的批判空间性意识。《海上传奇》中赵涛作为上海城市空间的体验者，其目光所及之处，既有外滩的建筑工地、影剧院，也有正在建设中的世博园、高铁飞驰而过的高架桥，呈现了当下上海大部分特色鲜明的地理坐标，并以游走和引入的方式带出电影里其他17位体验者。这些体验者的讲述，时间跨越20世纪30年代直到2010年，内容既包括个人历史，也包括这个城市的历史，可视为对个体在近现代的上海生存经验的一种描述。在他们的故事中，上海时而温情，时而冷酷；时而个人，时而政治；时而超前，时而保守，呈现出一种被想象的特征，并最终在"话语空间"和"故事空间"中完成表征与体验的深层次心理互动。更为重要的是，结合当下上海城市空间的文化状态，从《海上传奇》的影像中我们也会发现，曾经作为内里的苏州河在主流意识形态与文化观念转变的直接影响下，在文化形态上逐渐向现代感更强的黄浦江的文化景观靠拢，已经处于不断主流化的进程中，在两岸人工景观的改造中显现出更为现代的一面，与黄浦江一起构成当代上海城市空间的全新景观。而苏州河上已然存在多年、黄浦江上不断出现的"桥"，连通着江河两岸，也承载着社会阶层和文化心理上的融合或新的固化，为我们理解上海城市空间的影像呈现和文化想象提供了另一个角度。

四、电影与城市文化软实力

苏州河在很长一段时间里，是公共租界和华界辖区的交界处，所以在河的两岸，各种文化和生活业态的交织是明显的，其间虽然有阻隔，但又有持续的连通。黄浦江是一个门面，是上海的门户，像一个给家庭撑门面的父亲。所以黄浦江往往比较光鲜、严肃，有时候还带有压迫性。苏州河则像一个母亲，自己不讲究吃穿也不讲究光鲜，在很长的时间里甚至疾病缠身——其两岸在很长一段时间里聚集的是棚户区。

这一江一河在城市文化现实发展的过程当中有这样的特点，在文化心理上也有这样一种感觉,所以在电影中我们会看到,黄浦江更宽,更雄伟,而且更具有边界性,像万国建筑群这块,被认为是东方巴黎,而苏州河两岸更多的是底层。这样一种客观历史存在,以及它所包含的文化价值意味,都在电影里有一定程度的呈现。

我们再看一个有意思的地方,就是苏州河注入黄浦江,苏州河注入黄浦江的地方就像螺丝螺母一样把它们锁在一块儿。外白渡桥是至关重要的,所以很多的电影里会有外白渡桥。这是关于上海城市空间最重要的一江一河,很多的意味可以从电影的意味发散到更大的文化的意味,乃至发散到城市的文化建设。

不知道从什么时候开始,上海的城市结构有了很强的文化价值结构的意义。现在讲上海的城市结构,我们很容易想到"家住哪"——内环边上、外环边上。就是这样的四环结构,潜移默化地成为这个城市的一种新的地标和划分,苏州河和黄浦江则作为一种边界与区隔。以前上海的城市文化构架里,老上海说的上只角、下只角,虽然也有城市的中心和边缘的感觉,但是不像现在四环结构这样由中心向边缘辐射。我觉得这包含一种两面性,对于上海城市的构建发展来讲,不仅仅是环线交通的问题,更重要的是这里面所形成的文化及文化心理的问题。

从原来一江一河的结构跳到四环结构来理解,我们会发现在关于上海的很多电影里,近十年上海的城市影像,从不同的视角出现了空间的变化、标志性建筑的变迁等等,比如大量的环线的镜头。在这样的四环结构里,我们用什么来规避或对抗其消极的一面呢?这就涉及对具有上海文化传统的空间的保护。

保护传播具有上海特色又综合了多种文化元素的弄堂文化,是上海文化大都市建设及文化传承,乃至城市文化软实力建设中非常重要的内容。从某种意义上讲,这也是要让我们跳出四环结构的限制。

上海很多的电影里可以看到弄堂文化。我前段时间参加一个活动,是上海电视家协会办的颁奖礼,它把纪念上海改革开放四十周年的一个特别奖颁给了一个摄影师。这个摄影师数年如一日地拍上海的弄堂,有一些作品非常有水准,包含文化传承的意义和社会价值。

那些由上海弄堂改造而来的文化场所,比如新天地、田子坊,从某种意义来讲是非常具有上海特色的,是上海文化的血脉。如果因为老城区的改造或者环线的影响,让它们整齐划一,破坏传承,或者直接把它们推倒,就非常可惜。

所以保护弄堂文化的同时,要对其进行提炼、展示、传播。比如,在弄堂里做博物馆或展览馆,或将其作为电影实景拍摄的场景,让它由空间场所变成文化场所,变成文化传承的载体。

还有带有非常明显上海文化特征的老洋房,其问题不止于保护,更重要的是如何让其成为对城市文化更有贡献、更有作用的载体。老洋房表现与呈现的是西方文化和上海本土文化的融合,其价值不仅仅是建筑本身。

还有在上海电影里经常出现的公寓。常德公寓是张爱玲的故居,不远处是毛泽东的故居。这种老式公寓的文化传承作用也是明显的,做好呈现、保护、传播,可以给城市文化做一个支撑点。

还有工人新村。在一些电影里经常看到工人新村,工人新村洋溢着非常阳光明媚、非常积极向上的人际关系和精神面貌,比如《朝阳新村》《大李老李小李》。

城市空间的发展现在越来越同质化、标准化,其实这是不应该的。

四环结构不是一个对或者错、好或者坏的问题,而是说不要让其成为套在我们头上、套在文化传承上的四个紧箍,要打破标准化,让文化的自主性、独立性、能动性尽量发挥出来。

上海要建设国际化大都市,要恢复上海电影的某种意义上的往日辉煌,而且如果从更高的要求来说,要建设中国电影的"又一中心",或者世界电影非常重要的领地,很明显我们得有抓手,得有桥头堡。

现在上海市政府也好,国家也好,提文化大都市建设,提四个品牌的塑造,乃至于提江南文化、海派文化,就说明政府意识到了这个问题,而且非常迫切地想找到具体的做法。我们现在倡议"一带一路"建设,其实很重要的一点就是发挥中国经济、社会、文化在国际上的融合力与影响力。该倡议跟上海关系非常密切,上海自开埠以来,很长时间里是一个相对比较单向的文化输入的桥头堡。我们讲到的兼收并蓄、海纳百川,这些词语的态势是吸纳,是进来。但是如何融合,如何出去?如何对世界、对外部产生影响？

我们经常讲中国经济全球化，我们的资本要出去，我们的企业要出去，我们的文化要出去，通过一些文化载体发挥影响力，促使相应软实力的提升。海纳百川、兼收并蓄是好的，但是不够，这依然是一种单向思维。

"一带一路"是对上海城市文化精神一个更高的要求和补充，是对海纳百川、兼收并蓄的有益的补充，而且是非常重要的补充。以后提上海文化精神的时候，可以更多地考量一下，除了单向接收之外，也要让上海的文化精神走出去。

上海作为中国最大的经济中心、重要的文化中心，不光要接收，如何输出、如何传播也是非常关键的。

一方面上海电影节这些年越办越好，说明市民有旺盛的文化需求。但是另一方面，上海电影节这几年很难突破的瓶颈是什么？就是金爵奖还是比较冷，不管是社会的影响度、参展影片的水准，还是参展影片对于世界的影响。上海电影节是上海城市文化建设的非常重要的平台之一。上海电影节的"一冷一热"，从某种程度来讲正好让我们思考"一带一路"的问题。这"一冷一热"跟"一带一路"之间有什么关系？我们策划的这些影展，展览的大多数是国外比较有名、比较好的电影，比如《小偷家族》，然后以某种方式、某个主题策划一个一个小的展映单元。如果用"一带一路"的思维方式来对待上海文化建设中出现的冷或者热的问题，非常有针对性地来做这件事情，是不是可以日积月累，改变这样不均衡的状态，让长板更长，短板也能够补起来？

另外跟大家分享的角度，就是城市要向艺术开放，而不仅仅是向世界开放。举一个简单的例子，我也指导学生拍片子，有一年学生要去华师大拍片子，但是要造雨车进去，而且要拍阳光雨的戏，怎么办？华师大不让，怕影响正常的教学。然后学生找上大宣传部给华师大宣传部打报告、沟通，终于允许了。这个例子说明什么？在我们的固定思维里，会把城市的空间看成是封闭的空间，把城市的某些建筑看作是特有的权利的象征，通过建筑对空间进行独享和占有。大家看古希腊的建筑，其内部和外部是连通的，强调的是外部空间和内部空间的开放性。但是到了罗马时期，建筑就是以占有空间为目的。现在大部分的建筑都是以占有空间为目的。

从这个思维角度出发，城市的开放不仅仅是向世界开放，不仅仅是空间向更大空间的开放，还有一个是空间从物理层面上向文化层面上开放，向艺术开放。所以海上片厂的举措是很好的，体现了上海城市的某种开放性。海上片厂包含的开放性，实际上是城市文化软实力中非常重要的特质，也许我们还没有达到某种水准，但是坚持正确的方向是非常重要的。当然，开放是有度的。

海上片厂给我们提供了一个思维角度，而怎么做、怎么落实，不仅仅是形而下的拍摄地点和空间的问题，更重要的形而上的城市和艺术关系的问题。"一带一路"的思维、海上片厂的思维，有助于提升城市的软实力。城市的实际空间进入艺术，然后从艺术回馈到实际空间，这样的过程将实现放大效应。

还有大家比较熟悉的就是"文创50条"，它既是政策，也是发展战略，其目的是想把上海打造成具有国际影响力的文化创意产业中心。文化创意产业既跟产业有关，又跟艺术有关，更跟文化有关。

回顾上海电影传统，在老上海时期，上海就是某种意义上的电影创视中心，演员、资本、电影公司、影院、导演齐聚，对社会的辐射影响也很大。今天如果某部电影北美5月1日上映，到上海要12月30日才上映，会有时间差的问题。但是在20世纪30年代的上海，很多时候好莱坞的影片月初上映，月末就在上海上映了。这样的同步性和密切度，说明在当时上海就是电影创视中心。

在全球创意中心里有一个"1+3+X"的概念。因为上海原来有一些基础，比如松江影视基地，虽然没有横店那么大，但是其实也形成了一些规模效应，如何利用已有台阶提升它的作用，提升拍摄基地对文化创视产业，对人才集聚、资本集聚的平台作用，这就是"1+3+X"的思路。对于我们来说，跟大学教育和环上大产业园区都有关，甚至跟上海电影学院的成立都有非常密切的关系。

我们也非常乐意见到，在不远的将来，上海能够在海上片厂，能够在影视创视中心建设方面取得成绩。

（讲座时间：2018年10月；成稿时间：2022年9月）

作者简介

程波,上海大学上海电影学院副院长、教授、博士生导师。兼任教育部戏剧与影视学类本科专业教学指导委员会委员、中国电影家协会理论委员会理事、中国高校影视学会理事、上海电影评论学会常务理事、谢晋电影艺术基金会副理事长等。曾出版《先锋及其语境:中国当代电影的探索策略研究》《光影路:世界电影地图(三卷本)》《光影中国十讲》《影像与现象:立雪斋电影笔记》《先锋及其语境:中国当代先锋文学思潮研究》《西风破:西方美学讲读》《天才/疯子:达利画传》《西方美的历程》等著作。先后发表学术论文百余篇,小说、诗歌数十万字。从事剧本创作与影视策划,策划创作电视剧、电影、网剧、纪录片多部。

非物质文化遗产保护、传承与城市治理发展新思路

金江波

谢谢孟添主任,又给我一次向各位领导汇报和交流的机会。上次领导们莅临我院公共艺术协同创新中心(Public Art Coordination Center,以下简称PACC),提出了许多真知灼见,令我们收获颇丰。

今天的话题是"公共艺术中的非遗传承与协同创新"。我们希望通过PACC这一平台,让知识走出校园,让人才走进社会,让艺术和艺术教育在社会发展中发挥更突出的作用。运用我们的知识服务体系,为各方面的社会组织和政府机构提出的建设需求提供创造性的解决方案,助力社会治理工作,更好地服务社会转型。近几年来,PACC在承接国家文化战略任务时,一直秉持着如下理念:帮扶非遗传承人充分利用好传统文化资源,让地方的传统工艺在社会转型中得到更充分的发展。

从上海举办的"大世界非遗节"和第二届国际进口博览会中,我们看到,富有生活智慧和文明结晶的非遗手工艺已经慢慢地从尘封的记忆中走出来,回归到日常生活,甚至成为主流文化创意的重要媒介和载体。本届进博会,我们做了以"江南非物质文化遗产"为主题的展区,展示了长三角原有的传统手工艺、生活方式和生活习俗,得到了商务部部长和上海市委领导的重视。领导们对"传统文化如何焕发出新的活力?如何代表新的文化价值?如何体现上海城市生活品质?"等问题提了很多建议。李强书记说,城市生活,更需要有我们自己的"根"。我想,非物质文化遗产就是我们的"根",就是民族性和文化特性的重要表现。

下面我来谈谈如何从高校的角度,推进"非遗"的传承和创新发展。

"协同创新"是社会资源运作的一种机制。目前,国内有很多的协同创

新中心,但以理工类居多,比如航天科技、计算机科技等,而 PACC 是上海首批协同创新中心成员机构,也是上海首批中唯一的艺术类协同创新中心,不但获得了市里的批复设立,也得到了国家层面的认可支持。其创办目的在于用公共艺术的理念与方法推动社会的创新,提升区域文化艺术与生活的品质。

公共艺术,不仅是表达视觉美的艺术,也是城市公共空间中、社区生活中的艺术方式,区别于我们所熟知的视觉艺术形态。它是用艺术的方式解决公共问题,用艺术的理念服务于人的创造,服务于城市的更新升级,服务于生活方式的提升。

2019 年第三届上海城市空间艺术季静安区实践案例展——"流域·邂逅:静安彭越浦·社区重塑滨水公共艺术现场",就是用艺术的方式来表达周边市民与河道整治共生的故事。"流域·邂逅"是对 2019 年上海城市空间艺术季主题的延展和诠释,主展立足上海市"一江一河"公共空间开发战略,聚焦"滨水空间为人类带来美好生活",主题为"相遇","流域"是对"滨水空间为人类带来美好生活"的区域性想象,"邂逅"则是没有相约的遇见,寓指大家将在静安彭越浦河的景观区域里,在公共艺术中不期而遇。

那么,有些政府独立完成的公共项目,算是公共艺术吗?答案是不能算,因为既没有艺术家参与,也没有创意表现介入,并不具备公共艺术的三大特点:公共性、艺术性、在地性。正如李强书记和应勇市长所关心的城市精细化管理,如果加入"艺术性",就和公共艺术联系起来了。如果没有艺术的参与,它就纯粹是社会治理的手段了。公共艺术的初心就是为人民服务,提升城市的整体品质,塑造城市的精神品格,成为为城市和生活赋能的艺术。

PACC 的理念和使命,就是希望借助协同创新这一管理、运作和转化资源的平台,把社会资源和文化资源进行创造性转换与创新性发展,实现推动社会变革创新的艺术力量。所以,在我们平台上,我们对接社会发展的需求,开展系列创新驱动、协同运作的工作。

第一,对接技能提升的需求。例如,有的传承人编了一辈子的竹编,到了协同创新中心之后,才发现竹编图案可以与视觉构成结合起来,可以变得更美,更有腔调,更符合现代审美的需求,这就是技能提升需求。

第二，对接创业创富的需求。将创业动力提升为服务社会发展的能力，把技艺转换为文创产品，令更多的青年设计师拥有与行业发展的对接机会。

第三，对接精神生活的需求。随着物质生活水平的提高，人们提升精神生活品质的需求也逐渐增高。通过传统非遗手工艺的创意提升，满足当代人对"美"的需求。

我们可以把从事非物质文化遗产传承工作的传承人、工匠和学生们，都比作"原油"，那么我们PACC的平台就是将原油提炼成汽油、柴油和燃油的"中枢站"。我们把培养人才作为根本目的，将传统文化资源和国内外的学术资源积聚起来，通过管理、转换和运作，培养出一批跨文化、跨领域、跨学科、拥有创造力的人才，并在培养人才的过程中让所有的参与者缔结为利益共同体，实现整体的可持续发展。

总而言之，PACC发挥了借力打力的作用，不需要规模很大的队伍，也不需要太多的资金投入，实现了四两拨千斤的运作效果。

我们所协同的资源，主要分为两部分：一是社会资源，包括政府、企业、艺术机构和院校；二是文化资源，即非遗技艺的资源、学科专业的资源、区域的民俗文化资源。

2018年文化部和国家旅游局进行了合并。文化和旅游的结合，就是诗和远方的合体。旅游景点开始打造体验式旅游、全域式旅游、会讲故事的旅游，不仅仅是自然资源观光旅游，还要可吃、可玩、可买，甚至可住。不久前，文旅部还特地委托PACC，开办专门培养懂得资源运作、资源转换的地方干部和景区管委会主任的培训班。在此，我们也作出回应，希望帮助他们完成文旅产品研发和文创产品的设计开发。

除此之外，PACC还承接和举办丰富多样的文化活动，包括国际创新工作营、艺术家驻地计划、手工艺创新计划等，涉及几十种技艺种类。结合地方政府的发展需求，把我们优势的专业与学科资源进行转化，撬动地方转型，助力乡村振兴。近几年，我们在浙江开展了美丽乡村、乡村振兴等三十几个项目，其中有部分已经获得了文旅部和住建部的"历史文化村落"称号，足以体现我们为地方打造品牌、注入学科资源、集聚人才优势、对接地方发展融合的优势。区别于普通规划院做的硬件规划、环境整治、社区建设工作，我们的文化艺术项目是由内及外、综合整治的系统。

以浙江玉环市山里村项目为例,山里村是一座非常传统的小山村,村里只有几十户人家,已经没有原住民,但是有非常好的生态资源,风景秀丽,在山上还可以看到大海。于是,我们提出一个口号——"到山里村去看海,到山里村去赏花",打造了一个依山而建的动漫花谷,把创意和卡通动漫元素的人物植入乡村,发动乡邻们种植各式各样的花,使得每个季节都有特别的美,吸引人们来此留影,在这里体验慢生活,放空心灵。渐渐地,一些开发商来到这里,开设了茶屋、民宿,形成了一种新的业态,也吸引了更多的当地居民回到家乡。当初很多中老年妇女不种田,每天挑着担子或推着三轮车到山下的城市边际摆小摊,卖豆腐干、茶叶蛋。现在她们不需要下山就可以营业,因为每天有几千人来山里游玩,几千瓶矿泉水总是一抢而空。还有很多人开了书店、咖啡屋、特色小吃店,让这个小村落变成了网红打卡点。以这样的创意方式重塑乡村,构成自我有机生长的模式,才是符合当地老百姓发展需求的乡村业态。

下面我来具体谈一下如何撬动文化资源,助力精准扶贫。有个 90 后姑娘,是十九大中最年轻的代表,也是全国精准扶贫帮扶计划的楷模。两会期间,她拿着上海大学与她合作设计的竹编保温杯,对着 CCTV 的镜头侃侃而谈,一年销售了将近 10 万个,每个约 300 元。她还带动了当地很多竹编匠人开竹编合作社、见习堂。政府为她提供了一处老房子,帮助她成立了当地的竹艺艺术馆。在她成功之后,很多人效仿她,开始做竹家具、竹工艺等。虽然这门手艺来自边远地区,但只要给它注入一点创意,就可以点燃创新创业的梦想。

还有一个 90 后小姑娘,是来自高原羌族的张君悦。她来我们学校参与了非遗研培之后,学习了创意设计的思维和方法,也学习了文创融合的一系列管理模式。羌绣大多为手工刺绣,是农村妇女在劳动间隙完成的民间工艺品,羌绣服装绣一件要几个月,主要在逢年过节举行礼仪的时候穿。基于游牧的生活方式,绣得厚才可以防寒保暖;色彩鲜艳是为了传递信息,方便远距离识别。显然他们的传统民族服饰已不适合现代生活,于是我们通过创意提升,将羌绣与文创系列产品结合起来,例如手机壳、iPad 包、电脑包、领带等,让羌绣融入了很多现代生活元素。世界著名奢侈品品牌如爱马仕、LV 等与传统艺人合作,推出富有传统文化底蕴的品牌包,并且卖得很贵。

我们也引导君悦将羌绣中的花朵图案提取出来，绣在牛仔裤上，并帮她跟腾讯公益计划合作，开展了"一个口袋一朵羌绣花"的公益计划。参与公益计划的人把牛仔裤寄到阿坝州绣娘合作社，希望在口袋上绣花，一朵花仅需5元。经过三个月的时间，合作社完成了七八万条牛仔裤的绣花工作，收益归绣娘所有。做了类似的一些项目之后，张君悦也坚定了信念，要用有创意的方式把民族的手工艺传承下来。她做了一系列文创之后，李克强总理来到北京双创周，看到她的成果，关注到她这位90后的创业事迹，CCTV也报道了她，她开始火了起来。后来她回到阿坝州，成了阿坝州的人大代表，在政府的扶持下，创立了"悦悦"羌绣文创品牌，还开了羌绣民宿。前段时间，我同文化和旅游部的副部长一起去回访她，她的民宿比我们预想的开得还要大，并且都是羌绣元素研发出来的，收费也不高，如果营销做得再好一点，一定可以成为高原上的网红打卡地。当然这个小姑娘也很吃苦耐劳，很多东西都是从头开始学习的，她作为人大代表，身上所体现的自强不息、自主创业、带头创富的精神，正是我们所期望的。

关于人才资源的转化和撬动。传统工艺能转化为现代的美学产品，成为代表国家和地方政府的礼物。我们通过资源撬动，与政府合作，助推研究生的创业和就业。手工艺方向研究生在跟传统艺人打交道的时候，一方面发现文化和传统资源的价值；另一方面也促使学生们和传承人们去思考，怎样用双手去创造属于自己的作品和产品。我们培养的研究生，有的在三年的研究生学习之后成立了自己的品牌，现在是很火爆的网红小老板；有的在学习传统、找到创意创新的方法之后取得成功，例如把民族的符号提取出来，做成咖啡杯或其他一系列文创产品。在一次博览会中，这种小产品，虽然每一件要卖到两三百元，但销量很好，很多人喜欢，三天下来居然卖了20多万元，都是实实在在的收入。市场需求摆在这里，所以好的东西是不怕没有市场的。

关于品牌资源的转化和撬动。大家知道，上海美术学院在这个城市中是办学历史最悠久的专业美术学院，是上海唯一的一所能够代表海派美术传承主体的学院。自刘海粟先生创办上海美术专科学校以来，至今已有110多年的历史，其在上海的主要文脉由上海美术学院传承下来。上海美术学院的美术学也是目前上海大学两个A类学科中的一个。在教育部的十大美院排名中,上海美术学院在整个学科体系中排并列第五,拥有全上海唯一的艺术学三个一级学科博士点。

我先举两个例子,一个是在2018年的进口博览会期间,习近平总书记去了我们为虹口区党建工作共建的"云端的创意驿站",肯定了创意艺术服务于党建的工作。用创意力量调动群众的凝聚力,引领群众对美好生活的向往和需求,放在党群平台中与市民共享,这是我们一直思考和实践的。在2019年的上海城市空间艺术季中,我们参与了滨江部分的更新改造,通过艺术的手段探索城市空间的转型发展,将之打通成为城市治理和社区营造的典范,来诠释当代的上海品质。

此外,我们还把上海国际手造博览会,作为上海服务全国、服务各民族非物质文化遗产传承保护与再利用、对接传统手工艺营销和展示服务的平台。每年年底,年轻的手工艺人、非遗传承人和国际民间艺术家自发组织到上海的世博展览馆,在12 000平方米的展厅展示和销售创意手工产品并相互学习。活动吸引了近十万人前来观摩体验,也成为最受上海市民欢迎的年度文化活动之一。上海世博展览馆的展览中,每年只有两个活动是有黄牛炒票的,一个是动漫展,另一个就是手造博览会。

我们一直在助力非遗传承人走上国际舞台、讲好中国故事,展示中国传统文化的现代价值。如今,越来越多的非遗传承人、我们的青年教师和学生,走上国际舞台,举办各种各样的展览,传播好我们的成果。

关于创新性发展。前面介绍了资源的创造性转换,现在我们来说说"资本"的创新性发展。这里的"资本"主要包括人力资本和技术资本,人力资本就是刚才介绍的手艺人,技术资本是我们在培养这些人的过程中,推动他们在创业创富过程中积累的作品产品、课程体系、专业课题、服务地方的科研项目,当然更重要的是文化交流中对外展示的学术品牌。

非遗融入现代生活,是一个大课题,也是国家文化战略的重要步骤和举措。目前在文化和旅游部、教育部、人力资源和社会保障部三部联合发起的全国非物质文化遗产传承人群研培计划中,上海大学和清华大学被评为最好的两所学校。我们提出的研培理念与主张和清华是不一样的,清华大学美术学院侧重工艺与材料的本体研究,因为清华美院的前身是中央工艺美院。我们对接的是如何让非遗活起来,如何推动活性的发展,实现活态的传承。我们的理念是让研培过程与成果实现国际范、民族风、当代腔的非遗，以此助推非遗融进现代生活。

每当各个地区的非遗传承人来到上海，我们首先带他们感受什么是魔都（上海），感受夜上海的味道，体验都市上海的风范，把上海的街边城区都走一遍，把上海的味道先品足，然后再回到课堂，细细品究现代摩登社会中的审美、品质，讨论怎样提升、转换传统手工艺。

我们近几年做过的各种各样技艺类的培训，到目前为止共举办了26期，每一期都有20个人左右。这些国家和省市级的非遗传承人成为我们的学员后，为我们的平台汇集了相当大的人力资本，也是我们各专业口子的专业研究资源。因为这些人不但代表技艺的传承，代表地方文化主体价值，也是后续队伍发展的领头羊。其中很多人已经成为地方转型发展过程中重要的带头人，在地方掌握了一定的话语权。更重要的是，让一些传统手工艺慢慢地成为地方文旅转型中的重要产品和生产力。

与此同时，我们还请来许多国家的艺术家和设计师加入我们的队伍，成为实现人力资本和技术资本创造性转换过程中的重要外部力量。我们认为，到这里的不只是学员，更是民间艺术家。我们的目的是让他们在参加完培训后更加有自信，对创新有新的认知，凸显技艺的传承价值，驱动他们发挥创造力，实现生活品质的提升，让他们的工作成果成为推动地方经济转型发展的动力。

对学生来说，这也是探索社会、进入田野调查的第一手学术资源，是发现、发掘的专业资源的课外课堂。非遗传承人和研究生都由内而外地觉得自己要走这条路，有很多的研究生，除了创业致富之外，更要把终身职业方向定位于此。他们在研培课堂完成的作业成果，亦成为有美学价值的生活用品。每个人都会向往美好的生活，希望美好的生活中体现美的品质。例如我们有件作品是马鞍上的银饰，现在我们把它的技艺和服饰、皮包结合在一起，这样就形成了一种独特的美学，很有腔调。这实证了传统民艺的资源既可作为文创的 IP，也可成为设计创意的元素。还有如藏文，既可作为表达宗教理念的书写语言，也可作为生活中有吉祥寓意的时尚文创、时尚纹饰产品。

做这些工作还和社会治理有密切关系，非遗也是少数民族主要的文化遗产,非遗传承与保护的核心利益也涉及民族团结和民族地区的繁荣稳定。例如,新疆班绣娘就是在国家政策支持下,到上海大学和其他院校进行培训。她们的先生负责营销,她们主管生产,这个班不是简单意义的技艺培训班,是有效促进民族地区稳定和团结的文化培训班。这些少数民族学员到我们这里,可以感受到汉族人民无微不至的帮扶,她们学成回去之际,都依依不舍留恋这里的培训时光。

很多人认为传统工艺都是老的东西,逐渐被行业发展成为传统工艺美术。很多的学者把传统工艺当作工艺美术来研究,以至于很多工艺品进入了博物馆、文物局,所以很多年轻人不愿意做。为什么?因为做了一辈子也卖不出去,只能放在老旧的博物馆里。现在我们要让它成为文创产品,会讲故事的文化和创意产品,体现它独特的现代商业价值和应有的文化价值,成为当下时代的主角。

值得一提的是,我们历史上第一件通过"天宫二号"航空器进入太空的传统文化绣片,就是我们上海大学做的。2017 年,我们接到文化部和旅游部的任务,说航天部接到军委的秘密任务,要创作一件体现传统文化基因的作品,在防火的特种面料上创作,用于纪念中国航天事业 60 周年。于是我们就签订保密协议开始了创作。当时正好有一个绣娘班在我们这里培训。20 个绣娘分成了八个小组,有的做成航天器飞向太空,有的做成芙蓉花开。后来大冶刺绣刘小红老师,用乱针法做了以宇宙为背景的"六十图案的星云图"。乱针绣和她的独特绣法,在特殊材料上绣出了一点金光闪闪的味道,作品完成后,放在光下很闪耀,最后选定的就是这件作品。这件进入太空的绣片,体现了传统文化在塑造国家形象时应有的作为,也是文化自信的表达。刘小红老师也随之受到社会各界的关注,当地政府还资助她成立了刘小红刺绣艺术博物馆。

非遗传统技艺进入现代生活,是生活品质的象征。设计师和张君悦一起合作了一件羌绣,他们把羌绣的元素和羌绣的绣法融入晚礼服的设计中,礼服进入法国的时装周并拿了奖。这件礼服不单单是一件礼服,它还是一件艺术作品。还有一双高级定制的缂丝鞋子,缂丝作为宋代皇宫里婚庆、登基礼服采用的工艺,素有"一两黄金一两缂丝"之说,它伴随传统文化的符号和图案,回归到生活场景中,体现了传统手工艺人的独具匠心,成为独具魅力的文化产品。

我们在上海的设计周,打造了一场非遗时装秀的大展演,结合了十几种绣种技艺和其他手工艺技艺,包括银饰、錾刻、竹编等,演绎了一场全新的非遗跨界时装秀。此外还有苗绣服饰、用银锻造的钱包、海南的彝族织锦等新文创、新设计推出,这些都是将非遗的技艺用美学的方式融入创意生活的场景里,成为点燃生活美学的语言和手段,形成各式各样独具美学价值的产品。市民们非常喜欢和欣赏这样的创意成果。

非遗技艺也成为美学表达的精粹手段。竹编传承人和艺术家合作,就能做出独树一帜的竹编蓝牙音响。我们有把竹扇是G20峰会的礼物,以往的竹扇上都是花鸟、人物、山水画,配上一些诗词,但是我们设计的这把扇既有传统的味道,又有现代的气息和时尚感。还有一件竹编灯,设计师结合竹编的编制规律和色彩构成,将其打造成了万花筒的造型,并开发了一系列色彩的竹编灯,在夜晚非常美,现在在淘宝上销售得非常好。

传统的东西,不是陈旧的,也不是落后的,是鲜活的,更可以是时尚的,甚至是绝美的,代表前卫的创造力。近几年来,文旅部对上海大学的非遗研培成果表示肯定。前文提及的新疆班,就是在文旅部部长的推动下,专门到上海大学来培训的。

今天来到现场的非遗传承人程丽老师,是自强不息的非遗传承代表性人物。她这位非遗传承人不仅技艺高、创新意识强,还承担着社会服务、社会公益和社会责任,帮助了很多残障人士学习竹编技艺。在国内外文化品牌的交流中,非遗传承人的故事也是我们展示的亮点。程丽老师在美国肯塔基大学访问时,该大学校长非常惊讶,这么一双小手,如何能够把一根根竹纤维编制成这么可爱又兼具美学价值和生活实用价值的作品?程丽老师的创业故事和她所展示的创造力,体现了非遗传承人自强不息的作为。

下面讲讲我们如何通过对外交流,用非遗讲好中国故事,走出国门展现当代文化的创造力和民族自信。我们在丹麦的国家历史博物馆举行展览活动时,该馆馆长说,跟上海美术学院合作的展览,是他任馆长以来和中国合作展览做得最好的一次,所有人都对展览内容很感兴趣,馆长觉得上海人做事很靠谱。我就对她说,上海人确实靠谱,以后多多合作。又说,明年中国和丹麦建交70周年,我们还要举办特定的文化展。目前的初步想法是,将两国历史上同时期的艺术作品分别放在对方博物馆空间里进行对位展示，我相信会很有意思。

非遗工作可以非常有国际范，很鲜活，很时尚，充满上海特色。在第三届中国设计大展中，我作为城乡营造展区的策展人，陪同文化和旅游部李群副部长参观了我们的展区。现代艺术装置《百鸟林》把民间100种鸟的符号和跟鸟有关的非遗技艺结合在一起，成为展区中一道靓丽的风景线。

关于国家战略下的精准扶贫和乡村振兴工作。我们走进偏远乡村地区，在当地开展传统工艺振兴计划，把设计师和艺术家也请到那里，开展一对一的扶人、扶志、扶智工作。例如，我们与藏银技艺传承人段松文合作，他从事银饰工作有三十余年了。他在参与了青海果洛研修班之后，首次尝试与设计师合作，并完成了两款跨界手工艺品，价格高达几万元，是从前单件产品收入的几倍之多，不仅实现了传统藏银手艺的价值再生，还实现了经济的创收。

关于跨领域合作。除了手工技艺与创意设计的融合，我们还将非遗和话剧、音乐剧、舞台剧结合起来。比如舞台剧《白蛇传》中所有用到的服饰和道具，都是用非遗技艺做的。剧中的断桥由竹编做成，人物的服饰包含了四种绣工以及藏银和苗银两种银饰技艺。

关于推进国际合作。目前，我们在国际上已和十几个院校合作，让非遗走进他们的课堂，我们研发的非遗手工艺课程，也成为这些院校学生学习与了解中国文化的渠道和途径。学生们切实感受到中国文化多姿多彩，增强了对中国文化的认同，也促进了各方对人类文化多样性的体验。

以上的一系列实践也促使我们进一步思考：公共艺术协同创新中心的魂在哪里？怎样提升我们中心的可持续发展能力？作为"资源"，它永远都在社会的深处。最有效的机制就是将资源协同起来，实现的方法和路径就是依靠现代性的转化。老的、陈旧的、过去的，都可以进行现代性的转化。更重要的是，恰如其分地运用好当代性的表达，创造出来的产品或作品就有当代普适的语境，让世人更易接受，更能融入当代社会。协同创新就是让资源拥有者、创新转化的工作者、拥有当代性表达的创造者、知识产权的作者，成为利益攸关的共同体。

当下社会各界都在关注非遗传承的工作，它是我们民族文化复兴工程的重要组成之一，也是文化自信的有机载体。从古至今，非遗就是生活方方面面的活化。非物质文化遗产，是社区精神认同、族群生活方式的纽带。非遗的活态传承，是最紧密联系老百姓、最代表基层社会群众的生活价值，也是最适合开展社会治理的文化媒介。我们帮助他们发掘社区非遗传承的项目，就是为了提升地区文化底蕴，促进社区百姓们的文化自觉，让他们通过自身的创造力，自信地表达自我，最终走向人的自强。人才是社会治理创新的重要条件，无论是文化干部还是社会上的专业人才，均是实现社会治理的人才梯队骨干。我对这样的人才要素做了相关要点的归纳：需明了国际文创发展趋势；兼具创意的思维、方式和方法；熟悉艺术设计的创作规律；深知文化传承体系的价值。我们希望这些人才在社会发展中成为"引领文创潮流的设计者，发展文旅融合的开拓者，缔造生活美学的践行者，也能成为书写品质生活的创造者"。

以上就是我对"公共艺术中的非遗传承与协同创新"的总结汇报，请各位领导不吝指教。

（讲座时间：2019 年 12 月；成稿时间：2022 年 9 月）

> **作者简介**
>
> 金江波，上海大学上海美术学院副院长、教授，上海市文联副主席，上海市政协常委。研究方向为国际公共艺术、新媒体艺术、非物质文化遗产传承创新。艺术作品曾在全球近一百个国家、城市与地区展览，曾荣获"连州国际摄影节年度杰出艺术家"金奖和"上海市十大青年高端创意人才"等称号。主持国家艺术基金项目、国家教育部首批新文科研究与改革实践项目、国家文旅部非遗研培计划项目、上海哲学社科项目等国家级、省部级科研项目十多项，发表高水平学术论文三十余篇，出版《Booming 繁荣》《地方重塑：国际公共艺术案例解读》《当代新媒体艺术特征》等学术著作。

什么是好的公共艺术

汪大伟

"公共艺术"在当下是一个热词,为什么? 因为城市建设发展到一定阶段后就必然要追求城市品质,公共艺术因在其中发挥着重要作用而备受关注。

一、何为公共艺术?

(一) 公共艺术学科概念的提出

20 世纪 90 年代,上海大学美术学院就已经把"公共艺术"作为学科建设的概念提出。当时还没有公共艺术的概念,我们就顺应上海的经济建设,策划主办了一些大型文化项目和活动。比如 90 年代上海城市建设过程中,上海超过半数的城市雕塑是由上海大学美术学院创作的。

今天我把公共艺术学科的建设过程跟大家分享一下。

关于地铁的空间设计。同济是上海城市建设的一块大牌子,但是目前上海轨道交通已开通的 392 个车站中,有 177 个车站的空间设计出自上海大学美术学院。上海城市轨道交通的壁画,75%是由上海大学美术学院创作的。

此外,东方绿舟的策划、实施,包括公园中的雕塑,也都出自上海大学美术学院。2010 年上海世博会的主题是"城市,让生活更美好",从这样一句话演变出那么多空间展示的内容,上海大学、复旦大学和交通大学从一开始就参与筹备和策划。

城市建设过程中,人们意识到艺术有自己独特的作用。我们在国内率先提出"公共艺术"的概念,没想到 2012 年教育部便专门设立了公共艺术本科专业。目前,全国有 240 所院校开设了公共艺术专业。可见,公共艺术在中国城镇化进程所起到的积极作用也是被人们所关注的。但公共艺术到底是个什么样的概念,至今依然没有定论,大家都是从不同角度对其进行定义,就像瞎子摸象一样。

(二) 公共艺术的概念与属性

1. 公共空间中的艺术就是公共艺术吗

今天讲的题目叫"什么是好的公共艺术",首先需要解释清楚何为公共艺术。从字面解释好像非常简单,公共空间中的艺术就是公共艺术。但事实上,公共艺术必须具备公共性。记得多年前在讨论"公共艺术"的概念时,曾与人争论,对方说公共空间中的艺术就是公共艺术。我说不一定,假设你的钱包放在公共空间里,但钱包还是属于你个人的。所以公共艺术一定要有公共属性,作品不是代表个人,而是代表公众的观念和诉求,这样的艺术才能叫公共艺术。

在城市建设过程中运用公共艺术是从功能性的装饰开始的。城市雕塑和地铁壁画,都属于美化城市的公共艺术。

例如阿根廷的地铁,用石子装饰座椅,既让座椅有坐具的功能,又能美化地铁空间环境(图1)。再如德国的地铁,把建筑空间中的柱子装饰成树

图1

（图2）。事实证明，用审美经验找到合适的沟通渠道，甚至可以拉近人与人的距离。

图 2

这个放大的座椅（图3），突破了常规的对座椅的认知。还有这个是最典型的莫斯科的宫殿式的地铁（图4），莫斯科地铁最独树一帜的就是其宫殿式的风格。

淮海路上的打电话的少女雕塑（图5），是雕塑家何勇创作的。原作是用玻璃钢做的彩色雕塑，被人盗走后又在原来位置重新做了一个。这个案例也反映了公共艺术和公共管理发展的不平衡。

2. 公共艺术是国家的艺术

公共空间的艺术，更多的是围绕功能起到装饰的作用，而公共艺术常常被视作国家的艺术，尤其是纪念性的雕塑和纪念碑，往往极具公共性，代表了国家意志。20世纪二三十年代美国经济萧条，罗斯福新政提出了三个理

什么是好的公共艺术

图 3

图 4

图 5

念：救济、复兴、改革。当时首先救济的就是艺术家，为艺术家提供就业机会，在城市中创作壁画、雕塑，以艺术的力量改变城市环境。当时经济萧条，有颓废之气，所以要让艺术精神唤醒民众。罗斯福时期的美国，开始尝试将公共艺术作为治理国家的手段。从这个角度来理解，可以将公共艺术视为国家的艺术。

3. 公共艺术是人民群众的艺术

大部分人认为公共艺术是人民群众的艺术。20世纪60年代，公共艺术最早在美国兴起，政府出台了百分比的艺术计划，简而言之就是从建筑经费中拿出一定百分比的经费用于公共艺术。使用和管理公共艺术基金则是由各方面的人士组成的管理委员会来决定。通过整体规划，形成一套民主推荐和民主决策机制，促成大众参与、大众评估、大众投票的群众性的艺术。

《2501个移民》是由美国艺术家亚历杭德罗·圣地亚哥创作的2501个

陶塑(图6)。他是从南美移民到美国的,他的家乡很多人像他一样移民到美国去寻求更好的生活,造成当地人口大量流失。艺术家统计当时移民出去了 2 500 人,他希望通过真人等大的陶像来象征这些移民,陶像放置在美国和墨西哥的边境上,从美国望向墨西哥的方向。在他创作期间,他的女儿降生,所以作品最终为 2 501 个陶塑。之后,这组作品经常在城市中巡展。通过该作品,艺术家希望能唤起人们对家乡的思念,更深层次的是激起人们对社会问题的反思。

图 6

为大家所熟知的《无声的进化》这组作品(图7),位于墨西哥的坎昆国家海洋公园的海底。这组雕塑由 400 多个真人等大的生态混凝土制成(水泥雕塑,混合了水泥、沙砾、纤维玻璃、活珊瑚礁),人为营造了一个适合海洋生物栖息的环境,减轻了自然珊瑚礁的生存压力。

瑞士建筑师诺特·维塔尔在尼日尔当地一个社区建造了一组作品,名为《尼日尔建筑》(图8),包括雕塑、建筑、大地艺术等形式。其中一座开放式建筑是儿童学校,450 名儿童上课时就坐在这个阶梯上,而不是在常规的室内课堂,因此这所学校不仅是一座雕塑,还具有社会功能。

图 7

图 8

4. 公共艺术是一种艺术主张和文化理念

还有一种说法,认为公共艺术是一种艺术主张,是一种文化理念。公共艺术,从大众中来,到大众中去,应大众而生,这是一种理念。

例如《在我死之前》这个案例(图9)。一位华裔美国艺术家凯蒂·张把她的社区里的一栋废弃房屋的内墙刷黑,在上面写上"在我死之前,_____"并邀请人们写下自己最想表达的内容。这件作品引发很多人的参与。通过写下真心话,大家相互之间得到一种很好的心灵沟通。这件作品看似简单,却实现了公共空间中最广泛的沟通。

图 9

5. 公共艺术是公共空间中的公共文化活动

我首先想分享的是我们自己的案例。2009—2010年,上海大学美术学院在上海曹杨新村开展了一项名为"艺术让生活更美好"的公共艺术实践活动(图10),约1 000名师生、2 000名市民和外籍专家、艺术家、评论家、管理者、策展人30余人参与了这个项目。当时,这个项目受到了美国、英国、加拿大、荷兰、日本、新西兰等地同行的关注,英国公共艺术委员会还特派了观察员考察三个月。

图 10

曹杨新村是20世纪50年代上海有名的工人新村,但是随着时代的发展,这里日趋衰落,居民大部分都是外来的。当时我带了一批青年教师和研究生调研摸底。经过沟通,住在这里的老劳模跟我们讲述了当年的荣耀和故事,使我们对这个社区的历史记忆和社区文化有了一定的深入了解。

当时邀请了12位艺术家参与,在曹杨新村进行创作实践,活动持续了一年。在开幕式上,敲锣打鼓,策展人和艺术家为劳模戴大红花,我们希望通过这样一种活动,唤起相关居民的记忆。同时在这个过程中,也会对年轻人起到教育作用。

这次活动中有一个项目是建筑系师生为居民进行室内改造设计,并邀请居民为设计方案投票,评出优秀方案。这个项目是最受欢迎的,因为与居民生活息息相关,参与度很高。学生们也觉得在社区的实践很有收获,得到了居民的认可。

活动中有一件作品叫《被单文化》(图11),是一位加拿大策展人邀请社区居民把自己的梦想展示在自己盖的被单上。但是整个创作、沟通的过程一波三折,折射出不同的文化对于公共艺术的不同理解。例如在中国,人们一般认为被单是最隐私的东西,不可以出现在公共空间。结果,居民们展示在被单上的都是类似于宣传口号的内容。艺术家非常不理解为什么会变成这样,以为主办方故意让居民这样写的。为了搞清楚整个过程,我们又多次跟居民了解情况,才知道这些内容都是在居委会动员后居民自愿写的,都是他们想要表达的内容。有一位居民这样同我们解释:"'我要 100 万''我要改造房子',这些话只能在家里说说,在公共场合就不合适了,还是要分清场合。"他的一番话,恰巧说明了不同文化对于公共艺术的不同理解。《被单文化》这个案例很有意思,充满了正能量。一年中,社区居民通过这个活动联系在一起,给社区带来了活力。

图 11

这个活动在曹杨新村做了整整一年。我们从不受欢迎到后来受欢迎,到最后社区居民恋恋不舍,不让我们走。后来我与财经主持人袁岳就公共艺术的话题在学院展开了一次对话活动。他说我们这个活动虽然做了一系列的事情,并使社区被唤醒,但却没有后续,社区居民会更痛苦。他的道理是对的,但我不赞同。我说我们艺术家从来就是提出问题,很少能彻底解决问题。我们做的是要往死水里扔一块石头,激起层层涟漪,剩下的事情应该由更专业的机构和部门来推进与完成。我们的艺术,一定要和社会工作、社会学结合起来,形成一种持久的志愿者机制,形成一种社工服务机制。这样,小区被激活以后,机制能够延续并提供保障。

刚才分享的是上海的案例,接下来分享一个阿姆斯特丹的案例,名为《厨师、农民、他的妻子和他们的邻居》(图12)。这个案例中包含了一种可持续的发展公共艺术的机制。在阿姆斯特丹的这个小区里,各种信仰的居民之间没有往来。为了打破这一矛盾局面,艺术家在社区里的公共绿地上开辟了一片农田用于社区生产,收获时则组织居民在公共厨房中烹制和分享食物。艺术家们给社区提供了该项目后,激活了整个社区。在项目发展的一年中,居民们成为参与项目的最主要的生力军。这个项目不仅使废弃的空间变成有用的空间,更满足了居民渴望参与社区事务的诉求,是一种文化复兴和居住区重生的手段,也是一种可持续的机制。

图 12

6. 公共艺术是用艺术的语言和方式解决公共问题的一种运作机制

中东地区《足球场》(图 13)这个案例非常有代表性。艺术家梅德·洛佩兹在美术馆前的公共空间里创造了一个新的活动空间,在地上画出足球场的门线与中线等,形成足球场的空间功能,让大家可以出来踢足球。通过这种艺术的方式,有助于削减传统留下的隔阂。

图 13

《卢旺达的治疗》(图 14)是一个可持续的公共艺术项目,对当地社会和经济都起到了极大的促进作用。1994 年,发生在卢旺达的种族灭绝事件,导致吉塞尼附近在 100 多天内有约 100 万人被杀害。2005 年,美籍华裔艺术家叶蕾蕾和由她创立的费城非营利组织"赤足艺术家"通过公共艺术的方式对当地的万人坑和鲁格雷洛的幸存者居住的村庄进行改造,营造了缅怀的场所,提供了教育、发展的机会和对未来生活的看法。

获得第四届国际公共艺术奖大奖的作品《感知》(图 15)是一个社区公共艺术案例。艺术家在开罗的一个贫民区展开了艺术创作与行动。长久以

图 14

图 15

来，这个社区主要收集垃圾并在社区中进行分类。虽然很脏，但是这些人对城市做出了积极的贡献，他们在城市中建立了一个高效、高利润的垃圾回收系统，可循环利用将近85%的垃圾。《感知》这个项目是由法籍突尼斯裔艺术家埃尔·锡德发起的，他在这个社区中创作完成了一幅立体错层壁画，旨在引起人们关注作为垃圾回收者的社区居民的社会价值，希望重塑这个社区的集体形象。艺术家团队挨家挨户向当地人介绍这个项目的初衷，获得了当地居民对这个项目的积极支持。这个项目增强了居民们的认同感和归属感，也引发了社会的反思。

综上所述，我们可以把公共艺术解释为：公共空间中的艺术；国家的艺术；人民群众的艺术；一种艺术主张和文化理念；公共空间中的公共文化活动；用艺术的语言和方式解决公共问题的一种运作机制。公共艺术作为用艺术的语言和方式解决公共问题的一种运作机制，其真正的核心价值是"地方重塑"。2011年上海大学美术学院创立了"国际公共艺术奖"，到现在已经成功举办了四届。在第二届时我就提出"地方重塑"的核心价值。当时合作创办机构——美国《公共艺术评论》(*Public Art Review*)杂志主编杰克·贝克尔一开始持反对意见，他认为公共艺术作为艺术，应关注的是其艺术价值，而不是社会价值。有意思的是，当天晚上他上网搜索，发现美国政府也在提倡社区艺术、社区自治以及公共艺术介入社区治理。第二天，他就赞同我的观点了。所以后来国际公共艺术奖的评选，都以"地方重塑"这一公共艺术的核心价值作为考量标准。

"地方"是对一种公共空间的人文称谓。为什么叫"地方重塑"而不叫"地方营造"？我国台湾地区的"地方营造"做得很多，备受关注，所以大家对"营造"这个概念比较熟悉。我认为"营造"实际上是从无到有，而讲"重塑"，则是因为地方存在问题，我们需要找到并解决问题。"地方重塑"实际就是用艺术的语言和方式去解决公共问题。

二、什么是好的公共艺术

什么是好的公共艺术？20世纪80年代初流行垃圾筒美化，公共空间里到处都是熊猫造型的垃圾筒（图16），人们都往熊猫嘴里扔垃圾。难道公

图 16

共艺术都是好的吗？

再如美国最著名的公共艺术案例——理查德·塞拉创作的《倾斜的弧》（图 17）。这个巨大的"弧形雕塑"将整个广场的空间重新切分，改变了原本通行的路线，且也一定程度上遮挡了阳光。这件作品引起了生活和工作在这附近的人们的抗议，人们甚至要求将这件作品撤走。后来艺术家与公众走上了法庭，艺术家多次为自己的创作进行辩护，但最终公众获得了胜利，这件作品从广场上撤走了。这件事情引发的反思是什么？就是公共艺术不能侵犯公共利益。

公共艺术应以它的作用来定性，即用艺术的语言和方式解决公共问题，用特有的创作方式，突破传统美术创作方式，完成关注对象、创作方式、管理模式、评价标准的转变，促使创作成果与社会发展融为一体。公共艺术应当在城市化进程中发挥并强化从人文环境建设到促进社会文明程度提升、从人文关怀到促进幸福指数提升的作用。就像上文提到的曹杨新村公共艺术活动，社区居民在这个活动中自信心、认同感、归属感都被唤起，虽然还是这样的生活，还是这样的环境，但是幸福指数提高了。好的公共艺术会让社区的人文精神与幸福指数获得同步提升。

什么是好的公共艺术　47

图 17

好的公共艺术还需要建立健全可持续的公共艺术运作和发展机制。乡村建设中,公共艺术关注的是传统资源和当代艺术资源的结合。在中国特色小镇的发展中,公共艺术如何起到作用?艺术家们应当以此为契机积累更多更好的创作成果,加速探索知识服务社会的体制机制。协同创新中心就是探索知识如何转化并为社会服务的桥梁,这也是体制机制创新的探索过程。

艺术家渠岩十年来一直在探索如何用艺术来拯救乡村,他在山西许村(图18)和广东顺德青田村开展了一系列保护与艺术激活乡村的计划。经过多年实践,他的"许村计划"和"青田范式"的价值已经被认可,给村民带来了一种与时代同步的、全新的生活方式与文明习惯,找出了一条既能提高农民生活水平、改善居住环境,又能保护传统村落民居及历史遗存的最佳途径,探索了一条在古村落中创造全新文化形态和再生机制的道路。

图 18

上海大学美术学院在浙江的乡村与当地政府合作开展了多项公共艺术计划。2014 年,由乡政府与上海大学美术学院合作,围绕"让农业有创意,让农村多美丽,让农民更富裕"的目标,将创意农业和公共艺术植入山里村。

前期由政府牵头,整合部门项目资金,投资 350 万元整治自然和人居环境,提出"慢生活、亲自然、更和谐"的理念,倡导"让城里人体验乡村生活,让村里人同享城市文明",兴建了"动漫花谷"(图 19)等 20 多个项目,持续一年时间。活动期间,每天有将近一万人进入山里村,原来被人冷落甚至遗忘的乡村角落,一下被唤醒了。

图 19

学生和村里的老人还创建了一家"慈善商店","为了让买不起玩具的小朋友们能拥有喜欢的玩具,享受更多的欢乐,慈善商店(图 20)将采用'你捐、我购、帮助 Ta'的模式,回收闲置玩具再低价售出,所得善款全部用于小朋友帮困"。这样可以使城里的孩子和乡村的孩子得到一种交流、沟通、互补。乡村和城市之差,除了经济落后原因外,很大程度上是在文化资源方面的落差,村民们也渴望当代生活,但是由于地域和经济的落差造成了城乡差异现象。上海大学美术学院的公共艺术联合团队把城市里的一些当代生活带进了山谷,旨在激活当地人对美好生活的向往。

玉环县已经有沙门、坎门、干江三个乡镇与上海大学美术学院签署了以"地方重塑"为主旨的美丽乡村建设协议,希望以文化为牵引的创意产业替

图 20

代低水平、高耗能的加工业,实现"人"与大环境的协调、共生,着眼建立长效机制,根据不同的地域特点制定和实施不同的规划方案。具体而言,沙门镇定位于环境保护,强化渔港、古村落的符号性,整理民俗文化,逐步形成生态型民俗博物馆,建成乡镇联动的半小时艺术旅行圈,将原生态村落改造成养老设施和写生基地,开发学生住宿等商业模式。坎门街道在历史上是移民社区,对外交流丰富,老城镇的符号性强。依托这种优势,寻找可再生利用的空置民宅,进行老城区升级保护,强化渔岛特色印象,植入城市消费模式,传承和弘扬乡村民俗文化,抢救、整理、复苏一大批流传于村镇、濒临灭绝的民间手工艺等非物质文化遗产。干江镇根据自身优势重点打造体验式的盐业博物馆,并开发高端和周边产品,将八千亩果园建设为"体验式农园",一产转三产,构建感悟和体验农业文化与当地农产品的空间,进而实现乡村农业与旅游业的一体化发展。

在这个案例中,引进了公共艺术的方式,落实"地方重塑"理念,培育新的生活态度,通过艺术梳理、提炼,形成一种新的社会趋势;解决民生与改善环境同步思考,开发利用和保护文化遗产并举。我们希望广大乡镇村民能在建设美丽乡村的活动中平等参与现代化进程、共享现代化成果,从根本上提升精神境界和生活品质。

上海大学美术学院对接美丽乡村建设需求,先后在浙江玉环县、德清县、遂昌县、景宁县以及上海打铁村等地开展历史文化村落保护与利用规划项目10余项。其中,玉环县干江村、天台县张思村、松阳县吴弄村的传统村落建设计划已列入中央财政支持范围,成为美丽乡村建设的范例。

我还要分享的很有意思的项目是第一届国际公共艺术奖获奖案例《四川美术学院虎溪校区》(图21)。四川美术学院虎溪校区位于重庆大学城。该校区的规划不同于常规的把农田和山推平、浇上水泥地造房子的做法,而是保持了原有风土地貌,把原来所有的村民转为职工,该干什么还干什么,继续种油菜、粮食、水稻,学院还给发工资。这个案例成功的关键是什么?城里人下乡写生要花大价钱,而在该校区不仅随时随地可以写生,最关键的是解决了土地和人口的流失问题,避免了失业与再就业之间的矛盾。

图21

我记得2013年评大奖案例的时候，评委之一的日本东京都现代美术馆（MOT）总策展人长谷川祐子（Yuko Hasegawa）就投了反对票。我当时说服她的理由是：农民土地大量流失后，进城容易造成城市的不稳定，这个案例通过艺术的方式为这类社会问题提供了一种解决方式和途径，缓解了社会矛盾。她还是不信，于是去调查这个项目的社会影响和评价，最后认可了。

从案例到实际我们可以看出，真正的公共艺术不是艺术家赋予地方什么，而是艺术家能让地方生长出什么。正如我一直强调的公共艺术的核心价值是地方重塑，它关注的是公共空间环境、城市生活和地域文化，关注的是地方的人文历史脉络以及日常生活。

三、结语

今天的讲座跟大家分享了什么是公共艺术、公共艺术的作用，以及公共艺术的核心价值，希望能够引发大家对公共艺术的更多关注与反思。

最后我还想再一次强调我的观点：对于城市发展而言，公共艺术的核心价值就是"地方重塑"，即用艺术的语言和方式去解决公共问题。在未来公共艺术的发展道路上，我们还将在公共艺术如何为城市添光添色、如何提升城市居民的幸福指数、如何为大家带来更加美好的生活等诸多方面进行更多的探索与尝试。

一句话：好的公共艺术是能解决公共问题的艺术。

（讲座时间：2021年11月；成稿时间：2022年9月）

作者简介

汪大伟，上海大学上海美术学院教授，上海市美术家协会第八届顾问，上海市文学艺术界联合会副主席。历任教育部艺术设计高指委委员、教育部艺术硕士教指委委员、中国美术家协会理事、上海市创意设计工作者协会主席、上海美术家协会副主席、上海大学美术学院党委书记和院长。致力于数码艺术和公共艺术的研究与探索,作品大量运用于上海城市广场建设、轨道交通、景观改造等方面。代表性作品有上海南京路下沉式广场设计、轨道交通七号线和八号线整体设计、上海世博会博物馆整体设计、上海宝山国际民间艺术博览馆整体设计等。

法律视角下的社会基层治理重点、热点与难点问题解析

李凤章

《我不是潘金莲》这部电影体现了社会治理的经典思路。李雪莲是假离婚,为了骗房子,但是她老公离婚以后和另一个女人结婚了。影片中李雪莲到法院起诉,法院判决离婚是有效的。其实从法律的角度来讲,民政局已经办了离婚,已经发生绝对效力了,不存在还需要再去法院起诉离婚的效力问题。李雪莲不停地告,干部就不停地拦,不停地严防死守,也被折腾得很厉害。

最后她前夫死了,用电影的话来讲,事情以不解决的方式解决了。电影里面的干部就说了,难道我们被农村的妇女拿住命门了吗?就没有办法了吗?反思的结果仍然是干部要更多地关心群众,要防微杜渐,要把事情解决在萌芽状态。

但是这个一团乱麻的状态是怎么造成的?是领导干部没有把问题解决在萌芽状态吗?一开始干部没错,判了正确的案子,但是在解决一个问题的同时制造了更多的问题。

所谓拿住命门了,真正拿住命门的是什么?干部不是怕她上访,而是怕她上访引起领导的不满,自己的位子就不保了。那么领导为什么不满?很多时候上访会成为上级考核下级的重要指标。这是我们国家典型的指标化管理模式的反映。

指标化管理当然意味着唯上级命令和意志是从,但是注意一下,指标化管理和一般意义上的听上级的话、服从上级的命令还不同。一般性地讲上级意志为上,并没有具体的标准,但是指标化管理后,上级意志已经具体到指标了,只要达到指标,考核的分就上来了。也就是说,指标化管理下有非

常明确的上级意志的具体化导向。

我是研究土地法的。2019年北京搞拆违,是大规模的运动,当年全市拆除多少是有指标的。刚才晓春教授也提到,我们的经济发展要有一个GDP的增长指标。我们现在不太强调经济发展指标了,但是又有其他的指标。

指标化管理代表的是什么?当然从认知论的角度来讲,是一个理工科的科学思维,就是技术思维。指标是怎么形成的?肯定是上级政府设定的,根据专家的建议设定指标,意味着上级政府在专家的建议下来决定什么是好的,什么坏的,什么是应该重点发展的。

本质上体现了什么?政府在整个治理过程中就像一个商人一样,管理社会就像管理企业一样,有特定绩效标准,各级政府都有KPI考核。

这种模式有没有作用?它在中国历史发展过程中,尤其是改革开放后发挥了巨大的作用。绩效引导成为我们社会创新的一个很重要的原因,为了发展GDP,各地想方设法突破了很多旧框架。所以有人就讲,经济能保持这么多年的快速发展,跟地方政府的GDP竞赛是有关的。

还有责任状。其实,各种各样形式的契约对政府来讲也有好处,有利于培养政府的契约精神。契约双方是平等的主体,我有我的义务,你有你的义务,咱们是互有权利义务。但是弊端也越来越明显。

任何事情都是有成本的,比如追求GDP牺牲环境,现在据说很多地方开始反思。腐败也没有办法杜绝。招商引资时不给政府灵活权,完全不让动用点像商人一样的手段,可能吗?不可能的。

绩效管理,指标设定,指标考核,导致了单边主义的恶性循环,因为指标是政府设定的。政府设定的指标到底合理不合理,给老百姓的利益是不是真令老百姓满意?难说。政府管得越多,老百姓依赖越大。政府承担无限责任,老百姓就什么事都找政府解决。政府就像包揽一切的家长。政府觉得拆违章建筑是让城市更漂亮,不好吗?老百姓则要问:对谁好?对哪些人好?

这里面就是利益和成本到底怎么判定,谁来享有利益,谁来负担成本的问题。政府认为好的,未必就是老百姓认为好的。可能很多时候按照指标设计会导致资源的错配,我需要的东西你可能没有,你设定的东西跟我的实际情况比较脱节,我不需要。

说白了,政府跟我们老百姓一样,很多事情是想不到的,也不可能想得那么完美。比如北京搞拆违,拆了很多违章建筑的同时,也拆了很多的标志牌,以致有些人都找不到回家的路了,这是政府当时没有想到的。治大国若烹小鲜,治理一定要慎重。决策者要知道自身认识的有限性,在很多事情上要更多倾听社会的意见。

刚才晓春提到,不以经济为指标,以别的指标考核比较难。还有一个问题必须要思考。《我不是潘金莲》电影中,干部跑到李雪莲的家里,说大表姐我们是亲戚,我给你拎一个火腿过来。干部都做到这个地步了,还有什么尊严?为什么?被要挟住了,一上访,考核上就出问题了,所以相关干部想尽办法满足她的要求。

我现在一直担心一个问题,我们这么多年过去了,我们改变的是什么?改变的只是考核的指标,而治理的模式其实并没有改变,政府商人化的绩效引导并没有改变。

我们必须认识到中国现在在经济上面临前所未有的挑战。中美贸易摩擦以后我一直在思考:我们过去常讲中国是后发国家,有后发优势,但是有个经济学家提到了对后发劣势的担忧,就是在搭上国际化、全球化便车的情况下,不通过制度创新便可以分享经济增长的红利,会错过制度创新的机会,等到面临经济困难不得不改的时候已经晚了,那时将付出更大的代价。

我们要建设包容和谐的社会,怎么包容和谐?要尊重社会的意愿,倾听人民的声音。在面临经济形势艰难的情况下,我们的合法性不是来自绩效指标,对于我们党来讲,人民群众满意是最大的标准。

因此,要从指标的单边主义考核模式转向程序正义的协商模式,地方治理的决策不能简单地看上面定的指标。政府要关注的是怎么激发社会的活力,这点我和晓春老师是高度一致的。激发社会的活力,让老百姓动起来,让他们的声音表达出来,这个过程中要学会协商。程序的正义、程序的协商比结果更重要。

很多时候,包括法院的判决,怎样叫对和错?实际上很难判断的。但是只要坚持了程序的正义,充分保障了双方的权利,这就可以了。在城市建设中,在基层治理中,所谓的公共利益,不是领导说今年搞个文化建设或搞个拆违,不同的时代,不同的时间、地点有不同的需要。公共利益是大家彼此商谈的结果,要从单方面的断言走向多方商谈的共识。政府以后更多的要做裁判员,做规则的制定者和维护者。这就是晓春老师讲的政府回归三公。

政府做规划是最重要的。打个比方来讲,你把比赛的规则定好,怎么比赛,什么叫输,什么叫赢,让老百姓去跑。晓春老师讲激发社会活力,怎么激发社会活力?说白了就是赋权。就是政府做该做的,放掉不该做的。一个人的成功,有的时候不仅仅取决于他做了什么,更取决于他不做什么,因为他的能力是有限的。一个政府也是这样。政府要想做好该做的,就必须把不该做的放掉,把有限的资源集中到公共产品上来。

我举一个简单的例子。上海已经十多年没有批过宅基地了。上海的很多老房、危房、旧房,老百姓要翻新重建不被允许,或者控制得非常严格。老百姓已经有宅基地了,已经有房子了,只不过房子很旧了,就是想重盖,为什么不允许?因为重盖以后拆迁成本会增高。

再举一个例子。一个有污染的设施,无论建在哪个地方,只要有碍老百姓的利益,老百姓都是不愿意的。有时我们没有考虑到老百姓的权益,其实如果对设施旁边的老百姓有影响,是要给人家补偿的。有了财产权,老百姓才有动力,才有活力。而且财产权不是一个特权,是跟责任关联的。

刚才晓春举了一个例子是社区通。为什么社区通好,而大网络就不行?因为社区通都是业主。他的话题受限定,他的人也受限定,他的家在这,这有他的房子,他自然有一个非常理性的态度、非常建设性的态度去做这个事。反过来讲,如果没有这些要求,那可能会导致网络的暴民现象。风险是别人的,责任是别人的,那当然难以避免瞎讲了。但如果你是财产权人,你享有财产权,你就要承担因此产生的财产责任,比如物业税,你一定会小心谨慎,你一定会理性地思考、理性地建议。我们激发社会活力的最好方法就是让老百姓动起来,给他财产权,给他自由和责任。这个道理其实很简单,司马迁讲"故善者因之,其次利道之,其次教诲之,其次整齐之,最下者与之争",怎么管理社会?要顺着人的本能,人对利益是有追求的,要给人以利益。"人之趋利,若水之就下,日夜无休时,不召而自来,不求而民出之",我们的传统当中是有这种思想的。

当然现在从单纯的指标考核、上级考核到协商,这个治理模式的转型面临非常大的挑战。如现在的规划有很多问题：一是规划制定的科学性能不能得到保障？上海还不错，规划的时候要征求意见，很多地方不征求的。二是规划的稳定性，是不是上一任领导规划了，下一任领导又改了？在有的国家规划是相当于法律的，是要经过议员们广泛的讨论，以法案的形式来公布的。

刚才晓春老师讲不完全财政，我们现在也是一个很大的不完全财政。政府的很大一部分收入，其实来源于创新，来源于卖地。大家比较一下出让金制度跟税收制度的区别在哪里？我坦率地讲，出让金制度就是中世纪国家的治理模式。1066年英国国王威廉说所有的地是我的，你们住我的地就要给我交地租。但是那个时候没有税的。后来从出让的卖地制度转向了现代的法定税收制度，我是主权国家，我当然可以向你征税了。税收是法定的，不存在随意减免的问题，这个程序是严格的。

我们也可以看到，要做转型不是不行。有人说现在出让金制度变为物业税制度，中国不具有现实性，怎么不具有现实性？现在老百姓拿到房子就是70年的产权，然后根据《物权法》第一百四十九条可以无限期地延期，等于说是你自己私有的财产。而且在20世纪50年代的时候都有房地产税的，房产税加地产税。房产税依照标准房价按年征收，税率是1%，地产税依照标准地价按年征收，税率是1.5%。

20世纪50年代能做的事情今天做不到吗？不是技术发达了吗？所以说这不是问题。那原因在哪里？我觉得一旦联网，一旦房地产税征起来，大家知道很多隐藏的财产所有权人就必须暴露。这个是社会治理很大的转型。但是我觉得是必然要做的事情。

我们从出让金制度向物业税制度的转变，向税收法定制度的转变，是有利于培养激发社会活力的，但是有人说了，这个税收怎么征？现在江西的余江，很多地方搞试点，集体向村民收宅基地的使用费，宅基地给你200平方米，结果你超了，实际是300平方米，多出的100平方米就收税。这个钱收上来干吗去？这个地方搞美丽乡村，道路要建设，公共厕所要建设，政府出三分之一的钱，另外三分之二的钱从哪出？谁多占宅基地谁多出这个钱。结果多占宅基地的人不交钱，对他不满意的不是政府，而是他的邻居。邻居说我们要筹钱把村子搞得更好，要建厕所，你超占了宅基地，按规定你要掏钱,你不掏钱,损害了我们的利益。所以说你给他权利,同时让他承担税收的责任,就形成了一个地方小范围自治很重要的手段,老百姓盯着这个钱交给谁了,这个钱怎么用了。

还有一个转型的困难是,我们现在缺乏社会的协商能力。有人开玩笑问中国的法治阻力在哪里,我说最大的阻力不在于官员,更多的是在老百姓。中国人现在很多事没办法讨论,不会讨论,都是情绪化的。批评者情绪化,社会一般的舆论也情绪化,却都忽略了针对的事实本身。我们情绪化的语言暴力当中,已经忘掉了真正要解决的问题和达成的共识。被治理者的成熟很关键,但是他怎么成熟?其实依赖于治理者和被治理者的互动。大家注意这个词,我们现在讲社会治理,不是讲政府治理,社会治理很大程度上暗含社会自治与共治的结合,要发挥被治理者的积极性,考核方案不能再延续过去的指标方式,要尊重民意,发挥老百姓的主动性。

怎么做到这一点?我前面讲了两个关键的点:一是做好政府该做的事情,不该做的事情可以放放。三公服务一定要做好,社会保障一定要做好。二是赋权,尊重老百姓的财产权,让他通过权利的享有,培养自己的理性责任。其实社会最怕的不是理性的情况下提出一些反对的意见,最怕的是乌合之众。应对公共舆论,一定要理解这一点,有时候坚持规则是非常必要的,不能为了某一个短期的目标牺牲规则,引发一系列恶劣后果。

在思想教育上,我一直在思考一个问题,我们长期坚持革命教育,但是新中国成立这么多年了,执政党是要稳定的。所以说现在更多的要强调保守主义,什么是保守主义?很多制度,很多规则,要尽量保持稳定性,不能朝令夕改。当然你说这跟前面讲的不是矛盾吗?我是说如果要改变,要有一个正当的理由,改变要慎重,要经科学的论证。我的基本思路用一句话概括,就是说现在社会治理的基本模式是政府设定指标考核,我们是被考核者,每一个下级是上级的被考核者,你既考核别人,又被别人考核,因此我们的压力很大,但是效果未必良好;因此,随着社会的转型,我们需要从单边主义的指标化管理模式转向协商的程序正义的模式,通过这种模式,通过政府职能的准确定位,通过对老百姓广泛的赋权,激发社会的活力,让公的归公,让私的归私。

(讲座时间:2020年5月;成稿时间:2022年9月)

作者简介

李凤章,上海大学法学院党委副书记、院长、教授。研究方向为民法总论、土地法(财产法)、不动产登记法等,致力于中国土地权利体系构建的法理论研究。出版《登记限度论》《民法总论原理规则与案例》等著作,承担"农村土地权利制度改革研究""城乡土地并轨法律制度研究"等国家级、省部级课题近十项,在相关刊物发表高水平论文五十余篇。

党的十九大后健全社会治理体系建设的若干思考

杨 雄

党的十九大报告作出了两个重大的历史性判断：第一个重大判断，是提出了新时代中国特色社会主义思想，这已写入党章；第二个重大判断，是对当前社会主要矛盾的重新表述。下面笔者从社会科学工作者的视角谈一下学习党的十九大报告的理解和认识。

一、主要矛盾变化是进入新时代的一个重要标志

改革开放以来，我们一直强调我国社会的主要矛盾是人民日益增长的物质文化需要同落后的社会生产之间的矛盾。正是基于这一认知，我们把解放和发展社会生产力，不断改善人民生活作为社会主义的根本任务，并制定了解决温饱与实现小康的战略规划。时至今日，我国已经稳定解决了十几亿人的温饱问题，总体上实现小康，不久将全面建成小康社会。与之相应，人民的美好生活需要日益广泛，不仅对物质文化生活提出了更高要求，而且在民主、法治、公平、正义、安全、环境等方面的要求日益增长。同时，我国社会生产力水平总体上显著提高，社会生产能力在很多方面进入世界前列，更加突出的问题是发展不平衡不充分，这已经成为满足人民日益增长的美好生活需要的主要制约因素。在这种情况下，人民的需求侧和生产的供给侧都发生了深刻的变化，人民日益增长的美好生活需要和不平衡不充分的发展之间的矛盾已开始成为我国社会的主要矛盾。

（一）主要矛盾变化是关系全局的历史性变化，对党和国家工作提出了新要求

社会主要矛盾的变化决定了发展的内容、方式、动力都会相应出现根本转变。尤其是后面六个方面的百姓"需求"，将成为我们需要努力解决的重要内容。"不平衡、不充分"主要表现为结构性问题。"不充分"主要是指整个社会发展总量尚不丰富，发展程度尚不够高，毕竟人均GDP才9 000美元，发展态势尚不够稳固。而发展"不充分"是"不平衡"产生的客观基础。我国当前的客观实际是经济社会已经发展起来，但发展又不够充分。若在不科学的发展理念、不合理的体制驱使下，就会产生与加剧发展不平衡（领域、区域、群体之间的发展不平衡）。

1981年6月29日，中共十一届六中全会通过了《关于建国以来党的若干历史问题的决议》，该决议首次指出："在现阶段，我国社会的主要矛盾是人民日益增长的物质文化需要同落后的社会生产之间的矛盾。"从历史的深处回望可以发现，当时这一论断对后来的中国发展在两个方面产生了深远而积极的影响：一是果断终结了此前的阶级斗争论，终止了国内长期以来无休无止的各种争斗；二是调整政策，把国家的主要精力用于经济建设。从人民物质文化需要与落后社会生产的矛盾，到今天人民美好生活需求与发展不平衡不充分的矛盾，中国沿着经济建设的道路走了几十年，实现了关键的提升和重要的转变。经过几十年的改革开放和发展，中国无论是基本生活资料的富足和基础设施的建设，还是各类市场主体的繁荣和市场秩序的完善，抑或是人民物质生活水平的提升以及其他公共事业的发达，都成功地实现了从一穷二白到基本小康的飞跃。中国的社会生产，也从当年的落后状态转变为今天的活力十足、成效显著。回顾新中国成立以来经济社会的发展，总是处于不均衡—均衡—不均衡—均衡，螺旋式上升发展态势。党的十九大之后，我国进入了新时代，也面临新任务、新挑战。

（二）对社会主要矛盾的新论断具有三个重要意义

第一，这一新论断表明中国将从过去着力发展生产力，到未来既重视发展生产力，更重视各区域和各领域的均衡发展，重视全国范围内的公平秩序建设。新论断所提的"不均衡"，意味着未来中国将在扶贫、财政转移支付、用实际行动支持中西部地区发展、加大力度支持"三农"工作等领域有更多

新政策;新论断所提的"不充分",意味着未来中国将在一些短板领域加大发展力度,比如医疗、文化、教育、社保、科技等事务必将得到更多财政支持和综合政策扶持。

第二,这一新论断终结了一段时期以来部分人对中国政策走向的疑虑。此前,有人担心中国会不会回头走阶级斗争的老路,新的论断实际上就明确宣示——未来中国的主要任务,仍然是基于"社会主义初级阶段"这一最大实际,继续发展生产力,并且让产品和服务更充足,让民众的获得感更扎实,让中国更公平、均衡。

第三,这一新论断是一个综合判断,不仅包括生产力的发展,还包括政治、社会等多重因素。报告指出,要在继续推动发展的基础上,更好满足人民在经济、政治、文化、社会、生态等方面日益增长的需要,更好推动人的全面发展、社会的全面进步。这意味着未来中国的新政策,还会重视政治改革、人民权利维护以及生态环境保护。

由此三方面的分析可以预见,在党的十九大之后,中国将从宏观和中观两个政策层面,对未来的产业布局、城镇化思路、财政金融、科教文卫、社会保障、民生福利、生态环保等多领域政策进行重大调整,所有这些调整,都将有利于中西部地区、欠发达地区、农村地区,有利于弱势群体。如果用一句话来概括中国未来的发展,那就是追求更有质量的发展,实现更加公平的社会。

二、坚持"五位一体"的新发展理念

(一) 社会建设、社会治理的任务愈显重要

无疑,党的十九大之后,我们将更加重视社会建设和党的建设,社会建设与经济建设的重要性将相提并论,在"一心一意谋发展"的同时,我们将会更加重视民生改善、社会治理与生态建设。这可以通过党的十九大报告中提到的频度词分析、佐证上述判断。"经济"无疑是报告中出现频次较高的词,共提到 63 次;相比之下,"社会"一词出现的频次更高,共提到 258 次。若对"社会"一词再做更精细化的词义分析,"中国特色社会主义"+"社会"总体概念,提到 258 次;而作为与经济、政治、社会、文化、生态"五位一体"相

对应的"社会",提到120次("政治"提到83次,"社会"提到1次,"文化"提到71次,"生态"提到55次)。众所周知,在一个文本中某个词被提及、出现的频度越高,该词所强调的内容也就越重要。报告中"经济"提到63次、"社会"提到120次,社会建设、社会治理的重要性是显而易见的。

为什么"社会"变得越来越重要?这也反映了我们经济增长进程中存在着"不平衡、不充分"的短板。40年的改革开放,我们率先从经济领域改革实行突破。相当长一段时间内,强调经济增长优先,"先把蛋糕做大",突出效率,适当兼顾公平,这一"不平衡发展"战略是对的。所以,我国40年改革开放取得举世瞩目的巨大成就,绝大多数老百姓经济生活得到了明显改善。但发展起来后,到了人均7 000—8 000美元时,人们对美好生活的向往,就不仅仅是解决温饱问题,还有文化需求、社会参与需求等。所以报告将"社会建设""社会治理"放在一个重要议题上来强调,确实把握住了中国社会的发展趋势。

从频度词分析,除了特别强调"社会"一词外,报告中"制度"这一词提到89次,甚至超过"改革"(68次)"创新"(57次)两词出现的频次。这至少说明了一个问题,改革开放40年阻碍经济发展的"藩篱"大多被突破了,"破字当头,立也就在其中了"。时下,"制度"建设尤其是"制度定型化"变得更为重要。1992年邓小平在南方谈话中就明确指出:"恐怕再有三十年的时间,我们才会在各方面形成一整套更加成熟、更加定型的制度。在这个制度下的方针、政策,也将更加定型化。"照此推算,大概是到2020年左右,我国进入"全面小康社会",依法治国,国家治理水平与治理能力现代化的制度框架将初步形成。党的十九大后中国社会进入新时代,可以预见"五位一体"的均衡发展将成为新主导理念。

(二) 坚持以人民为中心的发展思想

在未来很长一段时间里,我们必须继续深化改革、注重创新。但深化改革、注重创新与推进"制度定型化"并不是对立的,因为所有改革举措、创新成果最后终将以"制度定型"下来,形成一套成熟的法律、规制、程序,才能保证我们社会主义中国长治久安。党的十九大后进入新时代,2020年实现"精准脱贫""全面小康"后我们又将迈入新征途,直至2035年、2049年两个后"十五年"的战略目标,都需要社会治理效能与制度定型化来保证。

党的十九大报告中有一个重要表述,就是更加凸显以人民为主体的发展思想和执政理念。党的十九大报告开宗明义就再次强调要"不忘初心,牢记使命",到了报告结尾又回应开头——"人民追求美好生活,是我们党的历史使命",前后作了更好的回应。

在学习中,我注意到党的十九大报告中反复出现的"人民"一词。在三万多字的报告里,"人民"一词是除了"党"以外出现频次最高的。作为党代表大会政治报告,"党"这一词出现多很正常,共计349处,其次就数"人民"一词,出现多达196处。这是党的十九大报告对社会主要矛盾新判断的很好呼应,既坚持了党为人民服务的根本宗旨,又体现了党将更加重视人民为主体的发展思想。

加上前述对"社会"这一词的分析,上述三个高频度词在党的十九大报告中反复出现,构成了"党、人民、社会"三者相互呼应、贯联的关键词,反映出我们党关于社会主要矛盾的重大判断,乃至发展理念、执政思路上的重大调整,那就是通过"制度定型"实现以人民为中心的发展思想。

三、未来五年我国社会发展治理主线与重大问题

进入新时代,我国将处于近代以来最好的发展时期,世界处于百年未有之大变局,两者同步交织、相互激荡。当前世界因"变"而生的不稳定、不确定、不平衡等时代特征日益凸显,全球开始进入持续性动荡阶段。这场动荡对国际社会冲击范围之广、影响程度之深,不仅为"百年之未有",即使再回溯四五百年也很罕见。大变局的本质是国际主要行为体之间的力量对比发生重大变化,由此引发的国际格局大洗牌、国际秩序大调整。在即将进入2020年之际,在我看来,我们研究大变局的主要目的,不是破局,而是在错综复杂、各种矛盾交织的国际格局中,如何规避风险,抓住机遇,顺势而为。对国内情势而言,当前则是更要扎紧篱笆,化解矛盾,保持定力。因此,正确理解"百年未有之大变局"的深刻含义,理应成为我们思想理论界开展"十四五"规划前期研究的指导思路。

(一)我们仍然处在战略机遇期,但战略机遇期的内部条件、外部环境发生了巨大变化

2019年4月1日第7期《求是》发表了习近平总书记重要文章《关于坚

持和发展中国特色社会主义的几个问题》。文中指出,改革开放以来,"我们对社会主义的认识,对中国特色社会主义规律的把握,已经到了一个前所未有的新的高度,这一点不容置疑。同时,也要看到,我国社会主义还处在初级阶段,我们还面临很多没有弄清楚的问题和待解的难题,对许多重大问题的认识和处理都还处在不断深化的过程之中,这一点也是不容置疑。对事物的认识是需要一个过程的,而对社会主义这个我们只搞了几十年的东西,我们的认识和把握也还是非常有限的,还需要在实践中不断深化和发展"。

客观地说,"十三五"期间我国社会治理体系不断完善,社会安全稳定形势持续向好,人民生命财产安全得到有效维护,广大人民群众的安全感和满意度不断增强。与此同时,也要清醒地看到,在社会大局总体稳定的同时,社会利益关系日趋复杂,社会阶层结构分化,社会矛盾和问题交织叠加,人民群众对社会事务参与意愿更加强烈,社会治理面临的形势环境更为复杂。一方面我们取得了巨大成就,另一方面我们也积累了不少问题,这也是"十四五"我们社会发展、社会治理须面对的阶段特征。

(二)"十四五"我国经济发展动力、社会治理主线

2019年6月,习近平总书记访问俄罗斯前答记者问指出:"稳中向好、长期向好是中国经济没有改变也不会改变的大趋势。展望未来,中国经济平稳健康可持续发展具备充足支撑条件。一是资源潜力,中国有14亿人口、9亿劳动力、1.7亿受过高等教育和拥有技能的人才资源、全球最大的中等收入群体、1亿多个市场主体;二是内生动力,中国经济增长主要靠内需拉动,2018年内需对经济增长贡献率达108.6%,其中最终消费贡献率达76.2%;三是发展活力,中国研发投入全球排名第二,约占经济总量2.18%,以战略性新兴产业、分享经济等为代表的新动能不断壮大;四是调控能力,有中国共产党的坚强领导,有集中力量办大事的政治优势,有万众一心、众志成城的民族精神,有改革开放以来持续高速发展积累的雄厚物质技术基础,有巨大发展韧性、潜力、回旋余地,有丰富的宏观调控经验和充足的政策空间。"

第一,我国城市化率仅接近20世纪30年代美国、50年代日本(时下美国城市化率83%、日本超过90%),我们发展空间、潜力很大。有专家指出,2018年底,中国仍有10亿人未坐过飞机、近5亿人未用上马桶、80%的家

庭人均月收入未超过 3 000 元。另据中金数据：2017 年末，中国城镇住房套数总共为 2.7 亿套，其中城区 1.59 亿套，镇区 1.15 亿套。换言之，中国有 43% 的住房都是镇区住房（就是那些不在城市里的房子）。而"十四五"期间每年仍将有 700 多万名大学生毕业，绝大多数愿意去一、二线城市就业。这虽然表明我们发展不太均衡，但反过来却将有力支撑我国城市化、现代化进程。

第二，以数亿计之广大百姓对美好生活的向往是支撑我国经济社会发展、社会治理进步的根本动力。现在人民群众对美好生活的向往，更多向民主、法治、公平、正义、安全、环境等方面延展。与此同时，未来五年，民众对高品质生活会越来越关注，可简化为 FRESH，即 Fun（娱乐生活）、Rich（财富管理）、Education（教育）、Safety（安全）和 Health（健康）。这将为"十四五"时期社会高质量发展、人民高品质生活提供广阔的动力。

第三，中国政府超级组织与统筹能力是任何国家无法比拟的。2020 年，中国共产党领导 14 亿人口大国将实现全部脱贫、全面小康社会。在时空压缩的短短 40 年中，我们的国家综合实力、民众生活提升，人均 GNI 已接近 9 000 美元水平，非常不易。我们认为，"十四五"期间，支撑我国社会发展的主体性动力、制度性动力、发展理念动力还远远没有释放殆尽。

第四，中国特色社会主义进入新时代，我国经济已由高速增长阶段转向高质量发展阶段。这无疑是"十四五"规划的发展主线。精准改革，将能继续释放中国未来经济增长潜能，在推动高质量发展成为新时代我国经济发展主线的同时，要求我国社会建设在进入新时代后也进行相应的变革，推动高质量的社会建设，实现社会现代化。而社会治理作为社会建设的重要载体，应该维护社会公平正义，进一步优化社会结构，形成高质量社会流动机制，促进人的全面发展和社会全面进步。

(三) 未来五年社会治理须关注的重大问题

第一，防范化解社会矛盾与风险。中美贸易摩擦长期化、复杂化是一个大概率事件，我们要从思想上做好长期准备，不要有侥幸心理。习近平总书记曾多次强调，必须统筹好国内国际两个大局、发展安全两件大事。防止外部风险传递至内部风险、单一风险演化为综合风险。时下外部最不确定的变量是美国，尤其是商人出身的特朗普不按常理出牌，对传统建制派既定执政理念、"政治正确"的东西不断进行冲击,对我国台湾地区、香港特区的政治直接干预,将成为影响未来世界地域政治与国内稳定大局的最大挑战,也可能成为影响我们"十四五"规划与布局一个最大不确定、最复杂的外部变量。

第二,解决经济发展动力衰退的问题。当前,我国经济运行仍然存在不少困难和问题,这其中有周期性因素,但更多是结构性、体制性的。从国际看,世界经济增长动能有所减弱,国际货币基金组织和经合组织下调了2019年全球经济增速预期,世贸组织发布的一季度全球贸易景气指数创下2010年3月以来新低。6月4日世界银行发布最新一期《全球经济展望》,指出2019年的全球增长率已降至2.6%,比先前预测再降0.3%。全球增长动力疲软,政策空间有限。不确定上升可能导致全球经济活动持续恶化,对贸易和投资产生重大影响。

总之,未来五年我国社会治理还面临如下问题:一是转型期社会治理理论欠缺引致多重困惑;二是亟待整合条线治理力量、调动地方政府积极性;三是亟须建立健全社会组织和公众充分参与治理的制度和社会环境;四是尽快完善、规范多元共治的社会治理体制;五是在保障与改善民生中推进社会治理;六是真正实现社会治理的重心向基层下移;七是创新社会矛盾化解渠道和机制;八是合理利用现代信息与大数据技术服务社会治理;九是发挥传统文化在社会治理中的积极作用。为此,课题组提出:法治社会建设、公民素质提升、公共服务的有效均等供给、社会主体的培育壮大,将是推动、健全"十四五"期间现代社会治理体系的关键要素。

四、必须推进健全现代社会治理体系建设

未来五年我国社会结构、社会治理面临的重大变化:

第一,人口增长触底。几乎所有的经济增长理论中,人口都是很重要的因素。劳动力短缺会成为经济增长的瓶颈,也会影响全球贸易的需求。全球人口正在步入老龄化,这将对未来全球的宏观经济层面产生巨大的影响。据世界银行预测,未来20年中国劳动力增长率将下降一半(改革开放之后出生的年轻人口,2018年总量首次反超改革开放之前几代人,达到7.4亿

人,人口年龄结构也大致相当于20世纪70年代的美国,但老龄化速度却很快),2018年,中国60岁以上老人总数,也开始反超14岁以下青少年儿童总数(各为约2.5亿人)。上述两个人口数据,从长时段看,具有重要的警示意义。

第二,人均1万美元被经典理论认为是刚刚迈入中等发达国家"门坎"。中国现在一年创造超过90万亿元GDP,相当于8个英国、11个韩国。而2018年我国人均GDP大约1万美元,大约已相当于40年前(1979年)美国的水平。但我们基尼系数还比较大,表明贫富差距、地区差异、阶层差别较明显。历史经验已经印证,这一时段也是最危险的发展阶段,即民众告别了温饱问题,开始向往美好生活,这时候往往也是贫富矛盾、观念冲突最凸显时段,弄不好就会陷于"中等发展陷阱"。故此,"十四五"这五年是最关键的五年。若能平稳度过,2025年我国人均GDP可达到1.5万美元、2035年人均最悲观估计也可达到2.5万美元。万一这关"渡"不过去,则将如习近平总书记指出的,面临"惊涛骇浪",面临各种巨大挑战、风险与危机。

第三,中国GNI正处于世界中上位置,已相当不易。目前我国人均GNI相当于俄罗斯、巴西、墨西哥水平,尚低于波兰、匈牙利、阿根廷水平。据世界银行发布的2017年指标数据,中国(大陆)人均GNI为8 690美元,是世界平均水平的83.83%,在世界上排名有所提高,名次超过了巴西与墨西哥。即除中国(大陆)之外的世界70多亿人中,人均GNI比中国高的仅有约15亿人,比中国(大陆)低的超过45亿人。而在人类200多年的现代化进程中,实现工业化的国家不超过30个、人口不超过10亿人。而能进入"30—50"行列的国家,2018年才7个:美、英、德、法、意、日、韩。即人口必须5 000万人以上(人口低于5 000万人的23个国家就被排除了)、人均GNI超过3万美元。因此,我们既要有道路自信,又不能妄自菲薄。

第四,技术进步给整个社会生活、价值观念、政治参与带来明显影响。尤其是我国7亿青年人口,都是在改革开放大环境下长大的,他们的主体意识、批判思维、生活方式基本与世界同步,这对我们的意识形态、政府管理、"数字治理"带来新冲击。随着互联网特别是移动互联网的发展,社会治理模式正在从单向管理转向双向互动，从线下转向线上线下融合，从单纯的政府监管向更加注重社会协同治理转变。因此，"十四五"期间我们必须居安思危，强化底线思维，进一步完善社会管理新格局，健全社会治理新体系。

第五，坚持不断改善民生建设为主导的社会治理。"十三五"期间，政府投入虽每年有所增加，但与人均GDP发展阶段相似国家相比，我们欠账还较多。尤其是未来中国经济不确定、社会未来预期下降、老龄化与少子化"双碰头"社会大背景下，民生领域若不能得到基本、均衡保障的话，将对我们执政与社会治理构成现实挑战。因此，我们一方面必须做到尽力而为，另一方面又须坚持量力而行。

五、健全现代社会治理体系面临风险与挑战

（一）努力做到"三个防止"

第一，防止贫富分化进一步扩大。在经济增长下降周期中，由于流量（GDP）不足以"cover"存量（净财富），即靠涨工资已经无法追上物价（房价）上涨时，底层百姓由于没有"上车本钱"，在一轮轮"保增长"放水中无法受益，当富人资产保值增值时，穷人却相对变得更穷了。这将极大地影响我们执政的群众基础。

第二，防止社会极端思潮出现。特别是当中等收入群体和较低收入群体的需求得不到有效满足时，公共事件的爆发会激发他们的愤怒情绪，将其关注点引至问题的负面，很可能会导致其产生过激行为。而公共事件更易被民粹主义利用，使社会矛盾激化。极少数别有用心之人往往会利用公共事件进行炒作，甚至制造谣言误导民众，容易激化社会大众的非理性意识，催生负面社会情绪。

第三，防止经济下行压力、市场风险积累传递到社会矛盾。一段时期内，由于我们重经济政策而轻社会政策，追求经济效益而忽视社会发展，在社会保障方面的公共投入比例过小，在财政投入方面又存在"社会保险效率低，缺乏精算，不可持续"等问题。当前民众较普遍地对未来预期不稳，这些都会极大增加治理成本。

(二)更加关注"三大变化"

第一,社会结构带来变化:国家权力运行跟社会实际运行业已"脱嵌"。过去国家和社会是绑在一起的,后来搞市场经济,分开以后还有一些合作的基础。但是现在大家会看到,其实很大程度上国家权力跟社会权力的运行是两张皮,很多搞社会组织的不想跟你玩儿,既不想从你那儿拿钱,也不想参与你的事儿。所以,怎样去识别不同社会群体的组织形式、组织形态,这是今后社会治理面临的新挑战。

第二,政治空间带来变化:传统管制结构已无法进入、识别网上"微群"政治空间。我们原来的管制结构是结构功能主义式的,上面是人大、政协、政府、党群四大系统,一竿子插到底,在外围还有妇联、工会等组织,我们每个人的生活都跟它们有关,比如过去考研究生都要开个证明,但是现在你会发现我们越来越多的人生活在新的政治空间,比如两新组织、网络空间。在这些空间范畴,有时候即便调动党政军群力量甚至都介入不了、识别不了。这些领域跟我们的公共安全极其相关,越来越多的风险来自未知的领域,或者说没有意识和能力了解那样一些新型政治空间的运行情况。这是我们未来社会管理、社会治理必须加以认真研究的课题。

第三,新技术革命带来变化:人工智能对社会治理、政府管理构成新挑战。正如习近平总书记指出:"我们不少干部的思想观念和知识结构却还不适应城市发展要求。"一些地方政府在治理上"项目思维"太浓,而监管、治理能力又面临"本领恐慌"。

正如习近平总书记再三强调:"我们不少干部靠主观意志和个人偏好进行管理,造成不少城市或多或少留着个人印记。"未来我们尤其要防止形式主义、官僚主义而导致"治理失败"的风险。如2019年3月江苏盐城"响水事件",就是一个典型的"治理失败"案例。作为治理社会的一个过程,用传统"严防死守"的思维和做法对社会进行管理,一定会带来治理上的经济隐患与社会风险。

六、健全现代社会治理体系须处理好几对关系

(一)必须坚持党的领导、人民当家作主、依法治理有机统一

探索一条符合中国社会发展实际、更可持续的中国特色社会主义社会

治理之路,打造共建共治共享的社会治理格局。从"治理社会"到"社会治理"有一个培养发育过程。我们公共社区精神、居民素质还未发育到发达国家水平。公民素质是需要引导、培养的。未来基层社会治理更复杂,治理难度系数更高,必须注意提升政府治理和社会自我调节、居民自治良性互动能级。互动能级高低有三个衡量标准:一是政府"有形的手"、市场"无形的手"和居民"自治的手"形成有效合力,二是解决老百姓"急难愁盼"问题且居民群众获得感、安全感强,三是解决当前基层社会治理的绩效评价、干部正向激励问题。在强化人民为中心执政理念的同时,要矫正一些地方的形式主义、"处处留痕迹"和"扰民式"的基层治理作风。

(二) 必须处理好"共治"与"自治"的关系

第一,正确处理好党建引领与多元共治的关系。多元共治是社会治理的时代趋势,坚持党建引领,决不意味着让党组织大包大揽承担、解决社会治理中的所有问题,各级党组织要善于把为民执政的意图通过共商共建途径化为各类组织共治自治的措施,引导基层多元主体融入社会治理和服务。

第二,行政推动是实现治理目标的有力保证。政府既要深化体制改革,又要强化主体责任,尽力为百姓提供基本公共服务,又要主动开放公共资源;在保证"底线民生"供给的同时,不断提升做好"质量民生"工作自觉性;社区基层组织要充分依靠群众,做到重心下移,健全社区党组织领导的居民委员会、业主委员会和物业服务企业之间的联动机制,共商区域发展、共同服务群众、共建美好家园。

第三,正确处理好居民参与和基层协商民主的关系。针对当前社区治理行政化问题,应有意识培养年富力强的居民积极参与社区议事,建议每个社区开设居民议事会。在民主决策方面,把联席会议、居民议事会、民主听证会等用好;在民主管理方面,加强现代化居委会建设,依法组织居民群众开展自治实践活动;在民主监督方面,推进居务公开、民主评议。将基层协商民主的有效做法和途径制度化、规范化、程序化。

(三) 必须处理好"秩序"与"活力"的关系

习近平总书记深刻指出:"社会治理是一门科学,管得太死,一潭死水不行;管得太松,波涛汹涌也不行。要讲究辩证法,处理好活力和秩序的关系。"一个地方社会治理好不好，如何评价？就是要看是否当地"经济发展有质量、社会更安全、民众感受更公正"。俗话说"民意如流水"。因此，"十四五"期间社会治理重点是要解决好"秩序"与"活力"的关系。

新中国成立后，在计划经济时代，政府是通过单位制、居街制和人民公社制度实行全员的行政化管理，那时社会治理的特点是秩序有余而活力不足；十一届三中全会之后实行改革开放，我国从经济体制改革走向全面改革，社会活力得到极大释放，这时期社会治理的特征是活力有余而秩序不足；十六届四中全会以来，中央提出加强和创新社会管理，十八届三中全会又提出创新社会治理体制，建立科学有效的社会治理体制，旨在让社会充满活力，又要让社会稳定有序。如何摆脱"一管就死、一放就乱"的局面，走出一条"管而不死、活而不乱"的大道，构建一个活力与秩序相统一的社会，这需要我们：一是以巨大的政治勇气和智慧继续全面深化改革，建立公平的竞争机制和分配制度；二是完善社会保障制度，努力改善民生，解除人们的后顾之忧，建立有效的激励机制；三是准确地预测、评估形势，建立利益均衡机制，用制度来有效解决问题。

（四）必须处理好"治理"与"管理"的关系

时下健全社会治理体系进程中，民间"众创"活力无疑会创造更加丰富的民间"软法"，促发更加多样、更加智慧共享的社会治理秩序。然而，这也会带来新的问题和挑战。如网约车、短租平台等智能互联网新业态，既展现共享经济与智慧社会建设成就，又开启了前所未有的"众创"式制度变革与创新模式。其中包括植入嫁接的法律变革方式、众创试验的规则生产路径、技术正当性的诉求策略，以及双向构建的秩序结构。这就需要按照新时代的治理要求，确立"共建共治共享"的治理理念，秉持包容普惠的基本原则，采取同步分享、增量赋权的制度变革策略。同时，也需要政府基于公益立场，对各种"互联网＋"新业态、智慧经济新模式进行有效规制，抑制资本垄断和限制私人偏好，促进多元平衡、保障民生权益和维护社会公平。

社会管理是为了更好地服务，要通过社会建设和社会管理让人民群众得到实惠。因此，社会管理要与社会建设、与改善民生结合在一起。寓管理于服务，是政府职能转型的关键。过去每年夏天，济南附近很多瓜农都要进城卖西瓜，随处摆摊、乱扔瓜皮，妨碍交通、影响市容。过去的办法就是赶，不许卖，追着到处跑。转变理念后，济南城管到郊区调研，了解西瓜产量，估算进城卖瓜的瓜农数量，然后到居委会研究哪些点可以作为卖瓜的点，最后画出一个"西瓜地图"，送到瓜农手里，告诉他们在哪些点是可以卖的，不仅不罚款，而且不要钱。一张"西瓜地图"既让瓜农安心地卖瓜，也让城里人可以吃到新鲜的西瓜，困扰多年的难题得到了化解。从"为城市管理人民"向"为人民管理城市"转变，一个理念就变出了干群关系新面貌。

（五）必须处理好"模式"与"创新"的关系

第一，当前各地基层社会治理，多有好的案例、经验，有些可复制，有些不可复制。通过对2013—2015年度"中国社区治理十大创新成果"的典型案例进行归纳分类，我们大致可得出四种城乡社区协商共治模式：党领群治联动型协商、政社协同共建型协商、政群平等对话型协商、社群精准议事型协商。另外像深州、上海浦东正在探索一套可复制、标准化的社会治理评价模式，各地探索的、独特的社会治理创新区域经验，应该总结、推广。但时下一些地方将社会治理指标化、模式化，以便考核干部，却有形式主义之嫌，老百姓获得感并不强。因此，"十四五"期间应深化改革，把社会治理顶层设计和基层探索结合起来。

第二，提倡"整体均衡治理理论"，防止、解决社会治理中的"碎片化治理"现象。时下各个部门仍习惯于"各扫门前雪"。要么治理不足，要么治理过度，这都属于"缺陷治理"，都不是"善治"。"十四五"期间的社会治理，应提倡一种整体思维，即"整体均衡治理理论"。

第三，要处理好政府—社会—市场关系。在国家治理层面，应处理好政府与社会的"服务"边界、政府与市场的"监管"边界、社会与市场的"责任"边界。在区域治理层面，应处理好大湾区经济建设与社会治理、京津冀"虹吸效应"、农村空心化、长三角一体化合作协调、东西差距、南强北弱等社会治理中的协作问题。在城市治理层面，尤其要处理好"三共"（共建共治共享）、"四化"（社会化、专业化、法治化、智能化）问题。在社区治理层面，应着重解决基层提供"新三公"（公共管理、公共服务、公共安全）背景下基层激励问题，以及物业管理多主体和居民区自治问题。

(六) 探索走出一条符合中国社会主义特点与规律的社会治理新路

第一,构建本土化的社会治理理论。在我国社会转型处于前所未有之大变局、西方普遍面临治理困境、无法照搬照抄人类社会其他社会治理形态的背景下,应对社会治理现实的需要,我们唯有扎根中国实践,梳理中国治理传统,认真调查研究,自觉创新社会治理理论。

第二,社会治理创新须完善政府治理、推进多元"共建共治共享"体制形成。社会治理创新是一个系统工程,需要有效政府、活力社会和市场机制,需要社会组织来平衡和弥补"看得见的手"和"看不见的手"。政府层面要真正做好放管服,包括进一步改善营商环境,提升公众对政府的信任。监管要以引导服务为主,依法推进,形成有利于群众和社会组织参与、促进公共服务均等化、维护社会和谐与活力的法规和政策体制机制。

第三,在改善民生中提升社会治理质量与水平。现行的综合治理重在治标,核心还在解决民生问题。社会治理中出现的问题要在发展中解决,与政府阶段性重点工作创新融合,要大力推进公共服务的有效均等供给。

第四,注重新技术手段与传统文化、社会力量相结合。现代技术手段长于监测、预警与应急处置,传统文化重在自治、约束。要真正实现社会管理向社会治理的跨越,必须按照党的十九大精神"保护人民人身权、财产权、人格权",实现包含大数据在内的"智慧社区"建设,以及现代信息技术与传统文化、民间自治力量的多元结合。

(讲座时间:2019年11月;成稿时间:2018年2月初稿,2020年2月修改)

作者简介

杨雄,上海社会科学院社会学研究所研究员,曾任上海社会科学院青少年研究所所长,社会发展研究院党总支书记、副院长。研究方向为青年社会学、社会治理与社会调查研究、社会思潮与青年文化、独生子女与家庭教育。曾主持国家哲学社会科学规划办、中央文明办、教育部、上海哲学社会科学规划办、国际奥委会等重要课题和规划课题三十多项。多次获全国教育科学规划办、上海市哲学社会科学规划办、市政府决策咨询优秀成果奖励和中央常委、政治局委员肯定性批示。出版《巨变中的中国社会》《巨变中的中国青年》《社会阶层新构成》等二十多部论著,发表论文六十余篇。

城市营造与城市治理
——谈谈城市科学管理的路径选择

章友德

一、改革开放以来中国的城市化

大家下午好,非常高兴有机会在上海大学与大家分享。我与上海大学的缘分很深。1995年我博士毕业以后,第一站在上海大学。在这里,我把生命中最好的10年,也即30—40岁的时间留在上大。现在的上海政法学院也是上海大学法学院分出来的。上海政法学院分出来以后,上海市人大常委会主任刘云耕担任名誉校长、上海大学副校长担任校长。一个综合性大学不可能设有法学,所以上海大学现在又建立了新的法学院。我在上海政法学院创办了社会学与社会工作学系。而我长期工作的社会学系影响非常大,是我国社会学恢复后重建的第一家社会学系,也是全国社会学四个重点学科之一,其他三家是中国人民大学、北京大学与南京大学。

1994年新上海大学合并成立后,上海大学还在闸北。但闸北与静安合并以后,上海大学就成为位于静安的一所大学了,上海大学的价值就明显提高了。今天与大家一起分享的城市营造主题,是我长期以来在城市社会发展领域教学和研究的一些思考。

今天是6月21日,2018年上半年快要过去了。中美贸易摩擦开始以后,我国的经济受到了外部不确定形势的影响。越来越多的市场主体,特别是做外贸出口的企业受到的影响很大。我昨天晚上才从浙江永康回来,给当地的领导做讲座,参加会议的当地领导六七百人,所有的市管领导都在现场,他们都非常关注贸易摩擦影响下的我国经济发展的趋势。浙江经济结构中,外向型经济的比重较高。在去永康的高铁上,我和邻座的一个小伙子聊天,他是瑞安人,自己办了一家做出口贸易的公司,说起现在的企业,感觉到压力越来越大。知道我是上海的教授,我们很自然地谈起了现在上海的发展。作为中国最重要的经济中心的上海,在外部环境发生大的变化条件下,如何迎接挑战,需要我们共同面对。

谈到上海,我们都感到压力很大。之所以压力很大,是因为上海是全球聚焦的国际中心城市。上海现在确定的发展目标,是到2040年前后"建成卓越的全球城市"。要实现这样的发展,我们需要从多视野思考上海城市发展的问题。一个是从空间上理解发展,一个是从品质上思考发展。目标在这里其实就是一种使命,就是一种责任,也是一种压力。就像在座的各位,作为上海中心城区的领导,静安未来发展得怎么样,对我们所有的同志来说,是一种使命,是一种责任,其实也是一种压力。

改革开放,中国城市化进程突飞猛进。今年是改革开放40年,如何更好总结过去,迎接未来,需要我们思考过去几十年发展变化的原因。进入21世纪以来的中国,站在新的历史起点上的中国,今天面临哪些全新的挑战?

改革开放40年来,我们做对了什么?最近一段时间,北京大学李迪华教授写了一篇文章,在网上刷屏了。文章说经过几十年的努力,我们终于把城市建得非常危险了。李教授在文章中说,过去40年,中国高速推进的城市化已经把城市建设得非常不适合人居了,城市越来越与人为敌。与什么人为敌?与城市的长者为敌、与孩子为敌、与城市市民追求美好生活的目标为敌。城市已经越来越变成机动车的城市了,以人为本还是以车为本是城市管理者现在最需要回答的问题。

请大家注意,实际上在今天的中国,不仅仅是某一个地方的城市面临这样的发展问题。过去40年中国社会的发展,我们最自豪的是经济的高速增长。对我们来说,中国的城市化进程在过去的40年中进展得很快。在1978年的时候,中国的城市化水平只有不到18%,而现在估计是60%。从18%到60%,城市化水平提高了40多个百分点。今天,我们去观察中国的社会变化,可以有不同的维度。今天我们只谈一个维度,就是"城市化"的维度。在过去的40年中,城市化既是我们观察中国社会巨大变迁的重要维度,同时也成为中国发展的巨大动能。

过去40年,中国是通过什么方式发展起来的? 我想,一定可以从城市化的重要概念来谈40年的中国的发展。每个人都可以回想自己眼中的40年中国的发展、上海的发展、静安的发展。我们都是过去40年中国发展的亲历者、体验者,也是40年发展的分享者。站在新的历史起点上,回望过去的40年,我们看到了什么? 看到了乡愁,看到了山水城市,看到了平原城市,还是看到了汹涌的城市流动的人口,在任何地方都安静不下来的城市? 我相信,各位都可以基于自己的工作岗位和专业视角、基于自己的生命体验去观察我们工作、生活的城市。这40年里,静安是怎么变成今天这样高楼林立的? 尤其是在空中,看上海的夜景,大家是不是特别有感触? 在其他地方生活,可能就没有这种感受了。

我从马来西亚回来后,有意识地将上海与马来西亚的首都做过对比。因为我自己长期从事城市研究,我很关注这个。今天的上海,跟任何一个世界都市相比,夜晚的璀璨灯火,你看不到有什么不同。但是真正生活在这个城市,会有很多其他新的感受。

今天,站在新的历史起点上的中国,我们要思考面临什么样的全新挑战。我们需要讨论的不仅仅是宏大的中国问题,更是中国一些基础性的发展问题。我们讨论的是上海,讨论的是在中国发展格局下,上海面临什么样的全新挑战、静安面临什么样的发展挑战。我相信,各位同志能够基于自己从事的岗位有不同的思考。

二、站在新的发展起点上城市治理面临新挑战

今天中国发展面临三个陷阱:中等收入陷阱、塔西佗陷阱、修昔底德陷阱。这三个陷阱大家谈得很多,但是如果把这三个陷阱放在城市发展的空间中去观察和思考,比如在上海,在静安,不同群体间的收入差距是在缩小还是扩大? 这个问题可以去观察。

一次我在淮海中路街道讲课,了解到还有不少人倒马桶、用罐装煤气,那些老房子改造的成本太高,一直到现在还没有办法用管道煤气。10多年前,我在黄浦区的外滩街道和南京东路街道讲课的时候,也有很多领导跟我

谈这个问题。也就是说，即使在中国最发达的经济中心城市上海，同样有低收入群体。这样的低收入群体，静安还有多少？尤其是在2015年10月，静安与闸北合并以后，这样的问题更加凸显出来。

现场有民政局的几位领导。我关心的问题是，两区合并以后，新静安区的低收入群体比重是不是集中在原来的闸北区？在常住人口中占的比例有多高？可能这个问题不是大家都会去关注。大家来自不同的部门，都是基于自己部门的视角了解静安的。我建议，今后政府的各个部门应该经常研讨问题，交流分享。在中国快速发展的时代，低收入群体的心理感受可能就不一样。为什么？因为40年以前，中国社会贫富差距不大，中国社会公众的心态是比较平和的。40年以后，中国社会的发展是迅速的，但是社会心态和市民心态已经发生了大的变化。有没有哪一个部门关注到了？区文明办顾老师在不在？文明办有没有考虑市民心态的变化指标？

顾：市民心态的变化是有测评指标的。这个指标主要是全国或者上海市文明城区创建和考评中的指标，非常重要。

文明指标，是什么样的指标？我在2006年出了一本书，叫《城市现代化指标体系研究》，在这本书中，第一章写的就是人的现代化，最后两章是政府现代化和政治现代化。在现在文明城区的指标中，我认为所有的指标都应该有关于人的指标。在人的指标中，我们最希望看到的是，生活在这个城市的人，他的心态是安定平和的，跟"静安"这个词的内涵是一致的。所谓岁月静好，平平安安。

刚才我讲的浙江永康，是"永远健康、可持续发展"。中国的发展面临的最大挑战就是如何通过创新去实现可持续发展的目标。这是我给永康市领导讲课所强调的内容。

更有意思的是，这次我去永康做讲座，是从江苏丹阳去的。1949年接管上海的人员，都是在丹阳集中培训的。在镇江丹阳，我跟政协委员讲的是转型期的社会主义核心价值观和国民信仰。转型期的中国需要用新的发展理念指导中国实现可持续发展的目标。

我们现在关注的点在哪里？在1949年解放以后，上海发展的思路与1949年以前已经有一个很大的不同。经过70年的发展，上海城市建设的结果呈现在世界面前。今天在上海，大家要想一个问题：为什么上海会以今天这样一种形态呈现在我们面前，而不是其他的形态？今天，与纽约、东京、巴黎等做参照和对比的时候，有一个最大的不同，即上海讲的是建设社会主义国际大都市。这是一个很有中国特色的问题，我们往往不去思考。但是这个思考真是很有价值的。资本主义、社会主义是不同的意识形态。今天这个世界主要实现的是资本主义制度和体制。将社会主义作为修饰语，是一种价值追求，还是一种市场机制？政府和市场两者之间的关系，一直是建立和完善中国市场体制的过程中应该思考的。如何协调两者之间的关系，在中国推进市场化改革以后依然是一个现实的问题。很显然，加不加社会主义修饰语，关注点是很不一样的：一个强调社会主义意识形态的国家，应该更加重视公平原则在收入分配中的应用。

在今天文明城市创建的过程中，静安如何继续保持文明城区这份荣誉？今天我们说"文明城市"的时候，实际上是说什么？这实际上是为了回应城市让生活更美好的发展愿景和目标。人民对美好生活的需要就是我们的奋斗目标。我们的文明城市创建，就是为了让生活在这个城市的市民在日常生活中有安全感、幸福感和获得感。

现在谈城市营造，我们观察的点要思考一个问题：我们生活的城市是谁的？是授予"文明城市"称号的那些人，那些研究文明城市指标的专家，还是生活在这个城市的市民？一篇题为《北京，是谁的北京》的文章引发社会关注。最近，北京环保局和交管局规定不允许贴外地牌照的车进入北京六环以内。要实现这样一个控车的目标，面临很大的挑战。因为每天在北京行驶的车，许多贴外地牌照的车主是北京人，即有北京户口的车主在用外地牌照。上海的也是这样。为什么办理外地车牌？因为像北京、上海这样的超大型城市，人多地少，交通出行主要依靠公共交通，要使城市交通畅通，就必须要限制私家车出行。本地牌照就是一种调控措施。如果你没有摇到号就不能办理汽车牌照。按照北京限行的政策，没有牌照就没有行驶资格，每个月只能开七天，其他的时候车都不能开了。

这种城市公共政策的出台会带来什么样的后果？城市，不仅越来越不适合低收入群体生活，甚至也开始不适合中等收入群体生活了。我们从小接受的教育，从小唱的就是"我爱北京天安门"。但是，北京变成今天这样的北京，开始出台限制外地车牌行驶的政策，我们要思考：公共政策如何才能体现出公平性？我们应该如何制定公共政策？首都北京，现在已经一步一步变成一个不适宜人居的大都市了。今天，我们要思考：为什么要建设城市？要建设一个什么样的城市？谁来建设城市？为谁建设城市？具体到上海、北京这样的超大型城市，我们要思考的是：上海要建设成谁的上海？北京要建设成谁的北京？中国发展到这个阶段，我们必须思考这些问题，这对城市管理者是一个新的挑战，这又不仅是对城市管理者的挑战。

过去大家从来没有想象过，个人拥有私家车。中国人什么时候开始有想要私家车的想法？什么时候开始流行买私家车的？这里有没有交管的同志？我来问问：你是做城市执法的，你是哪里学开车的？哪一年买车的？

回答：我是1990年学开车的。没买车。

你为什么没有买车？每个人买不买车都是个人或者家庭综合考虑的结果。谈谈我个人的体验。过去很长一段时间一直跟家人做斗争，家人坚持买车，而我反对买车，但现在家里买车了，我到现在仍然没有学开车。我过去讲坚决不买的原因是上海公共交通发达，但是最后还是决定买的原因是春节回老家时行李多，春节后从老家回来又需要带些年货。有了私家车，并不就是利用私家车出行。我认为上海公共交通的建设能够满足我的日常出行。比如我刚刚乘坐家门口的107路公交车，不换车就可以直接到上海大学延长路校区。对我而言，我没有任何的理由去学开车，而且我的视力不好也会影响到行车安全。

随着经济社会的发展，社会越来越把"美好生活""城市生活"跟有私家车、成为有车一族联系在一起。但是，当无数个体集体无意识，当大家都变成有车一族的时候，最终给这个城市带来的是什么？可以看到今天城市的基础设施、公共交通的建设比以往任何时候都要好，为什么还有那么多人想要买车？

我给上海地铁、公交巴士集团的管理者做讲座时问他们：为什么在城市基础设施、公共交通如此改进的情况下还有那么多人想买车？买了车以后，新的矛盾就来了。当你驾车的时候，你跟行人之间就会存在矛盾和冲突。这样的问题，最后是导致政府的公共政策不断发生变化。城市管理者总要考虑到：谁的城市？谁的北京？谁的上海？是开车人的还是行路人的，是本地人的还是外地人的？所有的这些问题，在一个开放、流动的社会，都会跟着来。

当城市收入差距拉大带来治理挑战的时候,我们要思考,在城市营造的时候,能不能让中低收入的社会阶层也能够在城市社会中有一种比较好的感受。这种感受不是一种绝对被剥夺的感受,不是一种个人尊严受到伤害的感受。我们要考虑生活在城市中的不同收入群体的感受,尤其是低收入群体的感受。生活在一个生活成本很高的、全球化的、国际性的、以经济中心著称的上海,不同人的感受完全不同。我们制定公共政策,要思考如何处理公平和效率的关系问题。

关于塔西佗陷阱。塔西佗陷阱讲的是政府和社会间的信任关系,也就是说社会发展到一定的阶段,不管做什么、做对了什么,社会还是有质疑的眼光,不相信政府所做的一切是为民的。这种质疑既是压力,也是进一步做好工作的动力。

党的十九大结束已经半年多了,全国都在学习大会精神。党的十九大报告的核心,就是"以人民为中心"的发展思想。人民是由一个个个体的人构成的集合体。城市中的"人"是谁?人与人之间的信任关系怎么建立?改革开放以来,中国的市场化改革如何影响到人与人的关系、社会与政府的关系?这些都是不同学科研究关心的主题。比如,在城市中,管理者与被管理者之间能不能建立起新型的信任关系?这种新型的信任关系如何建设?大家都应该去思考。

当下中国面临的最大挑战,我理解为"三个信":一个是信任,一个是信心,一个是信仰。核心是信仰。到目前为止,世界上推行市场经济体制的国家都是有宗教信仰的国家。中国在推进市场经济的历史进程中,我们社会的信仰是什么?今天,在城市中工作、生活的人信仰什么?静安是以"静安寺"命名的,那是1949年前的时代。110万个常住的静安人,今天信仰什么?不同群体的市民,他们有信仰,而且是多元的。他们对美好生活有着各自的理解。但安全感、获得感和幸福感一定是市民共同的利益诉求。今天的静安是上海的中心城区,但静安在上海开埠之前就是农村。今天的静安处在一个不断推进的城市化过程中,其间原有的基于传统社会的信任关系发生了变化。传统社会的信任关系是基于地缘和血缘而形成的。

中国已经进入了城市化时代。城市社会人与人之间的信任关系如何建立？尤其在中国，一个处于急剧转型时期的发展中大国，信任关系如何建立？我来问问这些同志。城市社会是以陌生人为主构成的社区，在城市社区生活中要把陌生人社区变成熟人社区，这一定需要一个长期的建设过程。在解决信任关系的过程中，我们自己做了什么样的探索？

回答：打造和谐社区共同体。

怎么打造的？

回答：用文化来引领，用规则规范，用睦邻友好。

构建睦邻友好社区，需要我们通过一系列主题活动创造让社区居民共同活动的公共平台和空间。社区创建必须要有平台和项目。如果没有平台，居民就不能融入社区的公共空间。静安的空间有限，能不能在有限的空间中为居民日常的活动创造随时可互动的人文空间？这样的人文空间是需要我们共同去打造的。

在现在的城市社会和市场体制下，信任关系如何构建？这对城市社区建设者提出了非常高的要求。如何基于社区的需求与问题开展新时代的城市社区建设？城市发展到这个阶段，最难建设，也最需要大力推进"信任机制的建设"。只有建立起居民之间的信任关系，才可能让居民对自己，对居住的社区，对所在的城市，对所在的国家有信心。

社区的人那么多，比如静安110万人，有13个街道，平均一个街道差不多8万人，我们如何创造性地开展社区创建活动？

回答：我们没有8万人，只有2万人。

现在静安人口最多的街道有多少人？

回答：15万人。

2万人和15万人，配置同样的城市治理者队伍，你可以看到面对15万人的压力比面对2万人的压力大得多。

回答：我说的2万人是居民。还有3个楼宇，实际上不止2万人。

在上海2 400万人口中，不仅包括1 400万人的户籍人口、1 000万人左右的常住人口，还有几百万人的流动人口。他们都在上海6 300平方千米的空间中生活。

今天的城市治理，就是要从人口管理与服务的实际出发，思考如何通过精细化治理，努力实现上海世博会的"城市，让生活更美好"的主题。一个人口超过 2 400 万人的超大型城市,发生各种问题都有可能。如何让每天进出上海的人都能感受到城市的友好,这就需要城市建设者、管理者坚持以人为本的理念,以不同层次的市民需求为导向,去思考和解决城市社区共同体建设过程中的各种问题。在城市社区构建的过程中,首先要做的就是社区问题的研判与分析。构建新型的社区信任关系,对城市治理无疑有着巨大的挑战性。如何建立管理者和被管理者之间的信任关系,需要创新城市管理的理念和方式。今天讲的城市管理,不能仅仅是传统的单纯管理和被管理的概念,而应是"治理"。

修昔底德陷阱在讲什么?现代国家之间究竟是一种竞争关系还是合作关系,抑或竞合关系?这对我们来说又是值得思考的问题。随着中国的快速发展,如何处理好中美两国之间的关系,考验着我们的智慧和能力。在过去的两个月中,由贸易摩擦引发的问题已经对改革开放以来的中美关系构成越来越大的影响。从中我们应该思考这样的问题:由于过去一直以经济作为考核的重要指标,街道与街道之间的竞争关系是非常特殊的,如何处理好这样的竞争关系?如何处理好经济建设与社会治理、基层建设之间的关系?如何处理好管理与服务的关系?这些需要创新城市治理体制机制,加强基层基础建设。上海 2014 年开展的一号课题就是基于城市的社会治理,通过体制机制改革将街道过去的经济职能转变为社会治理职能,并把关注的重点从管理转到服务上来。

大家注意,今天讨论城市服务,首先要思考谁的服务以及服务谁等问题。在讨论的过程中还要思考,未来服务是基于社区中的需要的公益性服务,还是通过市场机制来提供的购买服务?它们之间的关系究竟是什么?这是一种全新的挑战。

三、怎样的城市才能让生活更美好

世博会的主题语是"城市,让生活更美好",但怎样的城市才能让生活更美好?随着人们消费能力的增强,消费对上海城市环境的压力越来越大。2 400 多万人每天产生多少垃圾,如何处理巨量的垃圾?到现在为止,上海一直在推进垃圾分类,但是没有取得根本的进展,仍然没有将垃圾分类变成人们的一种生活方式,变成上海市民的生活习惯。虽然上海早就意识到必须进行垃圾分类,必须做到减量化、资源化、无害化,但长期以来我们总是停留在口号上,或者社会动员层面,而没有落实到如何具体实施这个层面,还没有真正调动起市民参与垃圾分类的积极性,使他们成为城市治理的真正主体。

站在新的历史起点上,上海面临全新的挑战,我们要思考:上海面临什么样的挑战?这其中最大的挑战就是:未来30年上海能否实现建成全球卓越城市的目标与愿景?现在我们制定的城市规划能否对上海的城市发展进行精准的定位?现实与目标之间的差距正是上海所面临的巨大挑战。

静安,作为上海最中心的城区,更是面临人口密度高、老龄化等挑战。静安与闸北的合并,并没有真正消除资源与人口之间的紧张状况。要真正解决城市发展到这个阶段所出现的各种问题,急需创新城市发展理念和方式。能否将外来人口、老龄人口纳入城市治理框架,让他们共同参与城市社区治理过程,对城市管理者提出了新要求。这其中,我们要思考三个方面的问题:

第一,宏观的,上海市层面上的事情。如何找准上海的定位,做好未来30年的城市规划?

第二,静安平均一个街镇不到3平方千米,这样有限的空间里有三四万人,每平方千米居住上万人,这在世界城市中都是极少有的。

第三,现在面临的挑战都是基于人口、资源、环境三者间的矛盾所带来的。在处理过程中,我们应该从宏观、中观、微观三个视角来思考。微观的视角里就是市民个人,他们在城市治理中如何扮演好自己的角色。110万个新、老静安人,他们是把静安看成自己睡觉的地方,还是把它看成社区参与的人文活动空间?上海,不仅仅是一个地理的空间,更是人文的空间。

城市人文空间的打造,是历史与现实共同作用的结果。这不是仅仅依靠城市管理者一天24小时不休息,就能给市民创造的空间。如何让市民意识到每个人都是城市治理的主体,他们既有权利,也有责任去扮演好自己的角色?市民如何做好自己应该做的事情?现在最大的问题是,社区共同体的意识还没有形成。我们最需要做的很重要的一件事可能是"唤醒",通过策划和开展社区活动,"唤醒"在静安生活的所有人,哪怕是短暂经过这个地方的人,也要让他们感受到静安的城市文明、静安人的精神面貌。静安区的上海站,经过有效的城市治理,与过去相比,环境已经完全不一样了。大家想一想,五年以前的上海站是什么样的?脏乱差是过去我们的共同印象。这其中发生了什么?几年来,静安做了多少事情,才让上海站周边的区域呈现出今天的生态?这个生态可以看成是自然的,也可以看成是人文的。这是一个自然和人文生态的有机结合,它已经呈现在我们的面前,呈现在国人和世界的面前。

1992年邓小平南方讲话以来,上海发展进入快车道。随着发展的加快,各种新问题也开始出现。尤其是最近,各区都在开展大调研。为什么要大调研?就是为了更好地了解市民的需求,了解城市发展过程中出现的问题。大调研是一种方法,说到底,大调研的直接目的就是要找对今天城市发展遇到的真问题。只有以问题为导向,才能找准定位。面对各种问题,我们要思考为什么是以这种方式呈现在我们面前,还要思考如何从源头上解决问题。

我们刚才所讲的"信任机制",城市社区中,陌生人之间的信任机制怎么建设?我们要厘清解决问题的思路、方法和策略。

站在新起点的上海,要建成社会主义现代化的国际大都市,建成卓越的全球城市,对上海的城市建设、管理与运营提出了前所未有的高要求。全球城市与国际都市也有着不同的内涵。不一样在哪里?卓越的全球城市,是把城市看成一个基点,一个在全球城市体系中的重要基点。我们把静安看成是一个最核心的、最闪亮的地方。我们要把静安看成一个平台,下面的街道也是一个一个的平台。在平台上,我们如何做好资源整合工作?一定不是仅仅将内部的资源配置好。我们既要做好内部的资源整合工作,还要做好与外部资源的整合工作。

在做平台过程中,现在的静安是否每个街道都有帮助其他省区扶贫的任务?

回答: 有。

是社区对接,还是一个街道对接?是怎么样的对接方式?

回答: 分配的。

分配的机制是过去计划体制下形成的管理思维。换一个思路理解,比如南京西路街道跟云南或者贵州的某一个县进行对接。他们那里自然资源丰沛,我们这里自然资源稀缺。但同时,我们这里有着丰富的人力资源与资本等他们稀缺的资源。扶贫就不是一个单纯的输出。都市最多的资源,是优越的人文资源。静安的经济支柱是楼宇经济。在一栋摩天大楼中,有那么多白领,这正是静安最大的资源。它不是西部贫困地区地理的空间优势,而是人力资源的巨大优势。对西部贫困问题的认识,我们既要有静态的思维,更应该有动态的思维。不能仅仅把静安看成是静态的空间,它是一个基点,一个流量中的基点,一个资源整合的平台。如此理解发展,你会发现静安40平方千米的空间甚至能够整合一个2000平方千米的贫困地区。今天的扶贫,不能仅仅理解为资源的输出,我们能给他们的发展提供一种创新的思路。比如,当地教育基础条件差,贫困地区贫困的主要问题还是如何通过教育提高人的素质,实现城乡教育的均等化,以及如何以先进的城市治理理念与方式同他们进行合作。从中我们可以对扶贫有全新的理解。通过输出服务方式、先进的理念或者人才培养模式帮助贫困地区脱贫,这才是一种真扶贫。这对我们来说,意义是不一样的。

大家有没有发现,假如我们把上海的每个街道看成一个重要的集点,一个整合资源的平台,上海可能发挥的作用就不仅仅是深耕长三角,未来可能不是静态的等分配落实扶贫任务,而是通过我们自己既有的自上而下的资源整合,通过我们自己的主动对接去帮助贫困地区发展,同时,也能够为我们自己创造一个更好的发展机遇。而这种主动的对接,实际上是我们在开展工作中一个非常需要关注的点。

如果我们以卓越的全球城市为发展目标,并以此对今天的静安进行定位,即在全球卓越城市的视野中来认识静安,我们就会对静安有一种全新的认识。今天我们谈城市营造,不仅仅是要思考如何最大限度发挥城市功能,更要思考如何让现在生活在静安的市民对他们已经习以为常的环境有一个全新的理解。他们生活的环境不仅是地域性的空间,更内含一种情感性的认同。

上海建成全球卓越城市还面临一个大的挑战,就是城市价值观的挑战。中国正在开展"文明城市"创建活动,文明城市应该如何建?为什么要创建文明城市?一个重要原因是随着城市化的快速推进,中国传统社会向现代社会转型,原有的乡土中国的价值观需要重塑。塑造城市人的价值观已经成为当代中国最需要做的事业。在过去40年中,中国有几亿农民从农村转移到城市,这意味着什么?意味着原有的生产方式、生活方式、交往方式、思维方式,也就是其行为方式发生了革命性的变化。这个时候,我们再说城市是什么——是有限的空间中居住了许多人的生活共同体。这个时候,需要不断赋予城市新的功能。因为市民需求的差异化、多样化需要城市不断拓展其功能。

观察中国40年城市发展,实质上是工业化和城市化"两轮驱动"的发展。1949年到1979年,甚至1949年到1992年,上海经历了不同的发展历程,最初,在计划经济的时代,上海被国家定位为工业制造业中心,所以上海有那么多的著名制造业品牌。但是,在1992年推行市场化改革以后,上海努力实现从制造业到服务业的城市转型。在转型的过程中,许多中国人熟悉的、有影响力的制造品牌在激烈的市场竞争中失去了昔日的光彩。

今天的上海重又开始认识优化和调整城市产业结构的意义与价值,又开始重提上海制造、上海品牌、上海服务、上海文化。为什么重新提出这样的要求?主要原因还是上海建成全球卓越城市的发展目标需要在传承的基础上做好城市的创新,并以创新的理念、体制机制去推动城市发展。

这两年我们谈的最多的故事是什么?谈的是黄浦江45千米滨江贯通的问题。过去上海最著名的景点就是外滩,但外滩只有黄浦区的几千米的长度。上海的母亲河黄浦江远远不止几千米,但由于种种原因,滨江几乎都是包括造船厂在内的制造业工厂。全球性城市的产业结构主要是包括现代服务业在内的第三产业,上海要真正建成全球卓越城市,必须实现以创新驱动引领城市转型升级。上海利用承办2010年上海世博会的机遇开始了黄浦江滨江改造,正是这一改造使上海城市功能发生了巨大的变化。今天,45千米的黄浦江滨江大道已经全线贯通,过去分隔在杨浦区、虹口区、徐汇区等的道路已经打通,近代以来上海城市工业文明遗存变成了新的城市景点。

在黄浦江滨江大道贯通以后,如何对苏州河两岸进行重新规划,这对静安与闸北合并以后的新静安提出了新要求。两区合并以后的静安如何充分发挥苏州河的功能?2015年10月两区合并以后,新华社在上海做了一个调研,后来又邀请专家进行解读。静安与闸北为什么要合并?合并对上海来说意味着什么？两区合并首先是原闸北区域的房价涨了。现在可以看到，原闸北这一区域居民的生活感觉完全不一样了。过去，这里许多青年谈朋友都不好意思说居住在哪里，现在一说住静安的，感觉就不一样了。

两区合并以后如何发挥 1+1 大于 2 的效能？现在合并以后的效能还远远没有发挥出来。未来如何持续释放合并以后的效能，正是今天的我们应该思考的。过去关注的重点是工业化，特别是 1949 年以后的工业化使上海成为我国的工业中心城市。但上海缺少自然资源，并不适宜以工业化作为城市可持续发展的支撑。今天，上海正在进行的产业结构调整致力于用城市化推动工业化升级与转型，正是在明确了自己的定位以后，通过对标纽约、伦敦、东京、巴黎等世界性都市，才确定了建设现代化国际中心，建成全球卓越城市的发展目标。今天的上海，正在围绕五个中心，特别是科创中心和金融中心的目标，努力实现上海城市经济、社会的可持续发展目标。

明确了上海转型升级、创新驱动的任务以后，如何实现则需要创新发展理念和发展方式。静安作为中心城区，更应该在上海建成全球卓越城市的过程中重新思考自己的发展定位，通过新的规划去建立并巩固在未来上海城市发展中的地位和功能。

近代以来，西方现代化的历程表明，工业化与城市化是推动现代化的两个轮子。新中国成立后我们致力于工业化，改革开放以来中国社会最大的动能来源于城市化。40 年的中国城市化构成世界城市化历史上的最大奇迹。但中国究竟应该实现什么样的城市化？是大城市化，还是新型城镇化？20 世纪 80 年代，一直在谈大、中、小城市协调发展，但重点强调小城市的发展。这两年围绕上海的城市化有很多争论，其中有一个争论大家要注意，争论的主要内容就是我们现在做的 2040 年的城市规划。在这个规划中，把上海的人口确定在 2 500 万人。现在上海已经有超过 2 400 万人了。而上海现在的人口结构已经严重影响到上海的可持续发展，那么未来上海还有没有新的发展空间？

对上海中长期规划进行分析，我们要思考，这份城市规划是一份现实的、理性的、能够跟未来城市发展的趋势相一致的规划，还是我们以过去的落后的理念和方法做的城市规划？我们现在要关注的点，像上海这样重要的致力于建设全球卓越城市的都市，能否只是制定一个城市的中长期规划？

我们应该把上海放在一个更大的视野中进行规划。如何发挥上海在长三角一体化进程中的作用,如何发挥上海在长江经济带中的作用,如何发挥上海在中国经济现代化中的作用,需要上海登高望远。这就需要上海加快与其他经济体的深度融合的步伐。上海需要思考清楚自己的定位。上海如何找准自己的定位?上海应该不断扩大自己在世界都市中的影响力。比如,我们今天思考城市化,是上海的城市化,还是世界第六大城市群的一体化?我们应该认识到,上海是在长三角,是在长江经济带,是在全球中一个重要的、东方的、世界优势的集点中的城市化,这是完全不一样的。

现在我们经常拿上海和东京进行比较,但是东京地区的人口是日本的1/3的人口。日本1.1亿人,大概有3500万人到4000万人生活在东京湾。

最近我们又开始谈"湾区经济",南方在提"港珠澳大湾区"的概念,未来中国经济最重要的两个经济带自然是以上海为中心和以深圳、香港为中心的经济带。如何更好发挥上海和深圳两个城市在长三角与珠三角一体化进程中的作用,对上海和深圳的城市营造都提出了全新的要求。上海与深圳各有自己的竞争优势,上海的产业结构是以央企(国企)、外企为主,而深圳以民企为主。如何以体制改革推动经济转型升级,对今天的中国经济结构改革提出了新课题。

再有一个,上海规划中如何处理上海跟杭州的关系?过去我们一直说杭州是上海的后花园,现在又开始讲上海是杭州的后花园。为什么会有这种表述的变化?可能的一个原因在于杭州有阿里,而上海没有自己的阿里。据说上海的领导多次问为什么上海没有自己的阿里,这确实是一个好问题,我们每个人都要思考。也许多问几个为什么,上海就可以创造让这类企业脱颖而出的体制机制、发展环境。

今天我们关注的城市化已经不单纯是改革开放40年来的城市化。过去的城市化是农村人口向城市集聚的问题。今天中国的城市化是如何优化结构、提升能级的新问题。每个城市都要找准自己的城市定位。2018年的北京首都功能再思考、人口结构的调整就是在这一背景下发生的。上海这两年也在思考如何控制人口总量,处理好人口、资源和环境之间的关系。但是,现代化国际大都市的人口控制一定不是为控制而控制、为减少而减少的过程。现在我们要思考的城市规划,要从城市的人口结构、产业结构等视角去思考与规划。进入老龄社会的上海,应该把人口结构的优化与城市发展结合起来思考未来发展。我们要始终围绕人的发展思考城市发展,一定要认识到城市人如何全面和健康发展才是我们要关注与研究的主题。从这个角度看,未来上海的人口是不是一定要减少?是否一定要有一个2500万人的规模控制?

现在很多城市都在"抢人",抢什么样的人?抢的都是年轻人。可以说,拥有年轻人就拥有了未来。一个城市有了年轻人就有了发展的活力。上海老龄人口的比例已经达到35%,早就是一个深度老龄化的都市。上海城市的未来在哪里?上海的未来发展依靠什么来推动?人才,还是人才。但如何理解人才?长期以来,高学历、高层次的才是我们理解的人才。上海也有人才招聘的计划,但是往往招聘的都是那些领军人才。这种做法当然有一定的道理,但是问题在于,一个超大型的现代城市需要有各个层次的人才。因为在上海未来的城市发展中,我们真正要思考的问题是,上海未来发展的动能来自哪里?尤其是在一个深度老龄化的都市。大家了解的静安区老龄化的比例,这样的人口结构是否有利于城市的未来发展?老龄化城市未来如何养老?上海中心城区如静安、黄浦和徐汇等老龄化问题严重,中心城市和郊区的养老方式也有很大的差异。记得徐汇做"十三五"规划的时候,我曾经参加过规划的讨论。一个街道书记跟我谈,说他们的老龄化已经过35%了,快到40%了。街道工作面临的最大挑战之一,就是城市如何养老、谁来养老。我们今天讲的城市化,可能更需要我们思考现在城市的基础设施、城市的功能是否适应40%甚至更高比例老龄人口的城市人口结构的要求。这涉及养老问题,过去讲"9073",现在不大提0了。但这是一个无法回避、必须思考的现实问题。过去40年的强制性的人口控制政策,已经使我国的家庭结构发生了历史性的变化。核心家庭的结构根本无法支撑起90%的家庭的养老要求。如果是以家庭养老为主,空巢家庭那么多,谁来养?精神照料谁来做?家庭无法承担起这样的责任,民政更是承担不了这个艰巨的任务。还有要关注的点,我依然要强调这个问题,就是我们的城市化究竟是谁的城市化?尤其是在深度老龄化背景下的城市化应该如何推进?从道路交通设施的建设,到从红绿灯的设计,怎么才能满足各种特殊人群的多样化、差异化的需求?

所以，当中国已经进入城市时代的时候，城市化要超越单纯的城市化量的追求。需要思考的是，更好的城市、更好生活的城市应该如何建设？如何建设一个更有包容性的城市？在中国快速推进工业化和城市化的过程中，一系列的城市快速发展中的问题就来了。所以我一直在讲，当中国进入21世纪的时候，为什么要申办世博会？为什么中央把承办世博会的任务交给上海？上海如何筹办世博会？围绕着这些问题，上海开始了自己的城市营造。也是在筹办世博会的过程中，上海的城市建设才有了一个根本的变化。今天进入后世博时期的中国，如何才能满足人民对美好生活的新期待，需要我们对城市有一个新的理解。

四、上海世博会是创新城市治理新理念的生动实践

在中国城市化快速推进的过程中，各种各样的城市问题最早在上海这样的城市中凸显出来。而上海在世博会申办、筹办到举办的过程中，积累了丰富的城市治理经验。这是上海真正成为一个世界性都市的过程，我们要对上海申办、筹办、举办的经验进行总结。今天的城市营造，要从上海世博会中获得启示，要思考世博会以后上海如何运营、如何治理，如何才能使城市真正成为人类理想的生活家园。

在过去的中国改革开放40年中，我们讲的转型时期的中国城市社会凸显出什么样的困境？可以说，在过去的40年中，中国发生的变化可能超过过去4 000年的变化。但是在这个转型中发生了哪些变化？我们现在讲工业化、城市化、市场化、信息化、全球化五重转型，这给我们城市管理者、决策者以及生活在城市中的人们带来了什么样的思考和挑战？这个问题是现实的大问题、真问题。

在1949年中央从河北西柏坡往北京迁移的时候，毛泽东那代人讲是"进京赶考"。将近70年以后，如果问考得怎么样，我认为，在领导经济、社会建设方面可以说是及格了。但你要说良好，我认为还需要继续努力，你要说优秀，我认为还有很大的距离。未来，我们能否将所生活的城市建成理想中的城市？建设我们的城市，应以理想化的方式还是现实主义的态度？1949年从江苏丹阳到上海的时候，为什么党派陈毅到上海来？因为上海是

中国最大的经济中心城市,而年轻时候的陈毅曾经去过巴黎留学。作为"远东巴黎"的上海,需要像陈毅这样的城市管理者,所以就派他来了。从某种程度上说,陈毅是一个文人而不是军人。他自己留过学,在巴黎学习、生活的经历使他不同于中国共产党的多数将军。可以说,中国共产党从农村到城市的时候,如何接管城市、如何对城市进行改造,这既和管理者个人的成长环境相关,更受到时代的意识形态影响。进城以后的中国共产党,按照苏联模式建立起一套国家政府控制社会的全能型体制。在计划体制下的中国城市,带有浓厚的社会主义意识形态的城市特征。40年前的中国,开始了从计划经济体制向市场经济体制的改革转型,造就了我们今天生活的时代。转型,即从传统农业国家向现代工业国家转型、从农村社会向城市社会转型。这种转型其实就是要建立一个多元主体共同参与城市治理的现代城市。

在中国面临五大转型的城市治理过程中,每个方面都有特殊的挑战。比如工业化的挑战。上海城市工业化的过程,也是苏州河的污染和重新治理的过程。20世纪90年代以后苏州河的整治,大家都记忆深刻。我记得90年代我从南京大学到华师大读博士的时候,最大的感受是苏州河的味道,20多年前的味道现在似乎还能记得。现在,上海又开始了大规模对苏州河进行规划的新阶段。未来,在苏州河两岸的静安、普陀、长宁这些中心城区,都将围绕构建自己的区域禀赋,努力打造独特的城市文化。未来的上海要思考,如何围绕黄浦江、苏州河打造属于自己的城市滨江嘉年华。

今天,我们都在亲历上海前所未有的城市转型。上海转型过程中有各种各样值得记录和讲述的故事,这些故事构成我们对城市的认知。今天,如何解决推进工业化过程中带来的环境污染问题、如何提升城市水的品质,这直接影响到上海人的生活品质。比如上海治理水污染采取的河长制。如何提升水污染的治理效果,需要明确治理的主体,落实好责任制。河长制就是中国创造的城市水治理的一种责任制。

今天的中国,不仅面临工业化的历史转型,而且面临城市化的历史转型。如果说工业化是生产方式的重大变革,那么城市化就是生活方式的重大变革。今天我们如何理解城市化?40年前,中国人最大的期望就是成为一个城市人。什么是城市人?生活在城市的还是有城市户口的?世界很多国家不了解什么是户口,什么是中国人向往的城市户口?户口的实质是什么?实际上是户口背后的社会福利。1949年以后,我们不断建立起一个城乡二元的经济与社会结构,今天中国结构转型还处于不断推进的过程之中。当越来越多的中国人向城市迁移,开始在城市生活工作的时候,他们是如何理解城市、理解城市户口的?经历40年改革开放,中国已经有60%以上的人口生活、工作在城市。户口对中国人的意义已经不同于过去了。现在,只有上海和北京还在进行一些人口控制。上海2500万人的规划是一种政策倡导,还是像传统计划体制中的人口限制,对城市未来发展的影响是完全不同的。今天,我们要思考的主题是中国如何高质量发展的问题。生活在城市中的每个人都要经常问问自己,你是一个城市人吗?城市人意味着什么?意味着城市文明。所以,今天谈的城市化是一个如何提升市民素养的问题。

也就是说,每个城市都要思考,我们怎么做一个生活在城市社区中的城市人。这个问题对我们来说,仍然是一个新的问题。我们从过去生活在农村开放的空间,到今天居住在城市封闭的空间,这两种不同的空间,不仅是物理的,更是人文的。城市不能是封闭的空间,而要变成开放的、流动的空间。这对城市营造提出了更高的要求。

中国的社会转型中面临的最大挑战还是来自市场化的挑战。市场化对我们提出了什么不同于过去任何时候的新要求?几千年来中国人习惯了的生产方式,从来不是通过市场机制进行交换的生产方式,或许市场机制价值的发现是我们在过去40年最大的发现。一个个不同的市场主体,市场的生产者、服务的提供者和消费者之间,开始建立起一种信任的关系。尽管在市场化的推进过程中我们还远远没有形成自觉的契约意识与契约精神,但政府、社会和多元主体已经开始了对契约精神的认同与追求。我们可以看到市场体制已经开始从根本上改变中国,改变我们自己。或许今后我们唯一需要去做的,就是做一个清醒的、自觉的市场派。但如何才能既充分发挥市场机制的决定性作用,又能发挥好政府的作用,这仍然是一个现实的问题,特别是政府要学会如何在市场体制下扮演好自己的角色。

今天,人类最大的奇迹就是进入了一个信息化时代。从1971年丹尼尔·贝尔《后工业社会的来临》面世以来,人类开始进入真正全新的时代。进入21世纪以来,中国的信息化进程大大加快。这一进程最初是在上海这样的世界性城市中发生的。今天,像上海这样的城市,最应该思考的还是如何利用信息化的手段和方式,更好地满足市民多样化和差异化的公共服务。我们讲信息化时代到来,要观察的点就在于信息化在改变人们交往方式的时候还改变了什么。对我们来说,信息化仅仅是一场技术革命,或仅仅是每个人手中都拿着一部手机?今天,在地铁等公共空间中人人只盯着自己的方寸屏幕的时候,我们是否感觉到信息化时代的城市还缺少了一点什么?过去我们以为只是年轻人才会这样,现在我发现年龄大的人也会这样。在地铁这样流动的公共空间,人与人之间的社会关系如何处理?信息对我们来说意味着什么?意味着我们从此以后是人机对话?人与人之间不再是过去那样的交往方式、沟通方式,而是通过技术的手段,实现人和人之间更好的交流。政府如何利用技术方式更好地做好公共服务,这是信息化时代给政府提出的新要求。

五、全球化时代的城市治理创新

今天,我们早就真正生活在一个全球化时代。上海致力于建设全球卓越城市,意味着什么?意味着把城市看成全球化中的一个重要的集点。我们利用这个集点来整合和配置资源,使资源能够在全球范围中流动,得到最优化配置。但是问题就来了,信息化时代的全球化,是让人与人的关系、人际交流变得更加简单,还是变得更加复杂呢?

第二次世界大战以后,美国是过去70多年中最大的推进全球化的力量,并在推进全球化的进程中成为20世纪的全球帝国。中国也在推进全球化的过程中获得了前所未有的发展机遇,成为一个越来越自信的民族国家。但中美两个国家之间的各种矛盾也日益凸显。特朗普上任以后,他认为美国推进的全球化给美国带来的不是他所想象的利益。今天,一种新的全球化正在改变我们已经熟悉的方式,我们必须调整中国与世界的贸易方式、交往方式和思维方式。近代以来的中国,一直面临着如何与世界交往的问题。中国发展的实质,就是如何处理好与外部世界的关系问题。乾隆皇帝就害怕全球化。鸦片战争以来,中国从被动开放到主动开放,经历了对全球化认知的变化过程。我们现在期望的是什么样的全球化?也就是说,今天的全球化究竟给我们带来了挑战还是机遇？

现在中国推进全球化，已经对中国社会构成了全方位的影响。特别是2018年以来，中美贸易摩擦已经对过去40年进行的改革开放提出了许多新要求。这就是转型时期中国城市社会治理面临的困境。治理困境是什么？为什么？我们需要回答这样的转型问题。很显然，在快速转型的过程中，由于转型的节奏、速度太快，我们还没有适应这样的新时代的到来。在过去社会多重转型的过程中，我们对转型的理解见仁见智。比如对待城市化，从一心一意想到城市，拥有一个城市户口，到今天越来越多人对城市有了新的认识。特别是像上海这样的大都市的郊区，人们对城市化的认识更是与过去不同了。许多已经进城的市民还想回到过去那样的居住方式，他们不习惯现在城市的人与人的交往方式。很多人根本不想到城里来了，为什么？当年在上海大学，我有一个研究生，我让她做了一篇论文，论文研究的内容就是，已经变成城里人的人想方设法变成农村人，为什么会发生这样的现象？在城市化的过程中，为什么现在又出现"逃离"现象？"逃离"的原因是什么？假如对这个"逃离"的群体进行深度访谈，去了解他们对城市的担忧和恐惧究竟是什么，我们就可以找到城市政府推进改革的方向，明白城市的公共服务应该如何推进。比如，面对40%的老龄化比例，上海城市如何养老？谁来养老？未来是在上海养老，还是异地养老？这种在快速推进城市化过程中带来的真问题，对城市政府改革公共服务理念和方式提出了许多全新的要求，带来了许多新的思考。

过去推进的城市化，其实用一个词来形容，就是"失衡的城市化"。正是由于城市化的快速推进，人们的生产方式、生活方式和交往方式、思维方式产生变化，使我们对城市化的种种问题有了许多新的思考。城市化进程中各种问题的爆发，使生活在城市中的我们不再像当初进城的时候那么兴奋，我们已经过了变成城里人的兴奋期。但是，"逃离"不是解决问题的根本方法。

怎么样能够把我们所生活的城市变成一个适宜人居的、温情的、友善的、环境友好型都市？这就是今天需要思考和讨论的问题。面对城市的快速发展，我们生活在其中，必须去思考和行动，力争把城市建成我们想象中的样子。

从 1949 年到 2019 年，中国共产党执政已经 70 年了。在过去的 70 年中，大家可以看到，第一个 60 年，差不多是一个探索，寻找一条适合中国国情的发展道路。这条道路，到现在为止，可以说已经初步找到了。尤其在 2017 年党的十九大报告中，明确了建设现代化强国的目标。

如何去理解现代化？为什么要追求现代化？西方在追求现代化的历史进程中带来了许多问题，现代化不仅仅是经济的现代化、社会的现代化，还应该是政治的现代化、生态的现代化。在追求现代化的过程中也伴随着风险社会的到来，现在人类社会越来越深入全新的风险社会时代。

风险社会的到来改变了我们对现代化的认知。当我们把现代化理解为城市生活、交通便捷、私家车进入普通市民家庭的时候，现代化对城市人意味着什么？21 世纪人类发生的重大革命的内容之一，就是小汽车进入普通市民家庭。但我们有没有想过，当汽车走进寻常百姓家，交通事故也超过了两次世界大战死亡人口的总和。这些都是人类追求现代化的代价和后果。现代性的后果不断呈现对人类的安全、健康带来了最直接的影响。2010 年上海世博会结束不久，静安发生大火，我在第一时间写了一篇《风险社会中的政府和个人》的文章。风险社会的到来意味着什么？今天，我们可以将追求现代化的目标理解为人民对美好生活的向往。但长远讲，现代化是不是就意味着美好生活？

我一个在复旦做教授的师弟，曾经专门研究现代化究竟是什么。他认为，现代化是一个西方化的过程。英国是最早实现现代化的国家。英国的现代化是从工业革命开始的。在工业化的基础上，英国又是最早完成了城市化的国家。早在 1850 年，英国城市人口就超过了 50%。英国为什么成为世界上最早开展工业革命和城市革命的国家？地理位置是一个重要原因。工业革命使生产效率有了巨大的提高，英国生产出许多的工业产品，但它自身市场狭小，对外寻找市场、拓展市场就成为必然。五口通商使上海这样的小县城迎来了一个全新的发展机遇。可以说，上海城市发展的历史，就是一部工业化、城市化的发展历史。开放成为上海城市发展的最大动力。正是在开放的过程中，上海才从一个小县城发展成为一个现代国际都市。为什么是上海？一个重要的原因就是上海的地理位置。

我现在经常讲一句话，今天说上海重要，地球人都知道，但 200 年前说上海重要,只有英国人知道。为什么?因为英国人用生意人的眼光看上海,上海位于大江和大海的交汇点,在这个节点上最适宜成为贸易中心。

1843年上海正式开埠,1853年上海对外贸易进出口额就超过了广州。上海成为现代中国的一把钥匙。在上海开放的170多年历史中,我们意识到现代化不仅是生产方式的一场革命,更是生活方式的一场革命,现代化意味着美好生活。西方有一句著名的谚语:人们来到城市是为了生活,人们留在城市是为了更好的生活。这句话可以帮助我们更好地理解城市的本质。西方还有一句话:城市的空气让人自由。为什么城市让人自由?因为中世纪的西方,城市是自治型的。封建时代人身依附关系在城市中被改变。如果一个农奴从庄园逃到城市,就可以获得自由。这是城市让人自由的说法的由来。

今天,我们要满足"人民对美好生活的向往",就必须通过工业化、城市的两轮驱动经济、社会发展。人们的美好生活是在哪里的生活?城市是人类文明的产物,是人们美好生活的最好空间。我们追求实现现代化目标,实质上就是要让更多的人来到城市生活。但什么样的城市才能满足人们对美好生活的期待?宜居型的城市是一个追求目标。宜居是市民的重要要求,但是城市不应仅仅是宜居,还应该有其他许多的功能,我们对城市的期待远远比宜居更多。

今天的问题就在于,我们生活的上海为什么是以这种形态呈现在我们面前?"罗马不是一天建成的",上海当然也不是一天建成的。在过去的700多年城市历史中,上海真正的城市发展是从170多年前的开埠开始的。开放成为上海这座世界性都市最重要的基因。但是我们更要说,上海的发展不可能在开放之初就有一个比较明确的定位,做一个30年、50年的城市发展规划。19世纪的上海,经历了一个自然生长的过程。你可以把它看成是野蛮生长的过程。今天的上海早就开始了城市更新,关键是如何通过城市更新使城市功能更好地满足市民对现代美好生活的期待。

六、21世纪建设全球卓越城市的上海的城市营造

进入21世纪的上海,怎样进行新的定位?今天讲的主题是"城市营

造",过去大陆不讲城市营造,这个概念是从港台地区传来的。"营造"的内涵是丰富的,我们应该不断深化对城市营造内涵的理解。城市是怎么营造出来的？谁是营造者？在21世纪,我们如何思考城市营造问题？21世纪的城市应该如何规划与建设？浦东的开放开发就是一个重视城市规划和建设的城市营造的最好例证,浦东的建设者一开始就高度重视城市的功能区规划,他们邀请世界上最著名的规划大师对浦东发展进行超前规划。

今天的上海,又迎来新一轮发展机遇。如何用新发展理念对上海进行规划、建设、运营,对今天上海的决策者、管理者,包括所有的上海市民提出了更高的要求。国家对上海城市的定位不断明晰,上海也在不断思考如何处理好人口、资源与环境之间的关系,如何在城市营造过程中保留过去工业文明的遗产,使其成为城市文明的重要组成部分,这是对上海的考验。一个世界性都市,首先应该是市民的生活之都。

今天我们要思考的是,如何从上海市民的多样化、差异化的需求中找准城市定位,在这个基础上做好城市的规划设计并发挥规划设计在城市发展中的重要作用。

有一本书叫《城市营造：21世纪城市设计的九项原则》(*City Building: Nine Planning Principles for the Twenty-First Century*),作者是普林斯顿大学的教授,过去是做设计的,他使"城市营造"这个概念有了更好的理论支撑。

进入21世纪的上海,在城市的规划和设计过程中应该遵循什么样的原则？

第一,可持续性。每个人对美好生活内涵的认识和理解是不同的,我们的标准也应该是动态的、变化的。改革开放以来,中国经济增长在创造奇迹的同时也付出了巨大的环境代价。中国一年用66亿吨的水泥,这个数量甚至超过了全世界其他国家和地区所用水泥的总和,但是我们最终建成了众多没有个性差异的城市。

今天的中国,我们要思考,如何将城市建设和环境保护紧密联系在一起,如何才能实现可持续发展。到现在为止,上海70％以上的用电还是靠火力发电,也就是靠煤发电。如何处理好美好生活与不可再生能源消费的关系？我们可能很少思考,城市夜晚璀璨的灯光是怎么亮起来的？如果靠的是不可再生能源的消耗,带来的后果有没有引起我们的关注?

第二,可达性。当越来越多的人口向城市迁移的时候,当我们将美好生活与城市联系在一起的时候,在我们追求过一种城市生活的时候,我们究竟在追求什么?城市的可达性一定是我们追求的目标之一,即城市能否为所有居民提供便利的交通。

为什么要强调所有的城市居民?原因在于,中国现在有9 000万人以上的残疾人。在国外的社区里,可以经常看到残疾人参加各种形式的社区活动。中国的残疾人在哪里?基本上都在家里。这是什么原因?一个主要的原因就是我们城市的空间,以及道路交通基础设施,还不适宜残疾人出行和活动,甚至对老年人和孩子也不太友好。

今天,城市的机动车越来越多,但城市机动车的可达性还不是我们追求的真正可达性。以上海为例,城市的可达性对上海这样的世界性都市从来都是一个巨大的挑战。20世纪90年代以后的上海,加快了城市公共交通基础设施的建设步伐。进入21世纪以来,上海又利用世博会的机遇,加快了轨道交通建设步伐。现在,城市公共交通虽然已经有了比较大的改善,但不同区域的公共交通仍然很不平衡。离家最后一公里的问题如何解决?怎么可达?现在城市开始出现的共享单车,可以说是为了解决可达性的一种创新商业模式。

在这里,我们强调的可达性,它是所有人的一种基本的、共同的权利。城市如何才能为各种特殊人群提供可达性,对城市的规划者、管理者等提出了更高的要求。在今天城市营造过程中,不仅要有为盲人修建的盲道,更要有保障残疾人的制度与文化。这是快速推进城市化过程中尤其需要关注与解决的问题。如果用这样一种人文关怀的理念来审视城市规划、建设与管理,我们就会发现,城市在可达性方面还有太多需要完善的地方。

第三,多样性。今天的中国是一个开放多元的社会。我们要创新城市治理理念并指导城市实践,才能适应价值多元的世界,平等地与不同历史、文化及意识形态环境下的人们进行交流;要通过体制机制改革,改变传统的自上而下的、统一的、单一的城市管理体制和方式。这些需要我们进一步解放思想。

静安与闸北在上海城市发展的过程中有着不同的历史、文化传统,在合并以后如何包容差异,需要通过创新社会治理,做好城乡社区融合,这对城市治理理念、治理方式提出了更高的要求。

比如,14个街道如何保持多样性,并在此基础上寻求统一性,这仍然是需要思考的问题。城市营造对于多样性的要求是越来越高了,作为中心城区的静安,其人口来自世界各地,多样性构成了静安社会、经济的基本特征,也成为静安最可贵的价值。

再有是开放空间。我们今天讲的开放空间,尤其是地理空间,上海更加有限。这么多年来,上海很艰难地在"螺蛳壳"里搞建设,做了离家500米要有一个街心公园的努力,付出了极大代价。但即使这样去做了,依然没有能够达到我们想要的,今后是越来越难了。

上海要统筹城乡一体规划,要做的不仅仅是在上海的行政区划空间里做文章,还要跟昆山,要跟上海周边的地区进行协调。这个协调难度不小,为什么?因为中国传统的行政思维。今天的上海,我们希望能够淡化行政区划的概念,不断强化自然的拓展和延伸的概念。今天,郊区的人们自觉地认为自己所在的地方就是上海。其实很长时间里,上海郊区的人们不认为自己所在的地方是上海。那上海是什么概念?上海是静安的概念,还是整个上海的行政区划的概念,或者其他的内涵?我们在说上海的时候说的是什么?这个是需要我们思考的。

我们拓展的空间不仅仅是自然的,还有人文的。人文的是什么?比如静安,可以通过一种巧妙的设计,把静安的历史延续下去。比如静安的洋房,在今天的改造建设中,有时候仅仅竖一块牌子,还可以扫二维码,看的人就可以知道这栋房子的历史和延续的历程。这是用信息化时代的技术手段将空间拓展开。每个地方有一个文化中心,文化中心可以在楼宇的空间里。未来的空间可能不是静态的,就像现在静安的停车难,难在哪里?它是潮汐式的进出。

今天讲的开放空间,指的是制度性的空间。学校、医院、社区与企业,这些空间如何才能统一整合在一个开放的空间里?这对资源配置提出了更高的要求。所以在理解城市空间的时候不能用单一的地理空间来理解,要把自己对空间的拓展和理解放在信息化的时代、全球化的时代,把上海看成城市的节点,看成资源配置的平台。只有这样理解空间的概念,才能不断加深对空间的认识。

第四,兼容性。今天的城市营造遇到的最大的挑战就是开发性保护,而不是破坏式建设。像上海这样的世界性都市,如何做到在控制开发强度的同时保护好城市的历史、文化遗产,是上海城市营造遇到的现实挑战。静安作为上海最中心的城区,留有大量的历史、文化遗产。我们要在保护多样性的原则指导下,努力做到传统与现代的有机结合。

今天的上海已经成为一个国际大都市,特别是静安聚集了来自世界各地的投资者,大量的白领人口在上海的商务楼工作,在城市社区生活。外来人口要调适自己,使自己尽快融入这座城市,需要政府创造一个包容的生态环境。

今天来到这座城市的流动人口,与几十年前来到这座城市的流动人口,对这座城市的理解是不同的。在过去几十年开放的过程中,城市越来越包容外来人口。随着社会经济的发展,城市户籍制度也在不断改革之中。今天的上海,已经越来越具有海纳百川的城市精神,这样的城市精神塑造了城市的包容性。包容既是一种视野,也是一种胸怀。尤其在静安这样的有限空间里,要做到城市的包容性其实难度更大。今天的上海已经遇到了城市发展空间限制的瓶颈,上海通过新的城市规划、基础设施规划,比如 11 号线、17 号线、9 号线,将空间延伸到嘉定、青浦、松江。通过不断延展的地铁交通,上海将中心城区与郊区有机结合在一起。

在上海城市改造的过程中,静安的人口大量导入原来的郊区。静安新城就是由过去静安的迁移人口组成的新型社区。那些适应了原来静安教育、医疗、文化环境的人群,需要以更加开放的心态面对环境的变化。

第五,规模适度。当城市与美好生活越来越紧密联系在一起的时候,我们要生活的城市是像上海这样超大规模的城市,还是中小型城市?一个什么样的城市才是未来我们愿意选择和生活的城市?政府在做城市规划的时候,应从保障和增强安全感、幸福感和获得感等方面去规划城市。从发达国家看,规模适度的城市越来越成为人们的首选。在上海的周围,基本上都是中国最富裕的规模适度的中小城市。未来随着地铁等轨道交通的延展,上海的各种资源将向周围扩散。尤其是上海的老龄人口，未来可能越来越多向中小城市聚集。规模适度的城市将成为上海这样超大型都市的辐射区。

第六，适应性。城市营造适应性的要求，是指城市更新不仅要适应当下，更要适应未来。上海在做城市规划的时候，应将过去、现在、未来结合起来，对城市的适应性有更新的理解。

马来西亚最有影响的双子塔，与浦东的金茂大厦、上海中心不一样。双子塔中间有大的湖泊，甚至是公园、廊桥，让人感觉非常舒适。而在陆家嘴区域，在上海中远两湾城这样的大型社区，在无数栋城市高层建筑群中，人们会有一种强烈的压迫感。

今天讲城市营造，我们更愿意讲中国的城市如何把传统和现代更好地结合起来，把自然、技术、人文更好地融合在一起。物理与人文空间相协调，带给人们美好的生活环境，这是我们对中国城市发展的期待。所以在城市营造过程中，不仅要创新城市营造的理念，更要遵循城市营造的原则。因此如何在传承历史文化的基础上，不断完善城市的内部生态功能，并创造条件使城市功能得到更好发挥，这是今天城市管理者要思考的。我们要真正从城市实际出发，并以市民的需求与问题为导向，尽快补上社会建设、公共安全等方面的短板，围绕更高质量、更高效率、更可持续、更加公平的发展目标和要求，探索现代城市社会基层治理范式，才能不断回应市民对更美好生活的期待。

新时代的城市营造，要通过有效的社会治理，调动起市民参与城市营造、参与建设自己美好家园的积极性。只有回应不断变化的诉求，才能及时回应市民对更美好生活的需求。

今天，中国的改革开放已经走过了 40 年的发展历程。回望改革开放 40 年，以城市化、工业化两轮驱动经济、社会发展，有很多值得总结的经验，也有需要正视的问题。站在新的发展起点上，我们还面临着一系列新问题的挑战，需要不断思考问题产生的原因和解决问题的方法，更好地调动多元主体参与基层城市治理的积极性，才有可能在城市营造与更新过程中创新城市治理的理念和方式，才能构建一个理想的城市家园。

（讲座时间：2018 年 6 月；成稿时间：2022 年 9 月）

作者简介

　　章友德，上海政法学院教授、社会学系创系主任、社会管理学院首任院长。长期从事城市社会学、法律社会学、犯罪社会学、社会政策等的研究，发表/出版《城市现代化指标体系研究》《城市灾害学》等论著两百多篇/部。曾获全国社会科学优秀普及专家奖和"宝钢教育基金优秀教师奖""上海市优秀教学成果奖""上海市教育科研成果奖""上海社会科学优秀普及专家奖"以及上海大学"教师名师奖"和"上海大学最受学生欢迎老师"等二十多个奖项和荣誉。

网络舆论生态和综合治理

冯 卫

今天我向各个委办局、各个区的同志汇报一下,我们网信系统怎么认识互联网的舆论生态、怎么抓住互联网有关的规律开展相关工作。

第一,党的十九大刚刚结束,我也很关注党的十九大报告中涉及网信领域的一些提法、一些总结性的东西。报告最开始讲到的五年来的成绩中,有一点是互联网建设、管理、运用不断完善。其中具有标志性的事件,是成立了中央网络安全和信息化领导小组,组长由总书记兼任。该小组的成立标志着中央对互联网的高度重视。中央网络安全和信息化领导小组下设办公室,简称中央网信办,中央网信办同时挂牌国家网信办,国务院把管理互联网的职能授予国家网信办。国家网信办是执法主体单位,它可以依据国家法律法规进行执法。

第二,近五年来中国的互联网发展势头非常好,互联网企业纷纷走向世界,中国提出的一些标准在世界上成为大家遵循的准则。这在过去比较少见,因为互联网是美国发明的,欧美国家率先使用,而中国大规模的互联网应用不过就是 20 多年。20 多年发展的成绩证明我们高度重视互联网,依托互联网不断创新取得了举世瞩目的成绩。最近和互联网相关的信息产业方面,如手机 5G 的标准,在世界上是领先的。

第三,党的十九大报告对互联网的文字表述大家可以推敲,建设第一位,也就是说互联网的发展永远是第一位的。因为它是一个创新的产业,要不断地创新。所以未知的肯定大于已知的,建设还是要放在第一位,然后才是管理。若反过来先管,"管死"也不可能,因为互联网的规律就是不断地创新。

所有的法律法规,其实对互联网的创新来讲都是稍有滞后的。不能说现在就把所有的互联网规则制定完善,这个比较难。虽然现在提倡依法治国,但是现成法律会滞后于互联网的创新和发展也是客观规律。例如,原来有滴滴、快滴和传统的出租车行业发生冲突,经过政府的协调,慢慢规范起来,社会上负面评价的声音也比较小了。这个问题解决后,共享单车的问题又来了。共享单车是创新的,创新之后要发展,发展过程中可能会占用公共资源如道路资源,而道路资源本就有限。相关法律法规也在慢慢出台,上海有些区已经出台一些措施。总之,肯定是先发展,再有法律的完善。

党的十九大报告中提到互联网,其实也涉及网信部门很多关键业务,其中一项是网络安全。我们先前对网络安全也很重视,但是没有像现在这样高度重视。我们对互联网发展规律的认识也在逐步加深,充分认识到互联网安全的体系、安全的架构非常重要,如果没有一个安全的互联网,则应用和管理都谈不了。管理的时候网断了,被黑客黑掉了,数据被窃密了,就谈不上更好地建设,也谈不上更好地管理。

还有对互联网内容的建设,就是互联网上的意识形态相关的内容,党的十九大报告也提到了好几条。互联网意识形态有两点和网信部门关联特别大:

第一,传统媒体怎么占领舆论高地?传统媒体遇到了互联网的挑战。传统媒体的受众和互联网的受众有没有交集?传统媒体的影响力是不是在逐步边缘化?这是急需研究的课题。传统媒体的阅读人群是不是社会的主流人群,或者说传统媒体的青年读者占有多少比例?这是非常现实的挑战。传统媒体要扩大影响力,需要寻找新的媒体融合,也即推动传统媒体和新媒体的融合发展。这个新课题,前五年上海做了很多的探索。

第二,互联网既要加强内容管理,更要加强综合治理,不能单靠一条一条法律去监控。互联网上人太多了,提倡互联网的自律,不单要提倡网站的自律,还要提倡网民的自律,要求网民至少应做合格的守法公民。互联网的综合治理有很多手段,目的是营造清朗的互联网空间。党的十九大报告中有15个地方提到互联网,提到信息化,提到互联网产业的发展,包括大数据等,提到互联网要和实体经济融合发展。党的十九大报告给网信工作指明了方向,我们要继续深化,发展好、管理好互联网,并总结出行之有效的管理模式,最终提出中国管理互联网的标准。美国对互联网的管理也是有标准的,美国的标准主要有一条,即互联网没有国界。而在乌镇世界互联网大会上我们提出互联网是有国界的,中国的互联网自己管,我们提出自己的标准,我们的经验也提供给大家分享。

互联网的综合治理要求依法管网、依法用网。过去对传统媒体,我们提党管媒体,现在对互联网,自然也是党要管好互联网,但是具体的表现形式是要依法管网、依法用网。新出台的《网络安全法》是一部重要的互联网法律。互联网信息服务有"七条底线""九不准"。"七条底线"即法律法规底线、社会主义制度底线、国家利益底线、公民合法权益底线、社会公共秩序底线、道德风尚底线、信息真实性底线。"九不准",详见《互联网信息服务管理办法》第十五条的规定。

依法用网要求互联网上的企业和个人(互联网受众或网民)要依法使用互联网。互联网企业有其社会责任,体现在什么地方?体现在其自律机制。上海的很多互联网企业,特别是交互类的,允许网民上传文字、图片、视频,但也设置了庞大的人工过滤团队。例如,上海有一家视频类网站,有500人的过滤团队,对网民上传的内容进行过滤审核。

关于互联网生态。中国的网民总数很多,有7亿多个,其中绝大部分是基于智能手机的互联网用户。这意味着在管理、引导互联网时,要高度重视基于智能手机的新媒体,不能照搬老一套的东西。现在有些地方还在做手机报,但其实连前几年比较热的微博,热度都在减少。网民的大量时间在看微信,在看其他App,你再做一个基于传统的短信的手机报那肯定不行的。你花了很多的代价,不一定取得很好的效果。2017年新媒体的代表是什么?仍然是微信、微博和其他App。

互联网是支柱产业,现在所谓的新的中国四大发明,很多是和互联网紧密相关的。比如共享单车,共享经济和互联网相关,没有互联网玩不转。微信或者支付宝等互联网支付,也和互联网产业有非常大的关联。

互联网太重要了,在一些超市,现在大家都喜欢用支付宝和微信支付,支付宝里每次支付都有返利的,你付20元,只扣了你19.9元,还有1毛钱是返利给你的。它们确实影响到社会的方方面面,而且支付比较快捷。

关于舆论多元。社会上有两个舆论场,一是主流媒体的舆论场,二是民间的舆论场、自媒体的舆论场。这两个舆论场要有重叠,如果这两个舆论场没有交集,这是很危险的。打通两个舆论场,让它们有交集,也是现在很多主流媒体在跟进的事情。比如 2000 年左右人民网和新华网的建立,便是保持与时俱进的努力。传统的互联网在新媒体领域也是蛮拼的,建立了很多 App 和微信公众号。我经常关注一个叫"侠客岛"的微信公众号,人民日报旗下的,内容比较新、短、平、快,还敢于评论,敢于对一个事件发表自己的观点,既有新闻类的东西,也有观点类的东西,其目的就是要让两个舆论场有交集。

我想到一个例子,就是面对明星的新闻,主流媒体要不要去抢,要不要去报道?我是这么认为的:反对把人家的隐私暴露出来炒作,但是不反对报道。因为不管怎么样,明星的新闻也是客观事实,作为媒体便不能遗漏。假如不报道,那就是自动放弃对相关新闻事件的主导权。

上海发生过一件事,有著名电影明星在上海办了一场盛大的结婚典礼,在该典礼前自媒体已经出现了很多信息,有点铺天盖地的感觉,上海的主流媒体没有缺位,也去报道了,做了基本的情况介绍。在主流媒体报道中,不能炒作,要有自己的观点,好的东西应该表扬,面对不是特别正面的东西,应该要敢于批评,当然批评应该是善意的,不是一棍子打死,而是帮助其改正。比如在这场大婚中的一些事情,上海的媒体是有善意的批评的。一是所请男嘉宾一律是旧社会上海滩流氓式的打扮,就是黄金荣、杜月笙的那种打扮。对这种情况,上海的媒体要批评,不能把流氓当成英雄。二是反对没有原则的铺张浪费,这场婚礼很奢华,婚礼现场和婚宴宾馆只一条马路之隔,也搞了一个豪华车队,网上传得沸沸扬扬。虽然是用自己的钱,铺张浪费也要反对。

主流舆论场要对民间舆论场有影响力。在重要的事件、重要的会议中,主流媒体现在有很多的想法,比如一张图看懂"两会",一张图看懂党的十九大,或者党的十九大新提法、新热点,都是适合互联网的阅读题目。这类东西并不适合在传统媒体上看,主流媒体上看着是太单薄了,但互联网上是碎片化的阅读、快餐式的阅读,网民需要这类东西。

美国为首的西方发达国家,对互联网也不是不管的,也不是放任的。

第一,管技术发展。美国是最早提出建设信息高速公路的国家,是最早大力提倡互联网产业的国家,最初的做互联网的企业,硬件也好,软件也好,都是在美国创新发展的。如微软、英特尔、甲骨文、思科、谷歌、高通、苹果等IT公司,都是如此。

第二,对互联网站的数据库进行监控。所有人在互联网上的行为,形成数据之后都保存在互联网站的数据库里。现在讲大数据,其实大数据也很可怕。大数据把每个人的信息都给分析了:喜欢什么,爱好什么,几点钟上网,几点钟下网,看的是什么内容。计算后可以知道你是怎么样的人,在互联网上是怎么样的。

第三,控制新媒体。这方面特朗普是高手,他利用美国的社交类媒体打垮了传统媒体,现在美国的传统媒体对特朗普是不太客气的,批评的声音很多。特朗普不怕,原先的美国领导人是很害怕的。特朗普掌握了新媒体的话语权,照样可以影响整个社会。

第四,利用互联网颠覆一些小国,搞颜色革命等。互联网是打头阵的,特别是互联网社交类媒体,比如推特、脸书和其他社交类网站。其特点:一是意识形态潜移默化,二是强大的社会组织动员能力。现在的年轻人,政府告诉他们做什么,家长告诉他们做什么,他们可能不一定听,或者半信半疑。但朋友圈告诉他们该怎么做,他们往往就这么做了。社交类媒体就是适合朋友圈的,你的朋友和同学告诉你,你要如何如何,是很容易形成共鸣达成共识的。

中国用户要具体分析,文化程度在大专及以下的占大多数,呈金字塔排布,绝大多数是在金字塔下面的人,所以互联网上有很多宣传的东西,推送的全部是大白话。互联网上提倡讲大白话,标题大白话,内容大白话。

30岁以下的网民占比较大,都是年轻人,我刚才讲了,他们最愿意相信的就是自己的朋友圈里的信息,所以要利用好朋友圈的传播。这就意味着信息来源的被动式。什么叫被动式?就是很多信息来源不是主动去获取,包括我现在也是这么一个情况,也是被动的。我获取的信息绝大多数是被动式的,是朋友推荐给我的,我主动找的比较少。特别是有了微信之后,微信成为主要的信源。现在的互联网受众,因为信息越来越多,没有时间主动盯着某个信息去查。

还有,网络产生的舆情朝"三个化"——社交化、本地化、移动化发展。

第一,社交化。什么叫社交?关注,有朋友关注才有社交,朋友不关注,你一个人关注,那你是问题专家,专门研究某个问题的。

第二,本地化。舆情焦点是本地人关注的问题,而不一定是其他地方的。所以虽然中国有许许多多的互联网舆论事件,或者叫互联网突发类的消息,每天都在发生,但上海发生的,外省市的人不太关注,而外省市发生的,上海的人也不太关注。这也是符合西方的一些传播学的观点。现在美国大型的全国性的报纸发行量和影响力在下降,而地方性的报纸发行量很大,因为人们关注周边的事物。

第三,移动化。传播、发布、互动都是在移动状态下,阅读是碎片化的。政府部门喜欢发长篇的东西,把前因后果都说清楚。因为工作的原因,我要看下去,看到最后觉得写得不错,是有道理的,问题是老百姓不喜欢看长篇大论的信息,老百姓的阅读往往是碎片化的。

松江曾有一个事件,即锂电池事件,我一直有研究。那时松江计划设立一个给电动汽车配套组装锂电池的厂,原本的确是个不错的发展方向。欧美现在有大的公司集团都在宣布向电动汽车领域发展,只要解决电池的问题,电动汽车真的是大有发展前景的好东西。但有老百姓不同意设厂,认为有污染。政府有关部门为了社会稳定,便取消了这个项目。因为社会稳定是非常重要的,发展现代化离不开稳定。不过还是很可惜,如果都是这样的话,发展机遇就抓不住了。

我觉得网民的智慧很高,把互联网利用到了极致。互联网上可以表达观点、舆论监督、诉求利益,表达观点是中国互联网的特点。中国网民喜欢表达,喜欢评论,而且正面的不太愿意讲,往往喜欢多讲一点负面的,表达不同的观点。在舆论监督方面,互联网是反腐利器。如果把事件放大,它就会成为问题。通过小号爆料,大V转发,新媒体跟进,全媒体报道,极短的时间内就可以把事件扩散到全世界。在诉求利益方面,老百姓利用互联网是很有智慧的。因为和切身利益挂钩,所以存在追求个人利益最大化的现象。

对互联网的舆情要从"小"抓起,不能说一个互联网事件等到全部媒体都报道了,成了重大事件我们才去处理。一般来讲,要对互联网的小号在爆料这个环节引起重视,加强互联网的舆情搜集。

反观政府网信部门,第一件工作就是社会舆情的搜集、研判、报送、处置、应对、引导。怎么来搜集、研判呢?有两个手段,一个是技术的,一个是人工的。技术的就是用大的系统,这个大的系统是一个集成系统,就是对互联网的每个应用有一个小的系统,有搜集微博信息的系统,有搜集微信信息的系统,有搜集新闻网页内容的系统。然后对我们所关注的社会舆情,像爬虫技术一样,每几分钟做一次,也就是在大量的社会数据中找出我们所需要的数据存到服务器中。接着是人工筛选。数据中相当多的信息源都是一些不著名的媒体,或者是一些小号,一般要在小号传播的阶段就发现舆情并进行研判,违反法律法规的马上删除,截断之后大V、核心媒体的转发。否则的话,任由违法违规舆论热点慢慢发酵,再要管控就非常难了。如果转发量已经数以百万计甚至更多,要全网删除,是消耗资源,不是消耗能力。全国所有的网信部门要帮着删,是非常消耗资源的。

我们还可以做两件事情,就是处置事件的常规的回应和切割。谁来回应是要选择的。涉事部门回应,宣传部门回应,新闻办回应,还是纪委来回应,都是要选择的。但回应的单位要选择对。回应是有要素的,要素就是:发现了,关注了,关注之后组织人员调查了,调查之后会及时公布结果,如果涉嫌违法,一定严惩。不要多讲,多讲没用。回应的目的是什么?平息社会舆论,回应群众关切。事情出了之后政府要表态,同时还要切割,什么叫切割?就是和事件有关的可以讨论,但违反法律法规的一律删除。这样做不是要限制舆论,而是依法依规办事,人们对事情有感而发是可以的,但不能借机攻击党、攻击政府、违反法律法规。

互联网舆论的一些特点:

第一,潜水的比较多,看的人比较多。比如数据显示,党的十九大当天网民对相关内容的阅读率很高,都在关注未来五年怎么发展。

第二,批评的声音比较多。网民如果感到自己的利益被触及了,会即刻作出反应。比如上海申通集团运营上海地铁500多千米,运营里程世界第一,每天的客流量世界第一,很不容易。但是在互联网上对工作人员的表扬并不多见,更多的是说地铁又晚点了之类,哪怕晚点只有几分钟。有了微信之后这种状况在改变,微信上点赞的比较多。此外,网上还有不少非理性的、宣泄情绪的言论。"骂"的文章在互联网上的传播总是很快的。调侃性的东西很多,传播也广。

第三,从众性。第一个人说好,后面的也说好;第一个人说坏,后面都是批评的声音。所以现在对互联网上的一些重大信息加强舆论保障，就是这个道理。抢沙发，抢第一个评，抢第二个评，要给正面内容点赞，如果第一个讲不好，那批评的声音强，或者说吹毛求疵的也就多了。我们对这些负面的东西要敬而远之。负面的东西形成了，我们是否要对正面的东西进行保障？我认为还是必要的，要有正面的声音，不能放任负面的东西形成规模。

第四，滚雪球。互联网有放大效应，是突发事件负面舆情的放大器。一些网民喜欢挑战权威，天然地对一些专家学者不信任。我看到有一家制药公司制造熊胆粉，因现在不能杀熊了，把熊杀掉取胆是不被允许的，于是就活熊取胆，养了很多熊，然后定期打麻药，把熊的胆汁抽出来。动物保护团体纷纷质疑活熊取胆太残酷，熊很可怜，批评这家企业的声音很多。然而这家企业既不道歉，也不停掉，就请了一个老专家，请老专家来讲讲。老专家一看，说这个太好了，这个很"熊道"的，这个熊天天好吃好喝养着，一个月取一次胆汁，但不是把胆汁全部取掉，只是引流一部分。这个事件马上发酵，马上有人"人肉"这个老专家，发现这个老专家唯利是图，任何的药企需要他站台，他马上就去了。他今天在甲厂站台，明天在乙厂站台，照片有很多，其实根本不是这方面的专家。网民们就这样把这个教授专家群体中的害群之马找出来了。所以现在很多地方政府也会换位思考，请专家不太好，请教授也有风险，那请谁呢？有的就请网上的一些知名人士去考察，这些人考察后会在互联网上发布一些解疑释惑的观点。这种做法还管点用。这些互联网的大V、知名人士，他们在互联网上摸爬滚打多少年，还能是大V，说明确有一定知名度或掌握了一定的网络传播的规律，所以反而会比较善于把声音传递出去。如果遭到网民"人肉"或者批评，他们还可以针锋相对进行辩论。在互联网上辩论，他们还有一些粉丝会帮忙。粉丝中有"铁丝""铁粉"，还有无限忠诚的人，你说他喜欢的人一句坏话、一个批评，马上跟你展开无休无止的辩论，直到你认输为止。现在很多地方政府也很聪明的，旅游节的形象代言人都是一些明星，可以在互联网上形成很大影响。这种"粉丝经济"也是比较可观的。

第五，基于虚拟性和"隐身衣""假面具"，发表言论的人网上网下两张皮。其实每个人在互联网注册登录、发布信息，全部有案可查。我们的公安机关有这个能力，通过数据库查到相关的数据。有一个例子，有段时间曾在网上出现一个恶劣的事件，有人在网上发布消息称中石油的一个女处长在非洲嫖男娼。因为当时大家对"两桶油"很有误解，这个谣言传播得很厉害，很多媒体都把这个谣言当作正式的新闻来发。还有一个例子，也是一个谣言，说上海某公安局的政委买凶杀人，把一个企业家杀了。目的是什么？要抢这个企业家的亿万家财。怎么杀的呢？就是晚上跟他一起喝酒，把他推到电梯井里摔死了。以上这两个谣言最初一直破不了，当事人都报案了。到底是谁在造谣？通过对比，发现发布信息的人可能是在境内，但是发布的信息的来源又是在境外。从境内到境外的手段是什么？就是层层的代理服务器，也就是现在讲的 VPN，就是我到你的服务器上，通过你的服务器来发布。最后是通过 ID 确定、IP 定位查获了犯罪分子。两个谣言，是同一个人炮制的。为什么要造中石油的谣呢？因为在一次他陪朋友和中石油企业谈业务的时候，他根本不是当事人，但他看了这个女的觉得不舒服，就这么一个恶念，他就无中生有造了谣。互联网上有极少数人对社会是比较仇视的，就编造传播一些东西来进行发泄。

过去因为 ID 不是实名制的，很难查，比如某单位发现有一个 IP 地址上了自己的网站，但不知道这个人是谁。从 2019 年开始实名制了，至少要和手机号捆绑起来。现在电信部门在做梳理工作，落实手机号实名制。这样可以敦促网民发表负责任的言论，对网络社会负责。

去年上海查到几个房地产中介，他们一看房地产调控政策来了之后就在网上发一些谣言，目的是多搞点外快，多搞点中介费。他们的谣言在社会上引起很恶劣的反响。据说有些地方民政局都排队了，排队假离婚，就是因为他们造谣说假离婚后可以多购房。网信办的执法权限是对他们的微信公众号进行销号，公安机关则是直接按照法律规定拘留。

惩处互联网造谣行为，其实还是很有讲究的。如果是学生，特别是中学生，现在中学生有的思想既成熟又不成熟，既懂又不懂，怎么办？家长、学校要教育。包括大学生，如果在互联网上发布负面的东西，不是特别恶劣的，不是特别引起社会的恶劣后果的，就由教育部门去教育，给处分也可以。

那抓谁？就是抓老百姓深恶痛绝的那些"惯犯"。比如有人造谣说上海有什么流感，站着进去躺着出来，十几具尸体搬出来了，这种谣言老百姓很气的，等于说拿老百姓的生命开国际玩笑。比如有的中介干了很多的坏事，把房地产市场搞得很乱,上家下家对这些非法房地产中介没有好感。我也了解过,他们真的挣了不少昧良心的钱。所以他们被惩处后互联网上一片叫好。

处理互联网突发舆情,第一要讲究快,不能慢。因为互联网的舆情传播速度是几何速的,稍有疏忽就会像刚才讲的,大V一转发,新媒体一跟进,全面开花。所以处理舆论事件特别是突发舆情要快,要在24小时甚至6小时、4小时之内有回应,要有干预的手段,没有干预、没有回应是非常被动的。第二要关注全媒体,即不但要关注传统媒体,还要关注互联网上的消息,关注微信微博。现在传播有很多的平台。视频类的分享网站,网民可以一边看视频一边发弹幕。发弹幕其实也是在传播信息,也有表达观点,对这类网站要加强管理。当然,这些网站也按照法律等的要求建立了强大的审核机制。游戏产品中也有信息的传播。我看到一个材料,说国际的恐怖组织为了规避美国情报机构的监控,开发了一个游戏软件,所有的成员加入这个软件,在线打游戏,一边打一边进行信息交流。游戏工会的成员加入这个游戏之后可以传播信息。信息传播的形式也很多,除了图片、文字,还有音频、视频。网络舆论进入自媒体时代,人人都有麦克风,有智能手机就可以进行传播。传播的热点是什么?在互联网上传播量最大的是文艺界影视圈的小道消息。明星谈恋爱了、结婚了,这类信息铺天盖地。

网络舆情的积极面是减压阀,互联网可以让人们把不满情绪表达出来。其消极面就是放大问题,放大社会矛盾,使局部问题变为全局性问题;还有西方国家加紧互联网的渗透——其实互联网的渗透和反渗透一直在进行。我们境内有一段时间翻墙水平很高。什么叫翻墙?我们建立了互联网的网关,把境外的不友好的、反华的和黄色的网站屏蔽掉了,有的网民却想方设法穿越网关,浏览被屏蔽的网站。其实屏蔽的网站中最多的就是境外的一些黄色网站,这些网站依据法律法规肯定是要屏蔽的。

网络舆情的高危地带,越是基层,对互联网的防护措施越少,受互联网舆论事件的干扰越多,有风吹草动就会很紧张。为什么紧张?两个原因:一是基层单位可以调动的互联网资源比较有限。在省级部门,可以调动的互联网资源很多,比如可以调动传统媒体的互联网资源,可以调动新媒体的资源,可以调动政府官方微博微信,还可以调动广大网络自媒体、共青团组织网络志愿者等。而且可调动资源在互联网上发布的内容可以传播得很广。这种优势，基层单位是没有的，没有的话，就像一个人挑战整个互联网。二是专业互联网舆论宣传比较薄弱。互联网行业其实是很复杂的。上海30万家网站，到底哪些网站是有影响力的我清楚，有200家，200家当中特别有影响力的、各个领域都是领先的有100家。我只要抓住这100家，基本上可以抓住整个上海互联网的龙头了。这100家当中可以发布新闻的网站有五家，如东方网、澎湃网，可以主动发布，派记者采访。除了这五家还有没有？没有了。其他的一二十家网站，有转发新闻的执照，但不能原创。还有其他的不能转发也不能原创的网站，但是有些网站是带有社交性的，网民可以上传自己的视频。除此之外，上海网民在腾讯的微信平台和新浪的微博平台有很多的用户。

举一个简单的例子，一家传统媒体对一个互联网的突发事件有四类记者可以关注：报纸的条线记者；报纸专门跑突发事件的记者；这家媒体的网站记者——但要搞清楚，是网站，不是杂志；新媒体的记者，它有新媒体部，有App，有微信公众号，也有相关的记者。一家单位有四种不同类型的新闻记者，一般不会全部来，而是分别来，你要清楚是这个套路。所以说发布专门的内容要对口。比如，腾讯总部在深圳，你找它没用，它主要是发展它的游戏产业相关内容。它微信的总部在广州，所以你要找微信，不能到深圳去，找深圳没有用，你要到广州。再如，新浪有上海站，它不管新浪网上具体的信息内容。上海站只管在上海的广告营销、广告合作方面的。新浪管微博的总部在北京，上海站管不着，你找上海站没用。互联网上每个网站各有特点，要有一些比较专业的同志长期负责相关的事情。

下面再说一些网络乱象：

第一，网络侵权，即抄袭，互联网现在抄袭很厉害的，人家的东西一转眼变成自己的东西了。现在搞了很多查重系统，就是怕你在互联网上抄袭，检索看看你有没有抄袭。因为抄袭太方便了，有的还抄袭成全国第一。现在互联网上说法创新了，他不讲抄袭，他讲整合。整合是什么意思？就是他说自己不是抄袭，他把《解放日报》一段话放在第一，《文汇报》一段话放在第二，《新民晚报》一段话放在第三，这样一整合变成他的了。其实还是抄袭。他看了各家报纸的官网报道，发现各有侧重，然后他加以整合，使他发布的信息变成最全的了，又完整又权威，他成了第一了。现在很多互联网平台野蛮生长,根本没有人做原创,就是做整合。媒体怎么办?打官司。有的跟平台签订了战略合作协议,每年给你100万元,然后你离不开这个平台,因为有了这个平台你的内容才能传播更广、影响更大。你离不开这个平台,就变成了这个平台的"奴隶"。

第二,广告漂浮窗。有家网站漂浮窗很不对,这个漂浮窗一直在中央领导名字周围,访问网站的人,要点击与领导相关的内容,就很容易点击到广告。网站是存心的,有算法的,就跟着鼠标周围晃。这个当然不行,立即要整改,哪有这么不严肃的事情。

第三,网络淫秽色情。对我们国家的互联网来讲,人民群众最乐意举报的内容是网络淫秽色情。其实中国的网民素质高的真的不少,人家不是为了钱,人家看到网上的色情就举报,网上收到的举报中30%是涉黄类的举报,说明老百姓对此深恶痛绝。但是也有一部分人喜欢看,现在有很多不良的互联网企业就打擦边球,搞一种叫大数据的算法,就是你点过一次类似于半脱的图片,以后就会大量地给你推送相关图片。有的人会利用类似东西诋毁别人。网上曾有一个不雅视频,背景是陆家嘴的高楼大厦。造谣者说视频中的女的是上海某证券公司的从业人员,手机号是多少。名字、手机号是真实存在的,但事情是假的,这个女性的电话被打爆了,全国各地知道手机号的人都来询问她,各种各样的人都有,使她产生了巨大的精神压力,她有理也讲不清。后来她向政府实名举报,网上的视频全部删除了。这是挽救了一个生命,因为不少人在谣言中被网暴,得抑郁症自杀。

第四,负面内容扎堆发布。有一个例子,就是好几年前有女大学生被奸杀,事件曝光后,有一个网站首页上面七八条都是近十年来各地女性被奸杀的报道,一看就是负面内容扎堆,这也是违反新闻伦理道德的。事实当然可以报道,但是不能这么报道。

第五,客户端服务乱象,就是网页和手机客户端内容不一样。现在应该都一样了,因为发了通知要求同步。

第六,新闻信息乱象,就是违规使用境外媒体的东西。关于新闻的转载国家是有规定的,如果按照规定做,肯定能做到位。中国不是所有的传统媒体都是互联网的信源,不是说每一个传统媒体上面的内容都是互联网可以转载的信源,有信源单位。在上海,互联网的信源单位就这么几家,后来增加了一些。有的不是信源单位，你不能转载，国家有规定的，应当按规定执行。境外媒体的内容不是说翻译一下拿过来就可以随便用的，境外媒体的内容需由三家中央媒体翻译后供大家使用。这三家即新华社、《中国日报》、中国国际广播电台，只有这三家提供的外电稿可以使用。国家有规定的，做新闻的应该都知道的。

自媒体兴起之后，比较符合现代人的阅读方式，即快餐式的碎片化阅读，就是不拿整段的时间来阅读，而是拿碎片的时间进行快餐式阅读，要求是短平快，发布、获取、传播三位一体。这样，人人都是新闻记者。其中，话语权要讲一讲。现在新媒体的话语权，特别是自媒体，在网民手里。这是个很重要的标志。

微信成了信息源，很多信息由微信开始传播。比如某一突发事件，最先传播的不是电台、电视台、报纸、网站，而是自媒体。外滩的踩踏事件，第一时间发布消息的是自媒体。浦东机场一个事件，第一时间发布消息的也是自媒体。微信这信源作用很强。

微博成了舆论场，微信有信源但成不了舆论场。微博集中讨论，集中反映网民的声音。比如某一突发事件，微信上的消息都是碎片化的，各种各样的信源，各种信息都报道。而微博中则集合了网民的很多观点，会提出一些思考问题，比如：这一事件什么时候发生的？是怎么处理的？死伤数字是多少？抢救伤员的情况怎么样？准备怎么赔偿、问责追责，谁来负责？

对一个互联网的舆论事件来讲，从危机到消减，一般时间是一个星期，不会遥遥无期的，因为会有新的舆论事件层出不穷。一个周期，一般来说是周一到周五，周六、周日可能慢慢消减。

互联网的舆论事件最终的指向是什么？我认为最终的指向是问责追责。突发事件涉及安全问题、政府职责等，最后的共同指向就是问责追责。一个舆论事件出现后，总要有人来承担责任，而不能说让整个社会来承担责任。

再讲两个方面：

第一，对待互联网的网站也好，媒体也好，应该保持什么态度？我们叫善待网络媒体。不要自己做高级黑，不要有雷人雷语。为什么会出现自己黑自己，或者雷人雷语？因为在突发事件中，大家都很慌忙，很着急。主流媒体还要跟你商量，而有些不是媒体的网站，没有记者证也来，来了怎么办？把他赶走？你把他赶走，他就会写似是而非甚至对立的东西。所以不能因为他没有采访证，你就把他赶走。有些网站来的人没有经过新闻工作的训练，就把互联网上的问题归纳一下来提问，有的是直接拿谣言来提问，答复的人态度一不好，他就拍下来，剪辑了放网上。怎么办？要派专业人士接待，有的单位有专门的部门，或者宣传处，或者宣传部，或者新闻办，或者新闻发言人，只有这样才能稳定这些媒体从业人员的情绪，不让别有用心的人钻空子。

第二，我们怎么抓好自己的队伍？抓两个要素：一是机构的新媒体。原来我们很依赖传统媒体，什么重要发布都依靠传统媒体才能发布出去。自从有了新媒体之后，我们的主观能动性加强了。我们有自己的发布，比如市政府有市政府的发布，这是新媒体给我们各个部门、各个单位的一个好机会。我们可以主动发布。原先我们要约一个记者谈谈，什么时候发不知道，现在随时随地可以发，权力很大，责任很重。政府的发布，微信也好，微博也好，如果力量有限，专门做微信发布或者微博发布都可以，目的是培养队伍。我们有自己的队伍，有自己的专业人才，可以更好地服务媒体，媒体来了就靠这些专业人才来应对。还有自媒体矩阵，非常重要，要培养更多的党员在网上发出正能量。要扩大影响力，就需要广大自媒体进行转发，但又不是机械式的转发。比如和自己工作有关联的，如果转发，可以谈一点感受，哪怕是写一两句话，也比全文转载好得多。二是辟谣。面对互联网的一些突发事件中的谣言，可以利用我们的自媒体来做一些发布，可以把所了解的正面情况发布出去。这也是在辟谣，也是正面的发布。我觉得机构类的媒体，要发挥机构类的作用；自媒体矩阵，要发挥自媒体的作用；两者有所结合，就可以更好地营造互联网的清朗空间。

（讲座时间：2019年11月；成稿时间：2022年9月）

作者简介

冯卫，上海市委网信办网络管理处一级调研员，兼任上海市网络文化协会秘书长。

党政部门精细化管理

孙继伟

一、细节决定成败

(一) 积水成渊与蝴蝶效应

《荀子·劝学》里说:"积土成山,风雨兴焉;积水成渊,蛟龙生焉;积德成善,而神明自得,圣心备焉。故不积跬步,无以至千里;不积小流,无以成江海。"

做大事的能力和素质是在许许多多的小事中学习与磨炼出来的。

清代文学家刘蓉年少时经常专心致志地读书,遇到不懂的地方就仰头思索,想不出答案便在屋内踱来踱去。屋内有处坑,刘蓉每次经过总要被绊一下。起初他感到很别扭,时间一长便习惯了,再走那里就同走平地一样安稳。

刘蓉父亲发现这屋地面的坑,笑着对刘蓉说:"你连一间屋子都不能治理,还能治理国家么?"(原文是"一室之不治,何家国天下之为?")随后叫仆童将坑填平。

父亲走后,刘蓉走到原来有坑处,感觉地面凸起一块,他心里一惊,低头看,地面却是平平整整,他别扭地走了许多天才渐渐习惯起来。

刘蓉不禁感慨道:开始阶段的习惯养成非常重要啊!

"一室之不治,何家国天下之为?"和"一屋不扫,何以扫天下?"都是强调要从小事做起,在小事中锻炼和磨炼,才能练就做大事的能力和素质。

不仅巨大的成就是由许许多多的小事汇集而成的,巨大的风险往往也是由微小的事件积累而成的,很多公共危机也是由一些小事件演化积累形成的。

英国有一首这样的民谣：

> 少了一枚铁钉，掉了一只马掌；
> 掉了一只马掌，瘸了一匹战马；
> 瘸了一匹战马，损了一位将军；
> 损了一位将军；输了一场战争；
> 输了一场战争，亡了一个帝国。

历史上发生过很多次类似这样小事引发的重大历史事件。用现代物理学的术语来讲，这就是"正反馈"。混沌理论中把这一现象比喻为蝴蝶效应（The Butterfly Effect）。

1961 年，美国气象学家爱德华·洛伦兹（Edward N. Lorenz）用计算机求解仿真地球大气的方程式。他把一个参数 0.506 127 的简化值 0.506 代入重新计算后发现，结果相差非常大。开始他认为是计算故障，排除了这种可能后，他发表了两篇与此相关的论文，提出了在确定性系统中的非周期现象，指出对于模式中参数的微小改变将导致完全不一样的结果，使有规律的、周期性的行为变成完全混乱的状态。开始是用海鸥比喻这个效应，后来用了更加有诗意的蝴蝶。1972 年，洛伦兹在美国科学发展学会的演讲中提出"一只南美洲亚马孙河流域热带雨林中的蝴蝶偶尔扇动几下翅膀，可以在两周以后引起美国得克萨斯州的一场龙卷风"。这个看似荒谬的论断反映了事物发展结果对初始条件具有极为敏感的依赖性，由此产生了一个跨学科的混沌理论。

（二）做对的都是小事，做错的都是大事

托尔斯泰有一句名言："幸福的家庭家家相似，不幸的家庭各有各的不幸。"借用到管理上可以说："管理好的单位家家相似，管理差的单位各有各的问题。"这一规律背后的原因是，一个系统或一家单位良性运行需要很多工作都做到位，如果有一两项工作没做到位，往往会使一个系统或一家单位的整体功能出现故障，用一句形象的话来强调："做对的都是小事，做错的都是大事！"这一规律可简称为"对小错大定律"。

记住对小错大定律,可以经常提醒和警示我们,做对一件事不足以让一个系统或一家单位良性运行,但做错一件事就可能让一个系统崩溃,让一家单位面临危机。

对小错大定律与问题管理的重要原理之一"木桶原理"的内在逻辑是相似的,从不同角度反映了一个系统良性运行所需的条件以及各条件之间的关系。木桶原理是指:一个由长短不同的木板制作的木桶能装多少水,不是由木板的平均长度决定,更不是由最长的木板决定,而是由最短的木板决定。单位或个人的问题(劣势或缺点)可比喻为木桶的短板,优势或优点可比喻为长板(或链条的强环)。根据木桶原理可推导出,补短板的投入产出效率高于加长板,问题中蕴藏着丰富的资源、巨大的潜力,挖掘问题资源比挖掘优势资源更容易体现出效果。所以,问题管理的首要原理是:问题是资源,挖掘问题既是挖掘隐患,也是挖掘潜力。

【案例】微盟删库事件

2020年2月23日19时左右,香港某上市公司研发中心运维部运维人员贺某通过个人VPN登入公司内网故意删除了数据库,公司SaaS(软件即服务)服务出现故障,导致该公式平台约300万个商家的小程序全部宕机,该公司损失惨重,主要体现为以下几方面:

第一,事件发生后的一周,该公司股价下跌22%(6.18元跌到4.8元),市值跌去约30亿港币。

第二,该公司需支付300万个商家的赔偿费用。

第三,事件发生后,该公司最大的竞争对手以优惠等方式迅速抢夺客户。

这一事件是极其罕见的重大事故,300万个商家、SaaS产业、该公司创始人、涉案员工都损失惨重。

出现这一事故的原因,一方面是涉案员工的"不理智",另一方面是该公司内部控制的制约机制出了问题。该公司应该有数据备份,这次主数据库、备用数据库都被删了,是权限管理问题。不能给一个员工太大的权限,比如进机房权限、数据库删改权限需要配置为多名员工,有删改主数据库权限的员工就不能同时有备份数据库的权限等,权限管理是安全管理的重要措施。机构越大、安全管理越重要,必须防止系统性和极端问题。

大多数成熟的SaaS企业或大型银行的信息中心都有接近实时同步的主从服务机制(或备份系统),在其中的一套服务出现问题时可以瞬间切换到其他镜像服务。为防范服务商系统性故障,冷备份通常是分布在不同的云主机服务商。业内的这些经验、教训,以及管理体系,值得新兴互联网公司学习借鉴。

(三) 所有的事认真做

有一首《日常做事"八招"》的顺口溜是这样的:

> 今天的事今天做,能做的事马上做;
> 困难的事想法做,重要的事优先做;
> 复杂的事梳理做,限时的事计时做;
> 琐碎的事抽空做,所有的事认真做。

在精细化管理中,特别要强调从小事做起,所有的事认真做。

【案例】为打印价格上涨3分钱而作的详细说明

某高校内的一家打印店老板为了将每张纸打印价格上涨3分钱,在《打印价格上涨声明》中将上涨的纸张费、人力费、房租等费用一一罗列和计算,并用表格统计了周边高校打印店价格。

老板说,考虑到顾客是具有法学学科背景的大学生,所以更加注重"证据"。

打印店老板以论文体的格式,分三部分说明了涨价的原因。在文章开头,老板写道:"考虑到同学们为无收入群体,虽然经营困难,我们也尽量维持原价来保证同学们的利益,但是现在原材料上涨加之劳动力成本不断上升,我们的利润越来越少,现阶段我们一直在做无利润经营。"

紧接着,老板列举了打印纸价格、墨粉价格、人工费、房租,详细计算了单面打印成本及最后的盈利,表示将单面打印、双面打印都上涨3分钱,上涨后价格分别是0.15元、0.18元。价格上调后,打印店每月能多挣4638元,老板还不失幽默地写上:"出去打工也就这个数。"

为了证明自己列出的数据是真实的,老板还附上了从正规电商渠道购纸的付款页面截图,用五张图片表示自2015年以来纸张价格在不断上涨。

最后,老板用表格盘点了周边高校打印店价格,几乎涵盖了该高校周边所有的打印店。在有些打印店后面,老板备注上"不让进""不敢问"等话,这让网友们表示很心疼:"老板为了做竞品分析也是拼了!"也有学生留言:"其实嘛,只不过涨个价而已,而且涨幅也不大,店主何苦那么小心翼翼,我们××学子又不会吃了你。"

这家打印店的胡姓店长接受了采访。胡店长表示,打印店在该高校内,从属于另一家高校外的一家打印店,算是其分店。"这则声明是我们大老板写的,我只是××打印店的店长,大老板委派我接受采访。"胡店长说,声明走红让他们都很吃惊,"我们只是用了一点心做调查、写声明,没想到得到这么多关注"。

为何要用论文体写声明?胡店长说,之前在大学外面做过几年打印生意,什么样的人都会遇到,但自从来到××后,感觉很不一样。"这所学校的学生素质很高,也许和他们学法律有关。"胡店长说。

"我们想涨价主要是因为原材料、房租等都涨了,我们没法维持生意。"胡店长说,如果不发声明直接涨价,学生会觉得不负责,但只写几句话的话,学生也不会理解,"我们就想着写详细一点,毕竟是××的学生,会更加注重'证据',我们也用不着反复解释"。而最终决定上涨3分钱是因为这在学生能接受的范围内,也能让打印店有所营收。

有了涨价想法后,打印店老板去了周边几所高校询问价格,在十天内写完了涨价声明。"写没费多少功夫,我们就想抱着负责任的态度告诉学生要涨价了。"

这则声明虽在网络上很火,但打印店的生意和以往一样,人流量没有激增。"学生不会因为我们成了'网红店',不需要打印也来打印,生意好不好要看学生的使用需求。"胡店长说,涨价对学生们来说肯定不是好现象,学生们现在越来越挑剔,消费也很理性,他们会有自己的判断。

网红涨价声明是否能获得学生认可?有学生表示,身在政法院校,天然具有强烈的维权意识和法律意识,在这样的校风下,打印店会做出这样别出心裁却又公开、透明、平易近人的涨价声明也不奇怪,这恰恰证明这是一家良心店,可谓勤勤恳恳、光明正大。

二、精细化管理的要点

(一) 计划精细化

计划是管理工作的首要职能,制定和实施"五年计划"是中国公共管理的重要特色和优势之一,五年计划是国民经济发展规划的一部分,主要是对全国重大建设项目、生产力分布和国民经济等作出规划,为国民经济发展远景规定目标和方向。中国从1953年开始制定第一个五年计划,除1949年10月到1952年底为中国国民经济恢复时期和1963—1965年为国民经济调整时期外,从"十一五"起,五年计划改为"五年规划"。

计划精细化的体现方式是计划分解,借鉴问题管理中的"树根分解法"(图1),计划也可以从时间、横向和纵向三个维度进行分解。

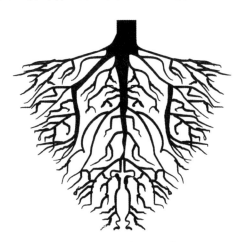

图1 树根分解法示意图

1. 计划的时间分解

按照时间分,计划可以分为中长期规划、年度计划、月度计划、周计划、日计划。古人说的"一年之计在于春,一日之计在于晨"就是指年度计划和日计划。中长期规划分解为年度计划、月度计划实际也是计划精细化的梯度实现。

2. 计划的纵向分解

计划的纵向分解，实务中体现为按管理层级计划分解。例如，全国计划分解到省，省级计划分解到地级市，再分解到县级市和乡镇；在单位内部是单位的总体计划分解到部门，部门分解到二级部门或科室，再分解到小组。

3. 计划的横向分解

计划的横向分解，是对工作事项组成部分进行分解。现代管理学早期进行的动作研究主要是横向分解，动作研究是把作业动作分解为最小的分析单位"动素"，然后通过定性分析找出最合理的动作，以使作业达到高效、省力和标准化。

弗兰克·吉尔布雷斯（Frank Bunker Gilbreth）被公认为"动作研究之父"。吉尔布雷斯夫妇通过对动作的分解研究发现，一般所作的动作分解不够精细，于是他们进一步作了细分。例如，将拿工具这一动作分解成17个基本动素：寻找、选择、抓取、移动、定位、装备、使用、拆卸、检验、预对、放手、运空、延迟（不可避免）、故延（可避免）、休息、计划、夹持等。

甘特图是同时反映时间分解、横向分解的经典工具，如果将对横向分解内容的次级分解内容也加上，则可把纵向分解也体现在图中，所以可一图兼容时间、横向、纵向三种分解。例如，某物流中心项目筹备推进计划可用如图2所示甘特图表示。

甘特图的横轴表示时间、纵轴表示项目及项目的分解，用条带把两者联系起来，条带的起点和终点对应于项目开始和结束时间。还可以加一列负责人，把每项细分项目的负责人填写上去。

（二）流程精细化

我们平时看到的很多流程图是不够精细的，甚至可以说是错误的。精细的流程图需要有"回路"，在很多流程节点有不同的走向：流程继续进行、流程中断或流程返回到某个已经进行过的节点重新进行。

图3所示是一种错误的流程图，图4所示是一个有"回路"的流程图，比图3有明显优化。如果流程涉及不同的部门，还应把部门加上。

事 项		3月份			4月份			5月份			6月份			7月份		
		上旬	中旬	下旬	上旬	中旬	下旬	上旬	中旬	下旬	上旬	中旬	下旬	上旬	中旬	下旬
证件办理	土地证件办理															
	环评办理															
	规划证等的办理															
规划	总平图规划															
	单体建筑设计															
	设计任务书															
设计	设计院接洽															
	设计院设计															
	设计图纸会审															
	地探															
	预算															
招标实施	招标方案															
	商务考察															
	招标实施															
	合同订立															
施工准备	填土及平整															
	三通															
	临建搭建															
	接待中心建设															

图 2 某物流中心项目筹备推进计划

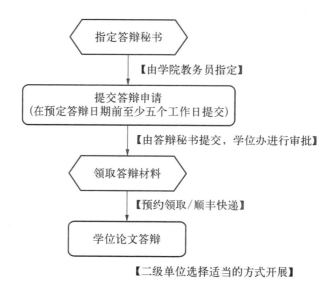

图3　答辩流程图(错误示例)

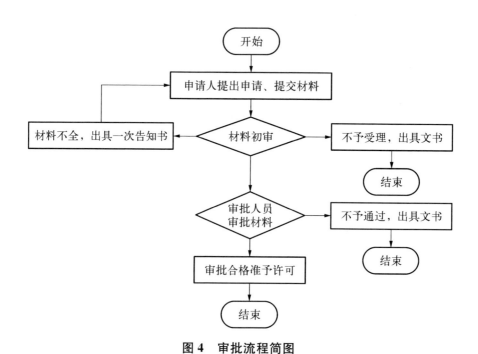

图4　审批流程简图

如果在部门之间流程没有理清,群众在不同部门办事时往往会遇到"死循环"。请看以下案例:

【案例】派出所和国土部门都说"你先",怎么办?

2018年5月14日,中央电视台第二套节目《经济半小时》栏目报道了这样一件事:

贵州省望谟县的王某带着儿子在宁波打工生活,母子俩的户口一直在娘家的户口本上。为了儿子上学方便,要求分户。

村委会说:分户需要先写申请书,然后经过村组同意、盖章,再拿着相关资料到户籍管理部门就可以办理。

但是,申请书写了一份又一份,政府部门跑了一趟又一趟,分户却迟迟办不下来。记者和王某姐弟俩又来到了望谟县公安局王母派出所便民服务大厅。

派出所户籍民警依据2014年7月1日黔西南州公安局《黔西南州公安机关户籍业务办理工作规范(试行)的通知》说:"我都跟你讲过了,分户要有土地证或者房产证。"

王某买不起商品房,拿不到房产证,只能试试去拿土地证。王某与弟弟又来到了街道国土所进行咨询。

国土所的工作人员根据2004年国土资源部234号文件《关于加强农村宅基地管理的意见》告诉他们:要想办理土地证,王某需要先把户口分出来。"你爸是户主的那本户口本已经有房子了是吧?有的话你就必须要分户出来。如果你要单独自己修一栋房子的话,就必须要把户口分出来。我们这边是要符合一户一宅的,就是先分户。"

王某姐弟俩很困惑。好在国土所工作人员给姐弟俩提供了一个建议:"你直接去问他们派出所领导,你说现在已经符合与父母分户的条件了,子女工作、全部都成家立业,而且现在条件有限,不想盖房或买户,看一下可不可以。"

王某又回到了街道派出所,没想到又得到另一种说法。

民警说:"现在没有分户这一说了,知道不?现在只允许结婚迁户、离婚迁户,还有购买房子迁户,还有单位迁户,剩下的都不允许,不允许分户这一项,只能迁户知道吧?比如说你姐她有房子,比方在望谟有房子,她就可以从你家迁出去。现在都不允许分户了,电脑程序上都不体现分户这一项了。"

所长说:"土地管理的部门规定和我们的部门规定是不一样的,我们作为一线办事人员肯定是要执行文件,即使文件是错的,我们都要执行,因为这是命令。"

决定最后再去找村干部想想办法。村长提议亲自写个证明再拿到派出所去试试。由于王某家的房子属于老房子,并未办理集体土地使用证,村长在这份证明上标注上了"产权属于王某和王××所有",希望可以直接把房子的土地证办给王某姐弟。

拿着这份新的证明,王某姐弟俩再次来到了派出所便民服务大厅。没想到户籍民警直接拒绝,说这份证明没有法律效力,国土局或住建局开这样的证明才行。

似乎有了转机,王某很开心,按照户籍民警的说法,印出了两份同样内容的证明,来到望谟县国土局。

望谟县国土局工作人员说这个证明要街道办国土所开具并盖章,然后再到街道办盖章就可以了。

王某姐弟俩又来到了国土所,工作人员电话咨询过领导之后,在这份申请上写下:该房屋属于老房屋拆除后重建,未办理土地使用证手续。并盖上了国土所公章(总算盖了一个)。

拿着这份有国土所公章的申请书,王某姐弟俩又来到了街道办事处。可是问题又出现了,街道办事处工作人员称,领导说这个不能盖章。

街道办事处不盖章,王某决定再到住建局跑一趟。按照派出所户籍民警的说法,国土局和住建局的盖章,有任何一个,都可以办理分户。

住建局说:"不能盖章,派出所的要求不可能我们都去满足。"

无奈,王某姐弟俩只好拿着有国土所盖章的申请书到派出所试试运气。

派出所户籍民警说:"户口这边依据的是《户口登记管理条例》,国土那边依据的是《国土法》。《国土法》我们不管,我们是以房管人……"

为了办理分户,王某姐弟俩在一个月的时间里,跑遍了村委会、镇政府、派出所、国土所、国土局、住建局、县政府等近十个部门,有的部门还不止去了一次。一边是条例,一边是法律,一边是以房管人,一边是一户一宅,政策、法律法规打架。

(三) 控制与反馈精细化

简单而有效的实施、控制与反馈模型是 PDCA 循环,如图 5 所示。图 5 中做了对计划(P)的细化举例,实际操作中需要对 PDCA 四个环节中每一个环节作进一步细化。

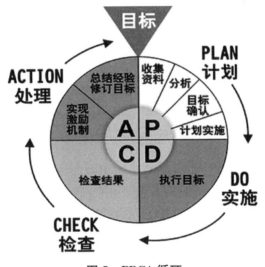

图 5 PDCA 循环

控制精细化的前提是有精细的计划、明确的标准,否则在实施和控制中难以按计划执行,自然会偏向于按领导的自由裁量权执行,甚至是按领导的喜好执行。

除了计划执行中的控制外,计划变更或取消以后的控制和反馈也需要进行精细化衔接。

安徽省贵池区人民政府官方微信号由中国联通池州分公司代为运营。该官方微信号 2018 年与某公司合作举办"新时代新贵池"随手拍线上活动,活动期间晚上的人工客服权限暂停,转为由一款智能回复软件"小黄鸡"自动回复。"小黄鸡"是一款能实现自然语言的交互并进行有趣对话的软件。群众在晚上

通过官方微信号咨询问题时收到了"小黄鸡"自动发的调侃型网络用语,例如:

"你不说话没人把你当哑巴"
"我仿佛听见了一群蚊子在嗡嗡嗡"
……

区政府的官方微信号出现了如此"牛气"的回复,让网友们"惊呆了",网友们惊讶,区政府的官方微信号对群众的问题怎么会作出如此奇怪的反馈?

随后,该平台负责内容发布与维护的董某向咨询问题的当事人登门道歉,贵池区信息办也责成代运营商对此次事件进行彻查。

近些年,政务官微类似的"神回复"时有出现,并由此引来大量网民的"围观"和"吐槽"。有网友在"武汉通"官网询问如何保管卡片时,得到回复称"关我毛事";有网友质疑岳阳垃圾焚烧,官微直接将其斥为"环保绿茶婊";云南丽江官微对网友回复说:"你最好永远别来!有你不多无你不少!"……

诚然,政府部门主办的微信、微博等新媒体也需要用通俗、活泼的语言与群众进行沟通,需要说"人话",但形式的活泼不能伴随着内容含义的偏离,自动回复内容的含义需要进行精细化设计和挖掘,必须做到对于提问内容的针对性和适合性,避免内容无关或偏题跑题。

近年来政府部门所用的新媒体、新工具自动回复中出现一系列问题,这些问题也是改进管理、优化管理的抓手或动力,政府部门应当把这些问题看作是改进管理的良机,重视这些问题。即使是政府部门的新媒体、新工具进行了外包,如果政府部门所用的新媒体、新工具出现不当言论甚至错误言论,受损的是政府的公信力,所以运营外包并不意味着责任外包,运营外包后政府部门仍然不能放松对内容的监控和反馈。为了避免新媒体、新工具自动回复中的差错,要从以下几方面对自动回复的相关内容进行加工和开发:

第一,收集常见的提问,进行提炼、归纳和分类,提取关键词,建立提问关键词小型数据库。

第二,对与常见问题相关的政策进行全面、深入的研究,合并重复的和相似的,提炼干货要点,设计为若干准确、精练的自动回复语句,建立回复语句小型数据库,再在此基础上改编出通俗的语句,开头和结尾适当增加趣味性词语或语句。

第三,如果回复语句数据库中没有合适的可与提问关键词数据库匹配的内容,就自动回复请求群众重新发送更为具体、明确的提问,或者转到人工客服进行处理。

通用的控制与反馈示意图如图6所示。

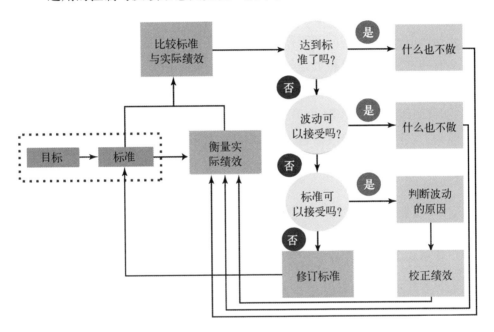

图 6 控制与反馈示意图

预案和预警是控制与反馈精细化实务中的具体举措。例如,国务院有关部门和地方政府出台了很多"预案"类法规,但还存在一些不具体、不明确的问题,一旦出现事故或重大事件,需要临时制订方案或依靠领导现场指挥来弥补"预案"不具体、不明确的问题。如《上海市突发公共卫生事件专项应急预案》中设置了公共卫生事件的等级划分标准,但是事件等级与响应等级、预警等级这三者之间的关系还不明确。其他省市的应急预案也存在这一问题。《上海市食品安全事故专项应急预案》(2017版)是同类预案中比较新的版本,比较早期的预案有了很大进步,两个附件专门规范了《食品安全事故分级标准》和部门职责划分,但是事件等级与响应等级、预警等级这三者之间关系不明确的问题仍然存在。

三、由粗到细:四不

(一)所谓"四不",即不卡壳、不含糊、不重叠、不遗漏

群众找有关部门办事时,涉及的法规、政策、规定、解释(统称为办事依据)非常多,有些依据互相矛盾,有些依据含义不明,有些依据解释不一,有些依据因时而变,这些问题统称为办事依据的相互矛盾,或办事卡壳。

有些在经济上、思想上处于弱势的群体可能在体力上或威力上属于强势群体,这些群体遇到这类矛盾突或卡壳,不擅长深入思考问题背后的法理、法律政策调整周期等,也不一定会体谅政府部门工作人员确实在短期内无能为力,往往会把怨恨归咎于承办人员,对承办人员谩骂、对遇到的财物进行破坏,甚至会对承办人员采取暴力行为。以下就是一起这方面的案例。

【案例】提前退休卡壳引发人身伤害

倪某自称曾在国营七九二矿从事过与放射性金属铀相关的工作,属于特殊工种,按规定从事高温、有毒等特殊工作的可提前五年退休,如果确认,2009年56岁的倪某可以申请退休、领取每月近3 000元的养老金。

倪某说,出于保密的需要,其人事档案无法明确注明"铀金属机械加工车工",只写了其为"机修车间车工"。他的很多同事都按照有关政策提前退休了,他们单位还没有提前退休的仅他一人。

深圳市社保局则认为,在特殊工种提前退休的审核中,对没有原始档案或原始档案没有记载特殊工种工作经历的,不得作为提前退休依据。倪某称自己从事的工种是"铀金属机械加工车工",其档案却只注明其为"机修车间车工"。因此,该局认定倪某不符合《国务院关于工人退休、退职的暂行办法》相关规定。不可否认倪某在工作过程中可能会受到放射性污染,但要申请提前退休,特殊工种必须严格符合国家规定,只有在目录里存在的工种才可以办理退休,而并非指所有受到污染

的工种。

2009年11月5日，倪某拎着装有锤子、菜刀和斧头的小包到深圳市社保局办公室，在要求办理提前退休手续被拒后，用锤子砸向养老保险处副科长李女士，李女士后脑勺被砸开7厘米的口子，同事把门踹开，才避免惨剧蔓延。

后来，倪某在接受《南方都市报》记者采访时讲了行凶的关键诱因：若非停医保，行凶就不会发生。

倪某原来的医保是通过失业保险缴纳的，后来进入申请提前退休流程后，医保就停了，若提前退休很快办好，停一个月医保也没关系，但后来社保局明确不同意办提前退休，档案也退回来了。这时倪某觉得个人应该可以缴纳医保，但却不被允许，倪某无法理解。更为奇怪的是，医保部门工作人员说电脑显示倪某"已经超过退休年龄，不能办理"。

倪某有肾结石、腰椎间盘突出、腰椎结核等多种疾病，不能享受医保，自觉到了绝路，于是有了行凶的念头。

在行凶前最后一次找社保局时，倪某的腿是肿的，想找社保局说一下，能否按特殊工种提前退休让法院去判决，但希望交缴医保，先去医院检查、治病。但社保局仍然说没有办法，而且说可以去上访、去告。

倪某自述了行凶时的情况："我去了社保局一位副科长李女士的办公室，李女士仍然说：'找我有什么用？'然后转身要走。我当时拿出锤子，因为看她是女同志，不忍心下手。当时还有人开了下门探头，然后赶紧关上了。我顺势锁上门，她往里跑，我拿出菜刀。她就求饶，我当时心就软了，松开了她，放下菜刀，杀人的念头都放弃了。这时门也被弄开了，外面人把她接了出去。"

附：重要时间节点和相关事件

1971年，倪某在兰州国营七九二矿参加工作。

1985年7月，倪某调入深圳市工业发展服务公司下属单位工作。

1995年12月，倪某因公司撤销而失业。

2009年2月，倪某向深圳市社保局提交了提前退休的申请，市社保局驳回。

2009年3月和6月，倪某先后向深圳市政府和福田区人民法院提交了行政复议和行政诉讼，均认为市社保局行政认定合法。

2009年9月，福田区法院作出一审判决，驳回倪某的诉讼请求。因生活困难，倪某的妻子与其离婚，家中剩下两个仍在读书的孩子。

2009年10月，倪某向深圳市中院提起上诉。

2009年11月，倪某在深圳市社保局办公室锤击一位女副科长，被以涉嫌故意杀人罪拘留15天后因证据不足得以取保候审。

2010年7月8日，倪某状告社保局案二审开庭。

2011年5月31日，深圳市中院终审判决，倪某胜诉。

这一案例涉及的管理工作的冲突（自相矛盾或不顺畅）有两方面：

第一，特殊工种的认定问题。

从案例内容看，深圳市社保局从严执行国家规定，这应该肯定，这样可以避免有些弄虚作假者套取国家的政策福利。但是，倪某的前同事都按特殊工种提前办了退休，为何倪某无法提前退休？是否倪某的前同事在别的城市申请退休，审批比深圳宽松？是否别的城市人情、关系方面的因素比深圳更能起作用？

由于保密原因，档案中不能写"铀"有关的文字，那么与"铀"有关的特殊工种应该如何认定，有关部门是否有明确的解释？各城市执行解释的口径是否一致？

第二，提前退休未批复，为何医保无法缴纳？

倪某说，在提前退休得不到批复时，他想缴医保以便先看病，但医保部门工作人员说电脑显示"已经超过退休年龄，不能办理"。笔者分析这应该是倪某的表述差错，实际情况很可能是已经进入退休流程，不能办理医保。

不管具体原因是什么，缴医保和办理提前退休这两者之间肯定是出现了衔接问题，究竟应该在申请办理提前退休流程的哪个节点不再允许缴医保，应该进行研究并加以改进。而且一旦提前退休的申请被否，则停止缴医保的流程也应自动取消，恢复到可缴医保的状态。

一项功能或子系统启动后，如果很难取消，可能会酿成大祸。比如波音737MAX飞机的防失速系统在意外激活（触发）后，一般的飞机驾驶员找不到使之停止的方法。2018—2019 年波音 737MAX 飞机的两起事故都与此有关。

(二) 不含糊

【案例】购销差价 15％的限制是否合理？

××年 1 月下旬，湖北省洪湖市某药房销售一次性劳保口罩 38 000 个，购进价格 0.6 元/只，销售价格 1 元/只。

2 月 5 日，洪湖市市场监督管理局认定该药房哄抬价格，没收违法所得 14 210 元，罚款人民币 42 630 元。

有的网友批评洪湖市市场监督管理局"机械执法"。有的网友评论说，一只进价 0.6 元的口罩，在药店零售价 1 元，这家药店的老板和员工在春节假期期间坚持上班，冒着被病毒感染的风险为客户提供需要的商品，药店要付房租、员工工资与加班费，当时道路、物流都已受限，组织到货源很不容易，一只口罩毛利只有 0.4 元，一点都不高，不是发国难财，而是良心价。

2 月 12 日，洪湖市市场监督管理局针对网上的批评，专门发了一则声明说，该批次口罩没有中文标识，根据当年湖北省市场监督管理局 3 号文件规定，某药房违反了其中两条：一是"公共卫生一级响应期间，与疫情相关的医用商品、防护消毒商品等一律不得涨价"；二是"所售商品无参照原价，购销差价额超过 15％"的，构成哄抬价格行为。3 号文件中关于"哄抬价格"行为的认定标准是自 1 月 22 日起，销售商品或者提供服务存在下列情形之一的：以 1 月 21 日前商品销售价格或者提供服务的价格为原价，在 1 月 22 日后超出原价销售或者提供服务的；商品进货成本发生变化，购销差额未与 1 月 21 日前保持一致并扩大的；所售商品无参照原价，购销差价额超过 15％的。

购销差价额超过 15％的都应该严厉打击吗？

2 月 13 日，《人民日报》等多家媒体报道，按照湖北省指挥部部署，省市场监督管理局等部门积极协调加强民用口罩市场供应，13 日已筹集首批 50 万只民用口罩投向武汉商务企业和零售药店，已经有 1 235 家零售药店参加销售并悬挂对应销售标识。据了解，该批口罩按照进货价 1 元/只供应零售药店,并要求零售药店张贴告示按2元/只平价向市场供应。第二批货源80万只民用口罩已经到货,除供应防疫部门外,其余将通过省内商超、药店渠道投放销售。

(三) 既不重叠,也不遗漏

MECE准则是严谨思考、严密做事的重要准则,来自英文Mutually Exclusive, Collectively Exhaustive的缩写,中文意思是"相互之间具有排他性,整体而言毫无遗漏",也可简称为"相互独立,完全穷尽",更通俗的说法是"既不重叠,也不遗漏"。

"既不重叠,也不遗漏"用于决策分析研究,可以避免分析的片面性,提高研究效率;用于决策执行和日常工作安排,可以有条不紊地应对各类工作,减少忙乱或"瞎忙",尤其是对于性格马大哈的人员,用这一准则可弥补其性格缺点,避免丢三落四,改进工作绩效。

以下几个练习是从不同的问卷中筛选出来的,可以帮助读者进一步理解和应用"既不重叠,也不遗漏"准则。

【练习】下列不同问卷中的题目和选项设计有哪些不足之处?

1. 你认为去买换季大优惠的衣服这件事属于下列三种情况的哪一种?
 A. 重要而紧急　　B. 不重要但紧急　　C. 重要但不紧急
2. 你的身份是下列三种中的哪一种?
 A. 中高层管理人员　B. 部门负责人　　C. 基层工作人员
3. 这项改革政策对哪一类人员最有利?
 A. 低收入者　　　B. 个体工商户　　C. 新零售行业从业人员
4. 你对本单位近期的绩效考核制度的看法是?
 A. 对积极性有影响　B. 利大于弊　　C. 弊大于利
5. 你上一年缴纳的个人所得税在哪个范围?
 A. 1—1 000元　　B. 1 001—10 000元　C. 10 000元以上

【练习答案】

第1题的选项有遗漏,还应该加一个选项"既不重要也不紧急",完全可能有人认为属于这种情况。

第 2 题的选项有重叠,中高层管理人员包含了部门负责人,如果是部门负责人回答这一问题,既可以选 A,也可以选 B。

第 3 题的选项有重叠或交叉,每个选项都与另两个有重叠或交叉。

第 4 题的选项,一是遗漏了"利等于弊(或利弊均衡)",二是"对积极性有影响"这个选项没有意义,应该分解为积极影响或消极影响。

第 5 题的选项既有遗漏也有重叠。遗漏方面,一是遗漏了个人所得税为 0 的情况,二是遗漏了大于 1 000 元但于小 1 001 元的情况;重叠方面是选项 B 和选项 C 重叠了 10 000 元的情况。

四、由细到精:提炼关键问题

(一) 不应迷失于杂乱的细节

汉代有一位名叫丙吉的宰相,有一次他外出巡视,遇到一宗杀人的事件,他没有理会,后来看见一头牛在路边不断地喘气,他立即停下来,刨根究底,仔细询问。

随从的人觉得很奇怪,问为什么人命关天的事情他不理会,却如此关心牛的喘气。

丙吉说,杀人的事自有地方官吏按常规程序处理,不必我去过问;而牛喘气属于例外问题,可能是发生了牛瘟或者是其他的有关民生疾苦的问题,这些事情地方官吏往往不太注意,因此我要查问清楚。

这个"丙吉问牛"的历史故事告诉我们:管理者不应迷失于常规的细节和杂乱的细节,而应把常规问题授权给下属解决,把例外问题作为关键问题,投入更多的时间和资源来解决。更重要的是,要总结经验、发现规律,把例外问题常规化,使以后遇到类似问题时有章可循、不再是例外问题。

在"靠关系办事"盛行的背景下,对例外问题进行全面深入研究,使其最大幅度地常规化、最大限度地纳入"靠规则办事"的任务更加急迫。表面看来,领导者保留"靠关系办事"的弹性对自己有利,但是在"靠关系办事"弹性比较大的情况下,下属也会尽可能地利用和发挥这一弹性,而且会把其中的责任推给上级,也就是说,在"靠关系办事"弹性较大的情况下,下属享受了其中的好处,但很大份额的责任要由上级来承担,所以"靠关系办事"看起来是"双赢",实际上是"多输"。

(二)复杂问题简明化

清代画家、诗人郑板桥在《画竹》诗中写道:

> 四十年来画竹枝,
> 日间挥写夜间思。
> 冗繁削尽留清瘦,
> 画到生时是熟时。

正像这首诗中所说的"冗繁削尽留清瘦",在面对纷繁复杂的问题时,也要进行简明化。最容易进行简明化的方法就是借助理论框架和理论工具进行抽象与提炼。例如,项目管理涉及的要素纷繁复杂,项目管理理论在众多的要素中提炼出最关键的时间、质量、成本三要素;影响一个国家或地区的产业竞争力的因素非常多,也非常复杂,迈克尔·波特将其归纳提炼为六方面的要素,称为钻石模型,如图6所示。

(1)生产要素:包括人力资源、天然资源、知识资源、资本资源、基础设施;

(2)需求条件:主要是本国市场的需求;

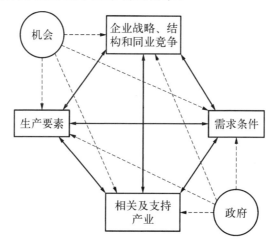

图6 产业竞争力钻石模型

(3) 相关及支持产业：这些产业和相关上游产业是否有国际竞争力；

(4) 企业战略、结构和同业竞争；

(5) 政府；

(6) 机会。

在反映问题、提出解决问题的建议时，要化繁为简、删繁就简，善于用简明的语言表达复杂的内容，用简明的语句总结自己的观点。如果问题比较复杂，可以把问题的分析论证过程作为附件，在主报告中简明扼要地阐明观点、提出对策或建议。如果主报告无法简化，可以用一页以内的摘要把关键问题、解决方案、实施步骤总结清楚。

"把事情弄复杂很简单，把事情弄简单却很复杂。"复杂问题简明化看似容易，其实不然。公共管理中经常是牵一发而动全身，一件事要做好、改进，涉及多个体系和系统。

2020年4月8日，上海出台《关于完善重大疫情防控体制机制健全公共卫生应急管理体系的若干意见》，这是庞大的、复杂的巨系统，如何进行简明化呢？文件中归纳梳理为五个相互关联的子体系，并提炼了关键特征作为定语：

集中统一、智慧高效的公共卫生应急指挥体系；协同综合、灵敏可靠的公共卫生监测预警体系；国内领先、国际先进的现代化疾病预防控制体系；定位明确、平战结合的应急医疗救治体系；党委领导、政府负责、多方参与的公共卫生社会治理体系。这样有助于各部门日常工作中明确自己需要承担的目标任务和重点工作，各部门再通过纵向分解和横向分解确定各岗位的重点工作，并通过纵向、横向的沟通协作关系进行配合和协同。为了方便表达和传播，有关部门将这一文件简称为上海"公共卫生建设20条"。

(三) 解决一个问题会带来新的问题

解决一个问题会带来新的问题，所以在设计解决问题的方案时，要多想几步，防范解决问题后带来的新问题。

(四) 可行性研究报告的普遍问题

中国几千年历史文化形成了习惯，"正常"的专家或研究人员对领导非常敬畏。领导们让专家或研究人员所做的项目可行性研究报告，结论几乎没有不可行的，这是不正常的，也不符合自然规律。实际有相当一部分项目是不可行的。

针对这一突出问题,解决的办法是:重要项目让两个小组分别做可行性研究报告和不可行性研究报告。

这样,得出不可行结论的小组也不会有心理负担,因为领导交给的任务就是做不可行性研究报告。更重要的是,这样可以把项目的风险、问题和不利后果充分揭示出来。最后即使领导决定实施项目,也可以对风险和问题给予充分重视,或拟定相应的对策或预案。

这一解决办法的理论依据是《问题管理》一书中提出的"对称论证型决策",也作对称论证辅助决策。对称论证型决策是在决策方案论证中,指定赞成方和反对方(或支持小组、反对小组,下同),各自收集对本方有利的信息,深入挖掘另一方的问题,并进行自由辩论,把有利因素和不利因素充分呈现出来,为决策者提供深入、全面的决策信息和决策依据。

中国悠久的历史促成了威权领导文化,下属对领导敬畏,通常对领导的决策不会有强烈反应,加之有些领导喜欢充分发挥自己的自由裁量权,以个人的判断为主进行决策,这使得个人决策的负作用长期得不到有效制约。个人决策不仅会有主观性和片面性,而且以往成功经验会使人形成惯性思维,时间和环境变化后往往不能与时俱进,管理者个人决策容易错过新的机遇,或难以走出原有的框框。

不少领导崇尚"听多数人意见,和少数人商量,自己做决定"的决策风格,这比个人决策风格前进了一步。但是,如果"少数人"是古人倡导的"亲贤臣、远小人"中的"小人",那么问题就很大,古今中外有不少决策是因为听信"小人"而失败的。即使"少数人"是"贤臣",其知识和资历也不一定具有正反两方面的代表性。

对称论证型决策不仅能够深入挖掘问题、揭示风险,避免决策的主观性和片面性,而且可以锻炼员工挖掘问题、表达问题和解决问题的能力,促进积极进谏、主动纳谏文化的形成,协助决策者"亲贤臣、远小人",有利于调动真才实学者的积极性,激发下属的创新思维和创新意识。

对称论证型决策比普通决策投入的人力、精力要多一些,所以常规的决策、重要程度不高的决策可不采用这一决策方法,重要问题、重大问题的决策中,建议采用对称论证型决策。事实上,只要组织上几次对称论证型决策,就会发现其操作难度不像想象的那么大,决策成本也不像想象的那么高。

(讲座时间:2020年5月;成稿时间:2022年9月)

> [!NOTE] 作者简介
> 孙继伟,上海大学管理学院教授,危机与问题管理研究中心主任。历任政府公务员、证券公司投资经理、李嘉诚旗下合资企业总裁助理、新三板公司龙创设计(832954)董事、上海静安投资集团外部董事、上海市创业指导专家。研究方向为人力资源管理、创新创业管理。原创的"问题管理"系列成果解决了企业的一系列代表性问题,被业内称为"中国首位问题管理专家"。从事创业投资研究和实践二十年,主持完成多项PE/VC投资项目。创办的大简投资管理(上海)有限公司获得创业投资与股权投资类私募基金管理人资质、上海中小企业服务机构荣誉(上海市经信委授牌)。

国际基础教育发展现状与趋势及与我国的比较

张民选

一

谢谢主持人的介绍！其实我就是个教书匠，一辈子教书。从乡下教到城里、从小学教到大学、从中国教到外国、从发达国家教到发展中国家。"文革"期间我们上山下乡，到安徽金寨大别山区"插队落户"。那里山大人稀，缺断文识字的，但孩子们还是要上学，我就在那里开始了我的教书生涯。那时候山里孩子少，我们教的是所谓"复式班"，就是一个教室里坐着不同年龄、不同年级的孩子，由一位老师教。"文革"后我考上了大学，开始教高中；以后我又读了研究生，毕业后就到上海师大教书。但总觉得学的东西不够用，于是我出国留学，学习如何教书、研究如何办教育。因为要学习和研究教育，我就学到哪里也教到哪里。我在英国、美国教过，也在我国香港教过书。我把"教"当作学习、研究和验证各种教育理论与实践的重要环节。20世纪90年代后，我成了所谓专家，"教书"的地点也开始转移。我去过最贫穷的国家是当时战火纷飞、硝烟未散的柬埔寨。那时候我们去是要写生死状的，联合国给你保险，你去当专家顾问，帮他们恢复大学和中小学教育。我还去非洲的尼日利亚和博茨瓦纳教过书。

回到上海后，我被调到上海市教委工作，但我还是没离开教书。晚上和周末继续抽时间带研究生，让研究生与我一起研究工作中遇到的问题。现在我从岗位上退下来了，又回到老本行继续教书。我们教育研究领域里有个分支叫"比较教育"，就是比较研究世界各国的教育政策法规、理论方法，我就干这一行。"比较教育"给了我极大的帮助,在市教委工作时,我主要负责宏观层面上的教育规划编制、高校招生考试和国际合作交流。国际发展经验给了我们许多启发,促进我们从宏观层面上把握教育面对的问题与世界教育发展的趋势。所以,今天我才敢来做这个命题作文,从国际视野看上海基础教育和教师政策发展的经验与挑战。

在过去的十几年中,我非常有幸主持和参与了上海多个参加国际教育测评比较和国际合作交流的项目。比如 2009 年、2012 年的 PISA。什么是 PISA 呢?就是"国际学生评估项目",其英文名为 Program for International Student Assessment。这是目前全球最大的教育测评项目,全世界 70 个国家大量 15 岁学生参加了这个测试。参加的主要是发达国家和新兴工业国家,主要分布在欧美和亚太地区。非洲国家和欠发达的小岛国参加的很少。参与 PISA 的国家生产的 GDP 占全球 90% 以上。

以后,我们又组织参加了"教师教学国际调查"(TALIS, Teaching and Learning International Survey)。我们还参加了世界银行的"提升教育成效的系统研究"(SABER),组织了"中英数学教师交流项目",让英国老师到上海来学习观摩,让上海老师到英国去示范教学。这是英国有史以来规模最大、历时最久、最具创新意义的基础教育国际交流项目。双方已经有 600 多位教师互访,英国还有 12 000 多位数学教师听过我们上海教师在英国的课堂教学和说课备课。这些项目都引起了世界轰动。

上周,11 月 4 日,联合国教科文组织,就是联合国主管教育、文化、科学发展的机构,决定在上海设立"联合国教科文组织教师教育中心"。我很有幸,所有这些事情都亲身经历、直接主持和参与了,因此,可以说我有条件做全球范围的基础教育比较研究。

二

今天我们要从 PISA 切入,看上海和世界的基础教育发展,首先应该了解 PISA。PISA 由经济合作与发展组织(简称 OECD 或经合组织)研究开发,旨在通过研究了解各国/地区基础教育的发展水平与质量、了解各国/地区学生的学习素养(literacy),并在实证数据的比较分析基础上,发现各国家/地区教育经验与问题,为各国家/地区提供教育改革的建议与优秀案例。

PISA本身分成两个部分。第一个部分是对学生学习领域的学习素养测试。PISA每三年举行一次,对象是15岁的在校学生。阅读、数学和科学是中小学生最重要的三门课,几乎所有国家/地区学生都要学,可比性较强。所以,PISA首先对这三个学习领域开展测试。PISA要通过这些领域的测试,评估各国家/地区学生的学习状况、学业成绩、学习能力和素养。当然,除了读写算,中小学生在学校还要学习其他知识技能,比如学生要学习创造性思维,要学习问题解决的方法等。另外,各国家/地区要求学习的课程还不完全一样,所以其他领域的测试,有的需要研究开发,有的难以统一,经合组织也在逐步试验。例如,现在世界进入了国际化全球化时代,培养学生的"全球素养"很重要,正式上课教"全球素养"的国家/地区却并不多,也没有统一的标准。但是人们还是越来越关注这个新的学习领域,将"全球素养"的培养渗透到日常的教育教学活动中去。所以,2018年PISA测试就增加了"全球素养"测试。当然这是一个试验性的测试,经合组织也没有十分的把握,还会遇到意识形态、宗教和文化问题。因此,各国家/地区可以选择是否参加。

另外,PISA不只满足于了解各国家/地区学生的学业成绩和学生素养,还希望探究为什么这个国家/地区的学生成绩好、那个国家/地区的学生成绩差。于是就有了PISA的第二个部分——"问卷调查"。PISA要求所有参与测试的学生,在完成测试后再做调查问卷。有学生参与测试的学校校长也被要求做一份调查问卷。这样,把学生的测试与师生问卷两部分结合起来,就能把学生的发展水平和这个国家/地区的教育发展水平联系起来了,也便于更深入地认识学生成绩、学生素养与该国家/地区的教育政策、公平程度、学校条件、家庭影响、学习状况之间的关系。PISA实际上构建了一个由学生测试与问卷调查相结合,将学业成绩结果与学

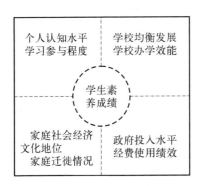

图1 PISA的研究框架(根据PISA文献绘制)

生个人、家庭背景、学校条件、政府政策相联系的分析框架。

那么，PISA又是怎么测评各国家/地区学生成绩的呢？经合组织声明，PISA是一项"为改善教育政策而开展的教育评价"，而不是"选拔人才的考试"。因此，PISA的成绩统计很有意思。它在统计各国家/地区学生成绩时，每个国家/地区最优秀的5%学生的成绩是不计入的。因为PISA认为，最优秀孩子的成绩不一定是这所学校给的，他们是天才。比如，大家知道姚明读小学时上的是高安路一小，这所学校一直以姚明为荣，但是姚明篮球打得那么好，个子长得那么高，和高安路一小有多大关系？这是一个"例外"。这项测试认为，天才孩子可以自我成长，更多受到遗传、家庭和其他因素影响，这也不是改善宏观公共教育政策的研究重点。

同时，PISA也不计入成绩最低的5%。因为PISA发现，许多学校里都可能会有几个特殊学生，尤其在发达国家的中小学中，这种全纳教育的情况非常普遍，而这些孩子也是某种例外，需要靠特殊教育来解决。让这些特殊学生上学的主要功能是让他们社会化，让他们的心智得到尽可能的发展，以便于他们今后融入社会，同时，同学们也可以在与他们的共同学习生活中，了解他们，学会关心和善待这部分社会成员。但是，学校和家长并不要求这些学生的数学、语文都考高分，这是他们的智力发展水平无法达到的，所以这些学生能不能考好，不是校长的责任。为了改善一个国家/地区的教育发展水平、测量研究这个国家/地区的教育发展水平，就应该舍去最优的5%和最差的5%，查看中间90%学生的学习水平就可以比较准确地看到这个国家/地区的真实发展水平。

学生测试的成绩当然与学生的认知发展水平有关，所以与学生成绩相关的第一个测评维度就是学生的认知与学习的投入。如果一个人有智力障碍，学习成绩自然受限，但如果一个聪明人从不学习，那么他也是学不好的。所以，PISA测试既要看学生的认知发展水平，又要看学生的学习投入程度和方法，要通过问卷来了解学生投入多少学习时间、用什么方法学习，这些都会影响学生的测试成绩。

学生要学习，就需要学校和老师。没有学校和老师，很聪明的学生也学不好，这是学校存在的价值。学校差异是图1中的第二个维度。大家为什么要上好学校？这说明学校与学校之间有差异。如果一个国家/地区，学校与学校之间的差异很大,好学校很少,而差学校很多,学生在差校中的学习成绩也差,那么学生测试与问卷调查的结果就会显示这个国家/地区的教育发展是不均等的、不公平的。

PISA 不光要发现学校之间的差异,还要考察在学校里到底哪些因素对学生的影响最大。学校里有干部队伍,有学校教师,有校舍操场,有仪器设备,要在这些因素中查看哪些是关键因素。PISA 发现教师对学生的影响最大。

PISA 分析研究的第三个维度是家庭对学生的影响。要了解哪些学生上了好学校。如果都是大学教授、官员干部、百万富翁的子女上了好学校,那就是"龙生龙,凤生凤"。如果农民工子女都上最差的学校,最好的学校是最富有家庭孩子在上,这就会揭示"家庭社会经济文化地位"对孩子的教育产生影响,就会产生社会公平或不公的问题。另外,世界人口一直在迁徙,农村的到城市来、中国的到外国去、发展中国家的到发达国家去,所以也要了解迁徙是不是对学生的发展产生阻碍或者促进的作用。

问卷调查还要考察政府的教育政策与作为,这是第四个相关领域。如果一个国家高喊教育很重要,但是教育经费十分有限,校长在问卷调查中抱怨强烈,那就可能是"又要马儿跑,又要马儿不吃草"了,肯定是不行的。所以在过去几年中我们坚持把 4% 的 GDP 用在教育投入上。实际上,早在 1972 年联合国教科文组织就提出,如果要使自己国家的教育发展到世界中上等水平,就必须将 4% 及以上的 GDP 用于发展教育。我们国家是 2012 年做到这一点的,也就是在联合国提出 40 年后终于做到了这一点,党的十八大以来一直坚持并有所提升。所以在 2012 年,也就是温家宝总理任职的最后一年,他说在本届政府一定要实现 4%。以后一直在百分之四点零几,现在我国的教育投入大概到了 GDP 的 4.25% 了。经费投入以后,还有钱怎么用的问题。如果把钱都给几所好学校,那么其他学校就要抱怨了,所以绩效投入是要验证总体上的经费投入效益。

当年我们为什么要提出去参加 PISA 呢?一是想了解上海教育在全世界的发展版图上的位置,寻找发展的标杆;二是当年要我主持上海教育改革发展规划纲要,制订纲要需要以研究、数据和国际比较为基础;三是因为我们很擅长教育考试、选拔人才,但是我们并不擅长通过教育测评来发现问题与盲点,以改善我们的教育政策。

对上海的教育发展水平,当时国内也有争论。各省市对上海有不同看法,比如有人认为,上海的基础教育质量不高,不然为什么上海的高考录取成绩低于许多省?这里其实有两大原因:一是大部分省份按照国家统一的标准,总分为750分,而上海做"高考改革和自主命题试点",总分为630分,所以自然就少了120分,各省不是专做这项工作的人不知道。二是因为上海可以进大学的最低分确实在其他一些省市进不了,因为它们高等教育资源少。高等教育资源越丰富,进大学的人越多,高考分数要求就自然会下降。也就是说并不是上海基础教育的质量比人家差,而是上海的高等教育入学机会比人家多。所以,上海一定要寻求世界标杆。

上海参加2009年PISA测评还因为2010年上海要率先在全国制订教育发展纲要。我们应该把规划编制尽量建立在信息充分、数据分析和国际比较研究的基础上,这是我们参加PISA的一个重要动机。当年,在是否真去参加PISA测试的问题上,大家还是有顾虑的。有些人认为,如果测试结果很差,在六七十个参与者中,如果上海的排名处在60名左右,是不是会在全世界面前丢人现眼?我认为不至于,但通过参与和国际作比较,我们可以发现问题,学到许多东西;也可以认识我们的优势和长处。经过研讨,最后市领导支持我们去参加,我们完全按照国际技术标准来做,而且做成了。

从结果看,在PISA测试的阅读、数学、科学三大学科,上海全都获得世界第一的好成绩。国际数学平均分为496分,上海为600分。国际阅读平均分为498分,上海为556分。科学成绩上海也是全球第一。但是当年没有怎么宣传。2012年我们再次参加PISA,又取得了三个第一,数学平均分为613分,阅读平均分为570分,科学平均分为580分。

表1 PISA 2012数学、阅读和科学得分均值前十位的国家/地区

数 学		阅 读		科 学	
国家/地区	均值(分)	国家/地区	均值(分)	国家/地区	均值(分)
中国上海	613	中国上海	570	中国上海	580
新加坡	573	中国香港	545	中国香港	555

续　表

数　学		阅　读		科　学	
国家/地区	均值(分)	国家/地区	均值(分)	国家/地区	均值(分)
中国香港	561	新加坡	542	新加坡	551
中国台北	560	日本	538	日本	547
韩国	544	韩国	536	芬兰	545
中国澳门	538	芬兰	524	爱沙尼亚	541
日本	536	爱尔兰	523	韩国	538
列支敦士登	535	中国台北	523	越南	528
瑞士	531	加拿大	523	波兰	526
荷兰	523	波兰	518	加拿大	525
OECD平均值	494		496		501

资料来源：国际学生评估项目中国上海项目组《质量与公平：上海 2012 国际学生评估项目 (PISA)结果概要》，上海教育出版社 2014 年版

2015 年的成绩不如前两轮，但也是意料之中的事。其中有多个因素。2012 年的 PISA 成绩出来后，一些人就耐不住了，认为上海成绩好，全国去十几个省市成绩也不会差，要求教育部组织全国参加。但请注意，他们去参加 PISA 的动机与上海不一样，动机变了。上海当年是为了认识自己、学习大规模教育测评技术和通过国际比较为制定中长期教育规划提供参考。但这一次，他们是为了"争世界第一"而去的。在教育部的高层次研讨中，我表达了不同意见，大批省市去争世界第一，会出问题，因为我们国家的基本国情就是发展不均衡。而且 2015 年要在计算机上做测试，乡村中小学行吗？最后会议决定选三四个省市去参加，具体组织工作由国家考试中心负责。后来我们得知，考试中心选了北京、上海、江苏和广东四个省市去，结果就大幅下降了。面对这个结果，有人就不想公布了，但这是瞒不住的。我倒觉得这成绩比较真实地反映了中国发展不平衡的真实情况。特别是广东，虽然

地处东南开放前沿，但它是一个有着 1.1 亿人的人口大省，而且外来务工人员及子女多，粤北又相对比较落后，全省的不平衡就如同全国的不平衡。

2015 年中国这四省市的成绩为：阅读仅处于世界平均水平，数学第六，科学第十。PISA 每年都排一个领域为主测，当年的主测领域为科学。2009 年是阅读为主测，2012 年是数学为主测。但是，世界各国仍然佩服上海的基础教育，因为如果把这四个省市成绩分开，上海仍然是全球第一，成绩非常稳定。这表明了上海的基础教育是优质均衡的。

当然，大多数国家都是以国家为单位参加的，而中国则是以省市为单位参加的，这就有一个上海成绩与其他国家比较时的可比性问题。比如，上海和美国的成绩可比吗？上海和芬兰、新加坡、澳大利亚的成绩可比吗？美国人请我去美国讲的时候，我用了经合组织编制的一张图，美国的整体平均成绩在国际平均区间，但抽出三个有代表性的州的平均成绩，我们可以看到，成绩最高的是马萨诸塞州，也就是波士顿地区，哈佛、麻省理工等名校云集，高科技发达，该州的数学平均分为 528 分；处于美国平均水平的是康乃狄克州，为 498 分；成绩最低的是佛罗里达州，不到 450 分，大家都在那里享受沙滩和阳光嘛！

美国教育部倒是非常坦诚，看到美国的危机，号召各州要努力向上海和各国学习。后来还派了 15 个州的教育厅厅长来上海，与上海、北京、江苏、浙江等省市教育厅厅长开展对话研讨，美国教育部部长也来上海"微服私访"（不做报道的"工作访问"），考察上海的基础教育和教师培养政策。

从经合组织对各国家/地区不同水平学生所占比例的统计分析，还可以看到，我们的优势在于处于低端的学生很少、比例很小，处于高端的学生比例非常大。PISA 把测试成绩分为六个等级，最高的"六级"属于未来世界精英，"五级"为"全球化背景下的知识工人"，有点"走遍世界都不怕"的意思。三级、四级可以成为"熟练技术工人"。"二级"为基本要求，二级以下，将来就有可能难以自食其力。

经合组织专家有个理论叫"20 年效应"(20 - years effect)。他们为什么选 15 岁孩子来测试？因为现在 15 岁都是义务教育的末端。上海 6 岁读书，15 岁初中毕业，义务教育完成。大部分国家的义务教育都在 15 岁前后完成。20 年以后，也就是 35 岁左右，这些孩子就成了各国最积极的公民和最主要的劳动力。所以这六个等级是根据预测未来这些公民和劳动者所应具备的生产生活能力来设计制定的。从测试结果看,我们是高端比例很高,55.4%,低端比例很低,仅3.8%。新加坡紧跟着我们,他们低端比例为8.3%。我们到新加坡交流时,他们很在乎上海低端比例为3.8%,因为他们是8.3%。我们高端比例是55%,他们是40%。而发达国家的高端平均值只有12.6%,低端为23%以上。英国稍好一点,低端比例为21.8%,略高于经济合作与发展组织的平均值。

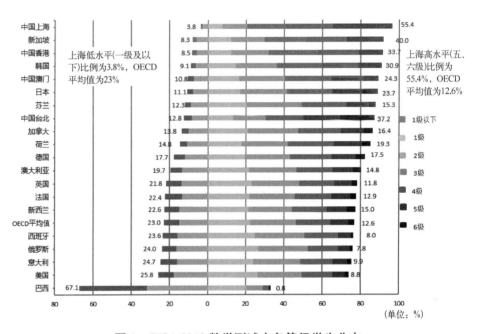

图 2　PISA 2012 数学测试中各等级学生分布

资料来源:国际学生评估项目中国上海项目组《质量与公平:上海2012国际学生评估项目(PISA)结果概要》,上海教育出版社2014年版

再看家庭背景,因为家庭背景与学生的学习是有关的。这是前面提及的PISA要研究的第三个维度。学生家长的社会经济和迁徙的情况,与学生的学习成绩有相关性,这个相关性叫作"解释率"。比如,学生自己很要学习,也很善于学习,解释率为60%以上;学校的优劣好坏、教师优秀程度和其他影响加在一起的解释率为25%;还有15%的解释率为家庭的影响。上海的家庭影响解释率是最低的,只有12%,低于世界平均值14.8%。这从一个方面说明,上海的社会公平程度比较高。

那么,哪些因素对学生的影响最大呢?PISA测试结果和问卷结果显示,各国专家也一致公认,家庭的影响最大,除此之外,最大的单一影响因素就是学校教师。当然,家庭因素还是最大的。我们可以设想,如果一个山里娃,天赋很高,但在山里读书,由于缺乏好教师,孩子一边上学,还要一边放牛、带弟妹,结果可能就被埋没了。相反,现在农民工都想把孩子带到上海来读书,因为他们想得很明白。如果我现在还在金寨教"复式班",一个老师什么学科都要教,而且一个班里既有二年级的学生又有三年级、五年级的学生。即便我一年也与城里一样教200天课,但其实我每天都要分神,既要教数学,又要教语文;既要教三年级、五年级,又要教二年级。我不会音乐,也不会美术,也不会体育。如果我语文好一点,我多教点语文,数学就只能马马虎虎地混混。家长看得很清楚,哪怕把孩子送到上海最差的农民工子女学校读书,也比放在大山里好,这有可能就会造成孩子20年以后的巨大差异。所以很简单,孟母三迁,家长在给孩子选学校。我们国家有这个传统,家长的这一认识比世界各国都要清楚。

三

除了家庭以外,单个因素里面是教师对学生的影响最大。所以经合组织成员管经济和教育的部长一起讨论,家庭差异和影响他们管不了,但是政府应该培养好教师,促进教育质量提升和教育公平。所以,从2008年开始,经合组织又研发了第二个大规模比较研究项目,研究各国家/地区教师的状况与水平。各国家/地区难以要求教师参加测试,于是就开发教师、校长的调查问卷。这个项目就是前面讲到的"教师教学国际调查"。调查问卷要有结构,要有调查目标和目标实现的问题。也就是说,到底应该怎么设计?让教师回答哪些问题?要揭示教师对学生的影响是如何发生的。经合组织专家认为,问卷必须涵盖以下几个重要方面:一是老师的教育理念怎么样?是培养每一个学生,还是只管教,不管学?二是教师怎么教、用什么方法教?教师的教育实践状况如何?教育理念会通过教师的教学实践,包括课堂教学方法、学生作业布置、参与教育管理等表现出来。三是教师是单打独斗还是相互合作?因为合作可以彼此分享教育经验,会影响教师集体的能力水平。四是自我感受,教师的幸福感、满意度如何?教师的态度会影响教师的工作热情,如果收入少、工作环境差、同事关系紧张,教师就难以全身心投入教育教学工作。一个教师如果一天到晚发牢骚,那是很危险的。那么,教师的上述态度和实践是从哪里来、怎么形成的呢?这就是图 3 TALIS 问卷调查要考察的几个方面。

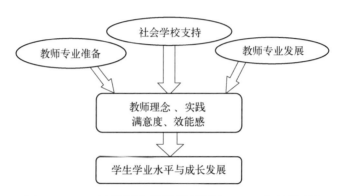

图 3 TALIS 问卷调查结构图(根据 TALIS 文献绘制)

第一,社会、政府、学校的支持程度。如果社会把教师当作"臭老九",政府给教师的工资又很低,那谁还来当教师?素质差的人来当教师,那就危险了,学生就要遭殃。如果学校教师要去进修,校长说"不行",你得一周上几十节课,课表排得满满的,那教师的业务水平怎么提高?所以社会尊重教师、政府不断改善教师待遇、学校支持教师在职进修,这样教师们就会满怀热情、爱生爱校、进修发展、因材施教,教师们就会不断更新教育理念、创新教学方法、提高教学水平。

教书很重要,但当教师要先学习,掌握要教的知识,你自己先要有"一桶水",否则你去浇什么"水"、教什么书呢?当然,有了知识也可能不会教孩子,所以了解教师的专业准备情况很重要。

第二,各国家/地区教师的专业准备情况。这包括两个方面:一是你教书前是否学过你要教的学科。我们有时候开玩笑说:"你的数学怎么学得这么差?是不是体育老师教的?"这就是说,我们虽然大学毕业了,但是术业有专攻,要求在大学学习体育的教师去教数学是会有问题的,反之亦然。所以,在入职之前,教师是否有充分的专业准备、是否学了要教的课程很重要。按外国的讲法,教师必须先学习"What to teach"。二是在当教师前你是否学过"如何教"（How to teach）。如果没有，那就有可能不会教，"壶里的饺子倒不出来"。当教师前，应该先接受师范教育，学习教育理论、学生学习心理学、教育心理学，还要学习课程与教学理论，掌握对不同年龄学生、不同学科知识的教育教学方法。上海已经注意到这两方面的问题了，所有中小学教师入职前都要接受师范教育，先考出教师资格证书。不仅如此，现在上海所有的大学新教师都要先接受培训。因为，你读了博士也并不说明你就有能力教书。你读了博士，学会了自己如何做研究，也学到了高深的专业知识，但是你还没有学过怎么传授这些高深的知识，也未学过如何教学生去研究问题，这样也还是不能做好教师的工作的。

以前高等教育的发展速度比较慢，发展规模很小，几百年来欧洲的大学、美国的大学主要靠助教制度培养新教师——你拿到博士学位了，大学就把你收下来留校当"助教"，不是一开始就让你当讲师，做助教就是帮老师批批作业，帮老师答疑。讲师和教授如果要外出开学术会议，他们就会与助教一起备课，让助教学着上几节课。老教师回来后，还会在学生当中了解助教的教学情况，两三年后才让助教当讲师。但是这样的办法在中国不行，中国高等教育发展规划太快了，7月份毕业拿到博士学位，9月份就让你上讲台，本科生总是抱怨教师教学水平低，这导致我们国内的本科教育质量差。所以，这几年我们的高等教育规模开始高位稳定了，上海市政府和大学也腾出手来，开始培训所有新教师。博士们在各个大学报到后，就分成两组，一部分到华东师大，一部分到上海师大，培训一个学期。主要培训如何当教师，如何教书育人，如何上课教书，怎么做实验，怎么关心学生的发展。

第三，中小学教师的在职进修和专业发展。一个教师，有了大学学位和文凭，也接受了师范教育和岗前培训，但是还不等于就能够当好老师。所有教师都要终身学习、终身发展，科学技术会一日千里呈现知识爆炸，教育理念会不断更新，课程教学内容会发生变化，教学技术方法会不断进步，家长和社会对教师的要求也会与时俱进、发展变化。

我在农村教书的时候，家长很简单，把孩子领到学校来，就对着孩子说"要听老师的话"，然后有的家长还很客气地说："我家孩子很调皮，张老师，孩子如果不乖，你打好了。"现在大家会这样吗？大家的理念都变了，所以教师的事业是需要长期进修、终身学习的事业。以前我们要孩子背小数点后的多少位,现在不用背了,计算机按一下就都有了。以前我们用粉笔,现在用PPT、网络了,所以教师要不断进修。

从问卷调查数据的国际比较看,上海教师的平均年龄比较小。为什么要研究教师年龄呢？很有用。因为如果一个社会都是老教师了,就从一个方面透露出这种职位已经后继无人了。而后继无人,可能是因为待遇不好或者工作条件差,青年人不满意。在发达国家,大家都去当白领了,不当教师了。那样,青年人就不会加入到教师队伍里来,就会发生问题。所以这是个非常敏感的指标。上海教师的年龄比新加坡稍大一点,因为新加坡国民的平均年龄比较小,而上海已经进入老龄化社会了,然而上海教师队伍的平均年龄还是世界上最小的之一。市领导看了后很高兴,这说明上海的教育行业还是很有吸引力的。上海不仅吸引了本地青年当老师,也吸引了全国各地的青年来当老师,这样就可以选拔优秀的教师。当然,为了缩小地区差别,上海已经不从西部省份招收教师了。

关于教师的专业准备,即所教是否所学,任教的学科是不是在大学学习的学科？从表2来看,相符的比例,经合组织成员平均占比为89%,而上海的占比为98%,专业对口、功底扎实。另外还要看教师是不是接受过师范教育,上海相符的比例也高于经合组织平均值,这是世界公认的。

我们新教师都要进行培训。从统计数据看,仅有我们这一代人可能在入职前没有受过专业培训。那是因为当时"文革"刚刚结束,大学一毕业就赶快上讲台,来不及培训了。那时我们太缺教师了。而现在,上海所有新教师都要先培训再上岗。

表2 TALIS问卷调查部分数据比较

问卷调查领域	国际平均	上海
(1) 教师准备(学科知识、教学方法)	93%、89%	98%、96%
(2) 新教师正式培训(提供、参与)	70%、50%	100%、97%
(3) 教师带教新教师(提供、专业对口)	74%、69%	100%、98%
(4) 过去12个月教师参与在职进修(比例、天数)	68%、27.6天	99%、62.8天

续　表

问卷调查领域	国际平均	上　海
(5) 过去 12 个月校长参与校外培训(比例、天数)	83%、13.6 天	99%、39.5 天
(6) 教师认同建构主义教育理念(思维过程比内容更重要)	84%	99%
(7) 教师认同建构主义教育理念(思考是学习的好方法)	82%	96%
(8) 教师定期参与深度专业合作	15%	32%
(9) 课堂观察(听课、观课每月至少一次)	10%	46%
(10) 是否从未接受同事的评价	48%	7%
(11) 评价的后续活动：帮助教师改进教学、制定发展计划	51%、62%	91%、82%

资料来源：教师教学国际调查中国上海项目组《专业与卓越：2015 年上海教师教学国际调查结果概要》，上海教育出版社 2017 年版

再看表 2 中的最大差异。在过去一年中，你们受没受过在职培训？上海 99% 的教师都受过培训，而经合组织平均不到 70%。我们也查了上海哪些人没有参加培训，结果发现只有极少数。有几位老同志请了长病假，还有几位女同志去年产假没有培训。不仅我们培训面广量大，而且培训时间也是最长的。发达国家平均培训 27.6 天，我们是他们的三倍，全年平均培训 62.8 天。上海老师一般周末要读硕士学位，平时培训多，校长们也一样。TALIS 不仅要看校长们是不是参加培训，还看是不是到校外参加培训。我们的所有校长都参加校外培训。而且，世界平均天数只有 13.6 天，上海的校长要参加 39.5 天，每年的培训量差不多也是经合组织成员的三倍。

再看社会是不是支持教师培训进修。我们的教师去进修可以得到财政支持。我们的中小学教师去读学位，你文凭拿到了，就把你交的学费退还给你，这是一种财政支持。我们的教师参加进修，时间上也比较有保障，因为我们国家和欧美国家教师每周的上课课时数不一样。我们的中小学教师，每周的授课量大概是 15 节课到 18 节课，但是每周的工作时间一共是 40 小

时,那还有20多小时到哪里去了?批改作业、备课、开会和参加在职进修。基本上每个教师每周里都有一个下午是可以外出进修的,去上进修课。例如,教师到各个区的教育学院去进修,时间上政府和学校是支持的。通常,中小学教师用周末一天去进修,主要去读学位和市里组织的专家授课。平时进修较多的是与教育内容、教学方法相关的东西,通常在区县教育学院里进行,路程比较近、内容又贴合教育实践。而且,上海的校长们还鼓励教师在学校里合作开展教研和科研活动。

当然,很重要的是,如果你想要保证一流的教师队伍,就必须提高教师的待遇。我做了各国家/地区教师收入差异的比较,方法是比较各国家/地区新教师入职起点工资与各国家/地区人均收入的比例。韩国新教师的工资收入高于其国民人均收入,为102%,是全世界最高的。第二梯队是新加坡和芬兰,起点工资大概相当于国民人均收入的95%。上海已经很好了,在第三梯队,原先约等于上海城市居民人均收入的89%。虽然英美教师收入的英镑和美元的绝对值比我们高,但是相对于他们本国国民人均收入,新教师工资的比例就低多了,美国仅74%。所以,美国公立中小学教师的社会和经济地位都很低。美国人有句老话:"你能做事,就去干事。如果你什么也干不了,那就去教书吧!"(If you can, do it; but if you can't, teach.)

上海市领导很关心教师队伍的待遇,决定从2015年起每年为教师增加绩效工资。绩效工资不是国家工资,国家工资是全国统一的。加了多少?听说这几年上海教师连续加了四五万元。上海十几万名教师都因此而受益。我们提出,教师教得好,所有孩子都受益,这是好事情。正因为这样,这几年,上海教师的满意度、幸福感提高了,教师的教育理念和教学行为发生了显著变化。

四

那么,世界各国是如何评价上海基础教育和教师质量迅速大幅提升的呢?

我这里讲一个真实的故事,也是一条出自名家的新闻报道。其作者就是普利策奖获得者、美国著名作家和记者托马斯·弗里德曼。他的名字大家有可能还不熟悉,但是他的著作名扬天下,大家一定知道,而且很可能读过,那就是《世界是平的》。他来上海考察教育,我先带他去参观上海的名校,他不太在乎,说"好学校都差不多,每个国家都有那么几所"。他要看最普通、最好有农民工子女的学校。我就介绍他去了名不见经传的、城乡接合部的蔷薇小学。那所学校在闵行区的梅龙镇,校舍很一般,在一个老旧的住宅小区旁。学生都是最普通的城镇居民的孩子和改革开放后"户口农转非"的新城镇居民的孩子,还有不少农民工子女。那所学校的校长十来年前是我的学生,热心办平民学校,还对口支援了一所农民工子女学校。弗里德曼整整参观了半天,这可把他吸引住了,舍不得走。他深入教室,听了英语课、数学课,看小朋友课间玩耍,参加教师课后的教研组活动,并连夜写了一长篇专栏文章,投给世界上发行量最大的英文报纸《纽约时报》。报上全文登载,还配上了作者的照片。这篇专栏文章还配了个很醒目的标题,叫《上海的秘密》。

他在文章中先说美国社会有两种观点:一种意见是悲观主义的,认为中国也会像美国 2008 年的楼市危机一样硬着陆,然后经济崩溃,甚至危及政治;还有一种是乐观主义观点,认为中国将会崛起。弗里德曼说,我是一个记者,既不是乐观主义者,也非悲观主义者,但是我坚持每年到中国去走一走、看一看。这一次我到了中国的一所小学,这所学校名不见经传。它的校长说,我们这里也许并不栽种和盛开牡丹那种名贵花,但是每个孩子就像蔷薇,都能够得到成长。我参加了他们的教研组活动。这一切都给我留下了深刻的印象!所以我想说,如果是乐观主义,认为中国才刚刚崛起,我觉得是有道理的。中国的基础建设搞得这么好,看看上海的浦东机场,我们的纽约机场怎么好比?再看看上海的基础教育这么好,我觉得我发现了"上海的秘密"。

最后他写道,我愿意用上海这所学校的沈珺校长的一句话来结尾——上海的发展才刚刚开始。自 PISA 和 TALIS 结果公布以来,可以说,各国政要、专家、教师和记者们纷至沓来,都想解开上海发展的秘密。我也借上海教育发展的光,被邀请到 40 多个国家去讲学。在澳大利亚我被邀请参加一个高层次的圆桌会议,澳大利亚的那位女总理亲自出来听。会后总理与大家合影,我不好自己拍照,都是"御用摄影记者"在拍。回上海后,我没想到，澳大利亚领事馆打电话给我，约定时间，专程派人把澳大利亚女总理杰拉德与大家的合影照片给我送来。

除了去欧美和西方大国讲故事，我也去了一些很小的国家。例如，文莱也叫我去作为嘉宾，与他们的大学校长、国王和部长们一起去参加文莱大学的毕业典礼。当天下午，还根据他们的安排，给他们全国基础教育官员讲上海的理念与做法。我一看，总共也就80多位教育官员。

此后，国际组织也来与我们合作。世界银行要跟我们开展合作研究，合作研究完了以后写了一本书。这本书的标题很高调，叫《上海如何能做到：来自世界最佳教育系统的经验与观察》（*How Shanghai Does It: Insights and Lessons from the Highest-Ranking Education System in the World*）。我当时不愿意，说我们用个"上海的故事"即可，但世界银行专家说用现在这个标题好。他们想表达的是：在短短40年中，上海的教育就成了全世界最好的，他们要向世人展示世界最佳的教育体系。

为了出这份报告，世界银行派专家专门来上海与我们一起研究上海的教育，也是"他们出钱，我们出力"的模式，研究经费和会议经费全部由世界银行提供。在合作过程中，有时候我们觉得自己可以做，比如下基层访谈、搞调研，用不了太多经费，我们自己可以承担，但是对方坚持应该由世界银行出钱。因为世界银行觉得，教育研究不容易、非常困难，需要大量人工，还需要校长、教师愿意接受调查。教育的"入口"就是孩子要上学、要上好学校，"出口"就是学生的考试成绩，这些我们是看得到的。但是教育过程究竟是怎样的？教育体系如何运行？教育政策又是怎么实施的？实施了以后质量到底怎么样？其实教育的质量、办学的水平，应该是在这过程中决定的。等到了学生毕业时、到了教育的"出口"，再说学生没学好，已经为时已晚。时光不能倒流，过去就过去了。所以世界银行专门做了如图4这样一个研究框架。

其实，世界银行并不只是一家银行，它有点像联合国的财政部或者互助会，一边用会费从事商业贷款活动，一边负责向发展中国家提供财政支持。在这个研究框架中，世界银行把教育过程中各个部分先细分出来，先研究教育的输入（input），重点研究教育实施的过程（process），就是那个大黑框，其中包括三块：教育政策与政策机构的质量、教育政策的实施、教育发展的质

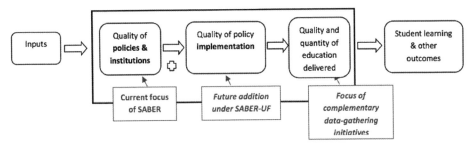

图 4　世界银行"教育成就提升的系统研究"项目框架结构

资料来源：Xiaoyan Liang, Huma Kidwai, Minxuan Zhang. *How Shanghai Does It: Insights and Lessons from the Highest-Ranking Education System in the World*. Washington DC: World Bank, 2016

与量。各块中又涉及教育经费、教师培养、学校课程、教育评价和管理督导等等，然后再总体考察教育制度和教育环境，最后才是学生的学习成果与其他教育结果。世界银行希望通过对教育过程各个部分进行研究评估，找出一个国家/地区影响教育过程的因素。这样的研究比我们的设计更加精细。

在研究的过程中，世界银行要求进行"文献计量统计"，即把各国家/地区自己颁发的文件找出来，请各国家/地区研究人员按照世界银行设计的调查表对文献内容进行统计。每一个问题分四级打分，如果"尚无"相关政策，记一个点；如果有相关政策，就记两个点；更高程度是政策已"完善并执行"了，体制化了，记三个点；与其他国家/地区相比，政策及实施最完善、最优秀，那就记四个点。世界银行就教育过程的各个方面设计了无数问题。结果，上海在绝大部分问题上都获得三点或四点，没有一点的。专家们看了比较结果后说，怪不得上海的 PISA 和 TALIS 结果都是世界第一，改革发展那么快，从学生、教师到整个体制系统都很好。

结果出来后，上海的成果震惊了世界银行。他们立刻采取后续行动，出资 600 万元，与我们合作办会，邀请了 30 多个国家的教育官员和世界银行所有的教育专家共 150 多人到上海参加"公平与卓越：基础教育全球论坛"，让我们对上海教育的系统规划、财政管理、学校课程、校长培养、教师进修、学生评价做全面的讲解，真为我们搭建了一个"讲好上海教育故事"的国际大平台。会后，世界各国的政府官员、专家学者，既有美国、英国、芬兰等发达国家教育部部长前来，还有世界银行和联合国资助的发展中国家代表团,马来西亚副总理毛希丁先生、阿根廷教育部部长、肯尼亚和赞比亚的高官,都来学习上海经验。英国数学教师已来过400多名,12 000多名教师听过我们上海教师在英国的讲课、说课,参加过我们组织的"教研组"活动。

五

在世界各国相互学习交流的过程中,我们应该树立自己的基本态度以及对上海成就的基本判断。我们怎么来看待各国的好评?怎么向各国讲解上海的发展成就和原因、要点呢?经过这几年的研究提炼,我自己觉得就是三个方面:一是要有基本前提和基本态度,知道应该怎样认识我们的成绩。二是既然世界各国说上海有秘密,我们就要总结和提炼上海的成就与原因,告诉大家"上海的秘密在哪里"。三是面对目前的世界发展趋势和测评中暴露的问题与挑战,我们未来还应该关注哪些问题。简言之,就是要明白前提、经验和反思,要自信、自省和自觉。

怎么来看待成绩?我们要讲"前提",包括成绩所处的位置,要把已经取得的成绩限制在合理的范围中,否则就会夸大其词,骄傲自满,对他人也无益。

第一个前提或者说限制范围是:阅读、数学、科学。它们虽然是基础教育的重要组成部分,但远非整个基础教育。许多方面没有办法测,许多方面难以测。比如哪个国家都希望孩子成为有责任感的公民,但是要去测一个国家的教育是不是在培养有责任感的公民就很难,不同国家有不同国家的宗教,不同国家有不同国家的意识形态。我们的最大公约数就是培养有责任感的公民,党的十九大提出教育优先、教育强国,我们的教育就是立德树人,培养社会主义建设者和接班人。另外,每个家长都希望孩子拥有自己的特长,潜能得到发展。要用多少测试可以把孩子所有的特长和潜能都测出来?也是不可能的。所以我们必须牢记:阅读、数学和科学是基础教育的重要内容,但这三个领域的测试远不能涵盖基础教育的全部。

第二个前提或者说限制范围是,基础教育是教育的重要组成部分,但基础教育也远非教育的全部。在高等教育、职业教育、终身学习方面,很多国家比我们做得好、做得强,我们还有很大差距,要努力向其他国家/地区学习。例如,我们每年都关心全球大学排行榜,每年评世界100强大学。在我心里有张分布图,世界100强大学中,50—60强在美国,欧洲占了30多强,非洲暂时还没有,亚太地区大概还有15—20强。即便在这15—20强中,中国目前也仅有两强而已,即北大、清华,复旦、交大还进不去。我们搞"重点学科建设""211工程""985大学"和"双一流建设",就是要在21世纪中,在中国的大地上建设一批世界一流大学和世界一流学科。我们还任重道远,这就是差距。

教育的发展是整体性的,又是台阶性的。整体性要得到提高,但是优势也是从基础开始建的,上海基础教育的发展说明基础很重要,我们只要坚持不懈、改革创新,是能够建成世界第一的。也许到新中国成立100年的时候,世界一流大学的版图会发生明显变化,在前100强里中国可能就有20强,而美国会减少,欧洲也可能继续减少。

还有,如果要讲职业教育,大家都知道德国、瑞士、荷兰、澳大利亚是世界上最好的,传统深厚、体制灵活、课程精细、教育培训贴合劳动和产业变化,比我们强,也更受家长认同和社会企业欢迎。如果要讲终身学习,我们才刚刚起步。2010年我们在编制中长期规划的时候,最后提出一定要写"迈向学习型的社会",这是世界发展的共同趋势。国家的规划还是"国民教育"一个体系,"终身教育"一个体系。其实这种说法在理论和实践上都是有缺陷的。

道理很简单,在我国"国民教育"是指有学历学位的全日制小学、中学、高中和大学教育,而"终身教育"指成年人的、非学历的、不用入学考试的业余教育和在职教育培训。但大家想一想,在座各位今天来这里听讲,当然可以说你们来接受"终身教育"、参加"终身学习"。这难道不是"国民教育"吗?在座各位,你们不仅是国民,而且是国民当中的精英,是我们的大干部。为什么"国民教育"就融不进终身学习呢?反过来讲,终身教育大致上可以清楚是成人的,是非学历的,等等。我还可以反过来问:当孩子读幼儿园、上小学时,难道他们不是在接受起步阶段的"终身教育",不是从此开始"终身学习"了吗?所以,同时并用这两个词语,把国民教育和终身教育截然分开,实际上是不妥的,许多发达国家都不这么用,终身学习是贯穿人一生的教育学习活动,而全日制、要考试入学、有学历学位的教育与业余的、不用入学考试、没有学历学位的教育只是教育方式上的不同而已。当我们在接受国民教育时,也在接受终身教育。当你接受非学历的教育培训时,这种教育也是国民教育。国民教育可能应该与宗教教育、军事教育相区别。

我们要把整个教育体系,包括学前教育、基础教育、职业技术教育、高等教育和成人教育都做大做强,直到能够贡献我们的教育经验与智慧,引领世界,这可不容易,需要几辈人的努力奋斗。

第三个前提或者说限制范围是,上海是中国最发达的城市,重要的经济、科技和文化中心,但是远非中国当代教育发展的典型省市,更不是中国的全部。必须看到,中国仍然是一个发展不平衡的国家,还处在社会主义初级阶段。就算上海的基础教育可以站在世界之巅,但若论全国的基础教育质量,就比下去了,大概还处在中等发达国家的水平。2015年四个省市参加PISA测评,我国就处于平均水平。我们国家的差异大到这种程度。全球有第一、第二、第三世界,中国也有三个世界,发展差距很大,中国说不定还有"第四世界"。上海并不是一个全国典型的省市。也许山东、河南、安徽、江西等中部各省才是中国中等水平的省份,最为典型。我们的地区差异、城乡差异还很大。因此,上海仍然有责任,要不断向内地输送教育资源。今年暑假我就做了两件事,一半时间去了我插队落户的金寨,一半时间去了云南,去支持它们的教育。要让全国的教育水平都提高到上海的水平,要让全国的教育都实现均衡优质发展,我们还需要奋斗啊!

第四个前提或者说限制范围是,即使在我们成绩优异的数学领域,仍然可以看到很多弱点和盲点。特别是必须看到,我们学生的学习负担过重,我们学生每周的学习时间也是全球最长的之一。我们学生的个人潜能开发不足,个性发展不足,创新精神不足,自主自控学习能力不足,比不了芬兰和新加坡,家长、社会的满意度不高。这些都是我们必须看到的。

我们教育改革的发展仍然任务重、困难多,还需要不断地努力,不断地创新,不断地奋斗!所以,我每次跟外国人讲的时候,也都先讲这些前提或者说限制范围,我说,否则你们看待上海的教育就不客观,也就不了解我们面临的问题与挑战。我们看不到这些局限,不了解自己,也会忘乎所以,在发展的道路上走弯路。

六

我们要看到自身很有局限,要让全国的人都能够受到很好的教育,还有很长的路要走,这是个大前提。但是在外国人面前我们也不能老是谦虚,总要讲讲我们的成功经验。我在这几年当中归纳出了"4+8",就是四条传统文化影响,八条当代改革经验。

先说四条传统文化影响,它们是我们中华民族不管走到哪里都会强烈表现出来的。

第一条,中国人对教育的信任和对子女的期望,可以说是全世界最高的。从王子到贫民,家家都重视教育,砸锅卖铁也要送孩子上学。我们有无数的故事传说,从孟子开始,就有孟母三迁之说,说明孟母对教育抱有很大的希望。从此以后,中国人就逐渐形成了"万般皆下品,唯有读书高"的心态。

第二条,中国人相信努力可以改变命运。铁棒磨成针,我们不相信天才,我们相信功夫到了自然成。小孩成绩不好,往往不是去研究他个人的心理素质、认知特点和教学方法,而是说"再努力一下,肯定会好的"。努力改变命运,这是所有人的想法。凿壁借光、头悬梁锥刺股,这些都是家喻户晓的故事。在国内我们往往还不觉得,但一跑到国外,我们就会听到各国老师们的肯定——中国学生最勤奋。中国学生到哪里都是最勤奋的。

第三条,我们有尊师重教这千年不变的传统。尽管我们的老师经常抱怨说"地位低,工资低",但英国的一项研究认为中国的教师地位在整个世界中位列第一位。孔夫子被我们称为"万世师表",孔子的后代到现在已经八十代了。今年夏天我去了云南、贵州,在乡下居然还见到人家的祠堂和农家厅堂中挂着"天地君亲师"的横匾。我们真是一个有着数千年尊师重教传统的民族啊!那么,我们为什么会有如此强烈的尊师重教传统呢?因为我们还有第四条文化传统影响,而且是有形的、制度文化的保障,那就是科举考试制度。

第四条,科举考试制度。科举考试制度在机制上保证了无形的文化影响的传承。如果说前面讲的教育期望、努力改变命运和尊重教师都是无形的、通过口口相传和言传身教传承下来的传统，那么科举考试制度就是这些文化传统传承在体制机制上的保证。如果没有科举考试制度，上述的文化传统就可能会流失。

各朝各代刚开国的时候，皇帝都比较多地运用推举制。江山打下来了，跟他打天下的将军、军师都要做大官，所以本质上用的是推举制。但是推举制选人的办法用不长，不过十年八年，肯定就会用烂，因为推举没有客观标准，官家、富人都会提出种种理由，谁都认为自己的儿子好，都会使用种种手段把持升官、当官的通道。老百姓中的聪明人和天才也就没有机会了。这样，国家选不到贤人，也选不到有才之人。皇帝要统治这么大的国家，光靠十个八个儿子是没用的，必须唯才是用、不论出身、不拘一格。人才哪里来？科举考试！通过考试把聪明人选出来，集天下之英才而育之。太学最重要的功能就是两个，培养学子忠君爱国的精神和决策管理的才干。然后再通过考试，就是当官前的考试选任官员。这样才能保证人才辈出，保证一个大国家长治久安。科举制度对国家来说，是一套选拔和吸引人才的机制，对老百姓而言，也开辟了一条社会地位上升的通道。我觉得，在很长的历史阶段中，高考不会消失，但是高考要改革。因为当它失落之时，我们就会丧失公平选拔的机制。"文革"中是有惨痛教训的。考试选拔的方式和内容应该随着时代的发展不断改变。当然，还要防止异化。本来是想通过考试把学得最好的和最聪明的人选出来，但现在变成了"你要考什么，教师就教什么、学生就学什么"，把教育深广的内涵严重窄化了，而且使学生苦不堪言，完全丧失了学习的兴趣与自觉，甚至迫使学生养成服从分数、服从权威的习惯，丧失了创造意识。

这四条传统文化的影响，当然不仅在上海有，在中国哪里都是一样，中国人就是跑到外国去生活了，也还是这样。然而现代化光靠这四条行不行？不行！光靠这四条发展不起来，这毕竟是历史留给我们的东西。科举制度也许是历史上最好的造就统治人才的办法，但是现在我们不仅需要政治人才，还需要科技人才，创新性人才，需要各行各业的人才，这就需要制度创新。

要让各种人才都涌现出来，就要改革。怎么改革？有哪些改革经验呢？在上海，在中国当代的教育发展进程中，我们至少有八条经验。

第一条，改革开放。十一届三中全会前就曾提出要派遣大批留学生到世界各国去学习，虽然那时候中美的外交关系还没建立，但是我们派了一批留学生到美国去学习。大批留学生带回了各个领域最先进的理念、知识和技术，教育学、心理学也有很多专家从国外学习归来。上海的发展，包括选择什么体制机制、怎么编制新的教材、用哪些新的教育理念、信息技术怎么助力教育，都有回国专家学者的贡献。改革开放为我们提供了机会、视野、比较、借鉴，这对我们的发展是非常重要的。

另外，对外开放像一面镜子，也有助于认识我们自己。例如，英国教师来沪学习后，我们发现，别总是嫌自己的规划不好，说什么"规划规划墙上挂挂"，实际上是有价值的。因为墙上挂的东西并不是不去执行，规划说五年，两年就实现了，常常不是丢弃它，而是超前地实现它。我们差不多保持十年八年左右，就来一次中长期规划。1985年的上海教育发展战略很重要，当年中央有一个教育体制改革的决定。到1993年又有素质教育发展规划，进入新世纪后也有规划，2010年又有中长期发展规划。英国老师到我们的中小学，校长都会介绍学校目前怎么样，从什么地方来、往哪里去，有三年规划、五年规划，准备做什么。我们的校长、专家、领导，不管哪个单位，他们都会讲。来访的人发现，在中国规划已渗透到每一个组织细胞。我问，你们为什么觉得好？他们说，比我们英国好。我说，好在哪里？吃中饭的时候，英国专家告诉我，"我们的变化太多了"（We have too many changes）。他们说，有些时候一个变革刚开始，第二天早上一看，换了内阁，前面的变革也就变掉了。就是因为他们是两党制，而且首相有权提前大选。两三年一换，教育改革太频繁，而且老是翻烧饼，改革方向南辕北辙、大相径庭，学校、教师无所适从。在教育上，事情不能这样做。教育周期长，小学要读六年，初中、高中各三年，所以任何一次改革，都要给它一个周期，让它把原来预设的优势发挥出来，同时在实施过程中也可以看到弱点或者做些调整，大的缺失到下一轮再改。他们说，变化多到"变化都已经变掉了"（The change has been changed）。中国不一样，有一个大方向始终不变的中长期规划，大家都朝着一个方向努力。

第二条，承上面所讲，注重教育规划。我在主持上海教育2010—2020年规划的时候，按要求要"问需于民、问计于民、问政于民"，就是要问老百姓需要什么，问老百姓有什么好办法，问老百姓该有什么样的政策。所以我2008年、2009年就开始研究世界各国的教育，探索制定政策，做好长期规划应该包括哪些内容。

首先是"以研究为基"，不研究需要规划的问题是做不出好规划的，不能用拍脑袋代替研究。通过市教委的讨论，我们确定了不同领域的30个重大问题。比如高等教育质量提升问题，教师待遇问题，农民工子女教育问题，学生负担过重问题，等等。一共做了45个课题，有的同一个课题由两个团队做。我们还请了上海市政府研究中心做了一个城市发展预测研究，把教育和城市发展联系在一起。

接着是"领导调研"，请市领导、市教委做调查研究。市领导带头到中小学去。这叫研究为基、领导调研、双管齐下。

同时，要"平行起草"，我说不要教委自己大包大揽、全靠自己做规划，要让专业人士一起来做。我们请了三个团队。第一个是华东师大团队，因为他们不受上海市政府的限制，是教育部的学校，但是他们非常专业，所以让他们以教育专业的理念、通过他们的跨学科研究优势、从专业机构的视角来做这个规划。第二个是上海市社科院团队，上海社科院虽然不直接研究教育，但是他们也有跨学科研究优势，特别能够从社会发展的需要、社会对教育的期待、从老百姓对教育需求的角度来研究教育，提出教育规划应该关注的问题并提出解决方案，很有些"局外人看教育"的味道。第三个是市教委与市教科院的团队，他们从上海教育面临的实际问题出发开展研究，他们也更了解政府能够提供的资源和行政实施路径，而且这也是他们的工作职责所在。

这三个团队完全独立开展工作，市教委和市政府给予他们充分的资源和研究的自由。同时，他们又可以分享资源，例如市教委、市政府的统计数据，我们参加国际测评的数据，以及历史资料档案。而且，在市领导调研的时候，每个团队都可派一两位同志去听。团队的工作成果也不必向我们汇报，有了成果后，这三个团队直接向市领导和市教委及相关委办局领导汇报，每个团队的汇报时间也一样长。

三个团队汇报完后就请领导提问，市长、副市长、各委办局领导都在，我悄悄跟他们讲，尽管提出问题，但不要直接说哪个版本好。要问方案如何、路径怎样、需要什么条件、能否解决问题、如何实现规划目标，还要问为什么要这样而不那样。因为直接作出优劣评判,不利于综合三个团队的优点,也不利于继续调动大家的积极性。汇报中我们都做了记录,包括每个团队的要点、领导提出的问题。

我们需要的规划不是三个各唱各调的版本,那是没有办法实施的。我们要的是一个逻辑一致、有理念、可操作的规划,需要"三版合一"。我把三个团队的主要成员请到上海最好的教育场所"东方绿舟",我说你们去住十来天,合成一个版本。我们绝大多数专家学者都希望为国出力、经世致用,都把自己最精彩的东西放进去规划、左右最终的这个版本。我只有两个要求,第一是可行性,第二是逻辑化。有时候两个建议都有一定价值,但是取了其一,就必须舍去其二。不能把好东西简单拼凑在一起,需要有一个核心理念统帅各个部分、全部内容和行动方案,这就是逻辑。通过反复思考甚至争论,认真比较在理念先进、方向对头的前提下,怎样更加可行、能够落实。

我们这叫"研调为基,双管齐下,平行起草,三版合一,广泛听证"。做成一个版本后,我们再从香港一路到北京,请了许多专家学者和领导来点评指导。记得请了浙江省副省长、香港大学校长、国家发改委司长、教育部规划司司长、教育部发展中心主任和中国社科院人口学专家来听证,再经多次修改后,形成了一个完整的规划草案。现在上海做教育规划至少是两个版本同时进行,最后集中起来,这样可以集中大家的智慧。如果一个团队太大,好些人就没有办法发言了,让不同的团队都发出声音才是比较科学民主的。在草案出来后,我们先后征询了上海市人大代表、市政协委员、校长教师、教育部领导和各有关司局的意见,向副总理做了全面的汇报。最后,我们还把草案放到网上,让市民、老师和社会各界提出修改意见。我们的规划和编制的过程也受到了国际组织和世界各国的关注。世界银行专门邀请我去参加世界银行每年一度的春季大会,让我讲上海是如何编制教育规划的。美国、英国和芬兰也邀请我专门讲了上海的规划。

第三条,注重课程改革。在改革开放背景下,吸收世界各国优秀的东西,我们进行了三轮改革,第一轮是1986年的课程改革,以打破大一统、因地制宜为中心。因为那以前全国就一套教材,千校一面,大家都过独木桥,那显然是不行的,要适合我国不同地区的发展要求。后来全国形成了"八套半"课程教材体系,中央由人民教育出版社编一套,供各省市选用,北京、上海、江苏、广东、山西等多个省市还自己编制了多套教材,经过中央审议,批准使用。第二轮的改革在因地制宜的基础上,加强因材施教,提出了国家、地方、学校三结合。中央规定的课程占70%以上,地方和学校可以根据地区发展需要和学生个性发展,编写自己的教材,"校本教材"也就在那时诞生了。第三轮叫"深化课程改革",以提升学生的核心素养和创新能力为主旨。我们用的都是新教材,英国还翻译了我们的数学教材,与我们这一轮的数学教材同步了。有了英语版教材,对我们扩大世界影响力也更容易了。其他国家教师来培训,我们有教材、有课堂,理论与实践可以相结合。

第四条,三位一体的教师发展体系(图5)。我们经常讲,有好的教师,教材差一点,他也能教好;有好的教材,如果教师水平低,那也教不好。

图5　上海三位一体的教师发展体系(张民选绘制)

教师要提升职称,平时的教学工作就要做好。工作做得好不好,要经常总结评价,对优秀者进行表彰奖励。而教师要做好工作,就要不断进修。这样就形成了一个三角形的相互关联环。这样的体系并不是每个国家都有的,有的国家只有教师职称阶梯,而不管其他两块;有的国家有教师奖励,但是没有培训和职称,受奖励的人很少,广大教师就无动于衷了;还有的国家只讲工作绩效,或者只讲教师进修;而我们是一个完整的体系。我觉得这符合马斯洛心理学"需要理论"。最高的需要就是实现个人价值,得到社会认同的需要。所以我们中小学教师有职称。现在已经有"正高级教师"了,就是相当于教授地位的中小学教师,全上海一共有 62 位。我告诉各国专家,这 62 位老师他们不仅教得好,而且写出了教育学的著作,不比上海师大教授写得差。为什么中小学教师就不可以发现知识?他们不仅可以发现知识,而且发现的是世界上最有用的、关于如何教的知识!这些知识、思想、论文和著作不仅可以用于培养教师自己的学生,还可以用来培养其他教师尤其是年轻教师。既然如此重要,为什么不可以成为教授?现在很多国家都意识到教师专业发展、职称职务晋升是个好东西,新加坡已经开始做了。我们有特级教师,他们也搞特级教师。当然政府要建立很精细的规则和机制。

我们改进了教育方法,上海有优势,既有中国传统上好的办法,又吸收了世界各国先进理论,只是在运用信息技术方面比发达国家差一些。

第五条,不断改善学校硬件条件。1995 年我们制定了上海市校舍建设的"九五标准",并按照达标程度把学校分成四类。第一类完全达标,第二类可能场地不达标,比如在市中心,只能"螺蛳壳里做道场",校园没有办法扩大了。第三、第四类则有多项指标达不到,那就不安全,对在那些学校学习的学生也不公平,就一定要取消。有的合并了,有的扩建了,到 2005 年前,就全部达标了。2005 年,我们就又出台了一套"2005 标准",包括信息化、实验室等多项教育现代化的要求。英国教师很羡慕上海的公办中小学都有这么好的教育设施设备,常常问我们,这是私立学校吗?因为在英国,仅有少数贵族私立学校,校舍设备才会比较先进、比较现代。

第六条,创新管理办法。我们发现,有的时候学校的硬件上去了,但是软件上不去。我们在过去的 40 年当中,借鉴世界各国的经验,发明了很多改善软件的办法。例如,"调整教育税附加的使用比例"就是一个好办法。原来国家只是笼统规定,教育税附加应用于本地的基础教育。上海有些区地盘很小,但是教育税附加资金充裕有余,而崇明、奉贤等又资金不足,上海市人大就通过地方法规来调整使用比例,60% 留用于本区,另外的 40% 则在全市范围内调配使用,辅助比较薄弱、缺资金又有贡献的地区,主要是崇明和奉贤。我们当时对"一平二调"还心有余悸,但在瑞士其实也见到了类似的情景。瑞士这么小的国家,还由许多州组成,而有的州小得就像我们的大村镇,人口就几万人,在阿尔卑斯山山顶上,但地位很重要。他们国会每年春天要开会,加强各州之间的协作互助。富裕的日内瓦、苏黎世要拿出钱来支持这些山上州三样东西,即道路建设、学校教育和医疗保健。没有医院,瑞士人、欧洲人去山上滑雪,受伤了谁来看病,谁来护理?所以医院都要配好。没有学校、教育质量低,就没有人愿意在那里居住。这么穷,你让他自己造铁路、公路,他哪里来的钱?瑞士给我们很好的启示。

我们有"区区对接"的经验,徐汇区对金山,杨浦区对崇明。我们还有"委托管理"的经验。一个好校长把自己的学校管好了,还可以受市政府、区政府的委托,去管其他的学校。我曾经当过上海实验学校的校长,先受浦东新区的委托接管了一所学校,现在改名为致远中学。最近又受市政府的委托,我们到崇明东滩办了上海实验学校附属东滩学校。崇明也要有好的学校,不然怎么吸引人。

第七条,注重改革教育评价体系。既然要减轻学生的负担,就要改变政策,所以我们形成了一个评价链。对学校评价什么,对学生评价什么,对教师评价什么,对地方政府评价什么,都应该有成系统的规范。我们设计了"义务教育质量评价监测体系",教育界俗称"绿色指标体系"。对区县政府我们也要评价,以前叫督学,现在叫教育督导。督导不仅包括督学,还强调督政。有时候学校没办好,不是学校校长无能,而是区县政府有问题。要办好教育、办人民满意的教育,政府和区长要让学生全面发展,而不是只盯着分数;要把学校办好,政府要保证财政,不能只保重点中学,而要努力保证各个学校均衡优质发展。在这个基础上,我们还在逐渐形成多维度的评价体系,关注学生高阶思维的品质、提升学生的学习信心、增强学生内部动力,一直到保证学生睡眠和健康的指标。现在正在进行第二轮的修改。

第八条,"教师柔性流动"与"高中分比例招生"。教师柔性流动是指,每年的高级教师、特级教师和正高级教师的晋升中,都有20%的新晋升者要到乡村、郊区和薄弱学校去工作,新晋升的校长中也有20%的人要去薄弱学校当校长。开始时,那些校长中有人只是去"蜻蜓点水",象征性地去关心一下,现在政府要求,去薄弱学校的校长时间上至少三年,而且必须担任法人代表,这样他们才会真正负起责任。教师流动不仅能提高薄弱学校的教育教学水平,而且有助于培养当地教师、提升当地教师的专业水平。高中分比例招生主要是指好的高中要拿出一定比例招生名额招收郊区、薄弱初中优秀学生。高中现在还不是义务教育,重点中学,现在叫"实验性示范性高中"，按一般规则，它们凭高中升学考试成绩高低招生，这样做没有错，但是这样做会对郊区中学、薄弱初中的学生造成不公。一些在薄弱初中、农村学校的初中生，他们因义务教育阶段的"就近入学"原则，进了比较差的学校。那里教师的力量可能没有优质学校强，设备设施可能没有优质学校全，信息也没有优质学校灵，所以即便与优质学校的学生同样努力、一样聪明，学习成就可能也会稍低一些，但这就会使他们丧失进"实验性示范性高中"的机会，甚至还会影响他们以后考大学。为了缓解这一问题，上海尝试每年从"实验性示范性高中"的招生名额中拿出25%，现在是30%，用于招收这类学校的优秀学生。他们在全市的统一招生考试中成绩稍低，但在各自的学校中最为出色，这些孩子也能够获得优秀高中的入学机会。而且大体上看，这些学生在高中受到了优质的教育，发展潜力也很大，大多数人学习也很出色。另外，这样留出比例的办法还鼓励了郊区和薄弱学校校长、教师的士气，获得了家长的支持，也增强了学生发奋学习的信心，有利于促进教育均衡和扩大教育公平。

以上就是我提炼的上海基础教育发展经验，当然，这些经验并不排斥其他经验，很可能是挂一漏万的。

七

下面我还想讲讲我们面临的问题、弱点、盲点和挑战。限于时间，我只能点到为止了，但实际上，发现的问题和挑战也是我们参与国际教育测评的重要收获和价值所在。

第一，在信息技术和人工智能方面的弱点。AlphaGo 是人工智能发展的一个转折点，在它之前，已经有多个国际象棋机器人，专家让机器人学习、记忆和背诵大量棋谱，不管你出什么棋，机器人都有对付你的招。但是，这些招术都是前人使用过、经历过的。到 AlphaGo 的时候变了，这台机器会自我学习，它一方面记住了大量的棋谱，另一方面可以根据现场下棋的战况，通过自己学习的技能决定用什么招术。在信息技术和人工智能的时代，我们的教师却仍然只能教学生做纸笔作业，不会也不愿让学生用计算机来完成作业。我们在这方面还很薄弱，这甚至是我们意想不到的盲点。我们教师要求学生用计算机做作业的时间比发达国家平均时间少一半。在2013年这次TALIS问卷当中,发达国家/地区38%的老师每周至少要叫学生用计算机完成一次作业,我们只有13%。而且,2012年PISA测试中,我们纸笔测试的数学平均成绩是世界最高,其他国家/地区的成绩与我们成绩的差距很大。但同样水平的数学题,用计算机测试许多国家的成绩就大幅提升了,虽然可能还是没有我们高,但他们与我们的差距一下就缩小了。我们纸笔测试的平均成绩是613分,而计算机测试就成了559分,也是参与测试国家/地区中两项成绩间落差最大的(如表3所示)。

表3 PISA 2012 数学纸笔测试与计算机测试结果比较

国家/地区	纸笔测试(分)	计算机测试(分)
新加坡	573	566
韩国	554	562
中国香港	561	553
日本	536	550
加拿大	517	543
中国上海	613	539
爱沙尼亚	520	537
澳大利亚	509	523
爱尔兰	506	516
中国台北	560	512
中国澳门	538	509
美国	492	508
法国	498	508
OECD平均值	494	497

资料来源:OECD. PISA 2012 Results. Paris:OECD Press,2014

我们必须考虑,我们的孩子,以后他们很可能不看报纸了,他们只看电脑、手机和 App,他们以后可能都将在计算机上处理各种工作。我们的学生没学会,怎么行?

第二,与此相关,在计算机上解决问题的能力较弱。如果只是要求学生简单地把几道书面题传到计算机上去做,学生只要想好了,按下字键或者打勾,我们的学生还行,与纸笔测试结果差别不大,PISA 中叫这样的题目为"静态题"。但 PISA 的问题解决测试中还有一种题目叫"互动题",就是要求学生与计算机互动。就像一个小课题,你要完成课题,需要去网上寻找相关的资料数据,根据资料购置必要的材料、阅读相关的文献,然后做出判断、计划,进行必要的制作或操作,一步步完成。我们的学生在解答这类"互动题"时,与先进国家/地区的差距最大。一些国家/地区学生的数学、科学和阅读成绩的总平均不如我们,但是他们的"互动题"成绩不仅高于他们的总成绩,而且还高于上海学生的成绩,也有的国家/地区学生总成绩与"互动题"成绩仅相差几分,而我们的落差特别大。这说明一是我们必须教会学生运用计算机,二是我们要教会学生解决"互动题"。这就是我们经常说的"高分低能",不善于"解决问题"。"互动题"与"静态题"的差异在于,互动题在计算机荧屏上显示的条件还不充分、信息不齐全,工具有缺失,需要学生自己去寻找、搜集,然后再处理。这些问题与我们生活中的真实问题更像,不像日常考试中的静态题,问题的条件、必要的信息、运算的工具都在那里,你只要按照已经学过的知识和过程去做,问题就能够解决。在这些方面,我们还有巨大的空间和差距去研究与改进教学。

第三,随着信息化和人工智能时代的来临,社会的职场正在发生巨大变化,原来的工种大量消失,有的职业也在消失。美国联邦劳动部委托麻省理工学院做一个据说要做百年的长期跟踪研究项目,研究美国自 20 世纪 60 年代末之后的劳动力和劳动技能分布情况,并预测未来的发展趋势。我用我最初看到的那个版本(图 6)和大家分析一下。

图 6 的几条线告诉我们,越来越多的劳动力,他们做的将是"专家思维型"(最上面的那条)的工种,是具有"复杂交际"(第二条线)能力的工作。现在都自动化了,比如临港无人装卸码头,就像在飞机场的航空塔台上那样监控调配,通过计算机操作,用汽车、电瓶车将一个个集装箱运送到吊车附近,

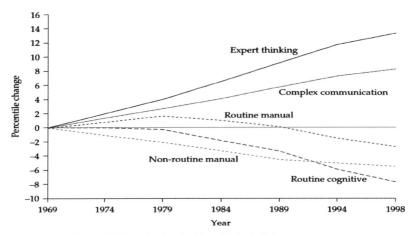

图 6　美国工作任务与技能要求变化（1960—1998）

资料来源：Autor, Levy, Murnane. *The Skill Content of Recent Technological Change: An Empirical Exploration*. The Quarterly Journal of Economics，2003，118(4)：1279－1333. http://www.tandfonline.com/servlet/linkout?suffix=CIT0006&dbid=16&doi=10.1080%2F13675567.2017.1384451&key=10.1162%2F003355303322552801. 2004. 6. 5

再由吊车用自动"手臂"装吊，最后放置在货船上的指定位置。过于繁重的、"非人性的体力劳动"（最下面一条线）工作没有了，"常规的体力劳动"工作还在，但也在逐步减少。现在还有大量的快递小哥。但是，我们完全可以设想一下，几十年后，弄架无人机，完全可以按你的手机指令，点对点地按时将你要的晚餐送到你家。只要你通过遥控指挥，按时将你家窗户打开，无人机就可以准时，比如 6 点 30 分，把饭菜送到你家。这是非常容易实现的。那么我们这些人到哪里工作？有人说，教育如果不改革，以后孩子可就没活干了。我们应该教什么？怎么教？我们会教数理化，但我们还不会教如何解决问题、如何协作解决问题、如何拥有创造性思维、如何充分利用人工智能而又避免新的伦理问题。

第四，我们的学生学习负担过重，创新人才怎么培养？从上海的统计数据看，每个星期每个初三、高一的学生做作业的时间为 10—11 小时，差不多一天做作业 2 小时。完全不做作业的孩子，他们的成绩就低。"种瓜得瓜，种豆得豆"，不劳无获嘛！不学习是不行的。但是，也不能太多，把学生的课后时间完全占满，甚至占据学生应有的休息睡觉时间，这有必要吗？没有必要。看图 7，每周做作业 11 小时，学生就可以获得 600 多分平均成绩，而每周做作业超过12小时,曲线上升就不明显了,即便30小时,成绩也好不到哪里去。再后面这条曲线没有了,差不多成直线了。每天作业太多,反而会因疲劳而降低效率,甚至产生厌学情绪,不想学了,问题更大。但是要解决学生负担过重的问题,又是极为艰难的,这是我们中国和东亚所有国家的普遍问题。这个问题的解决需要理念,需要坚持不懈,需要时间和历史。

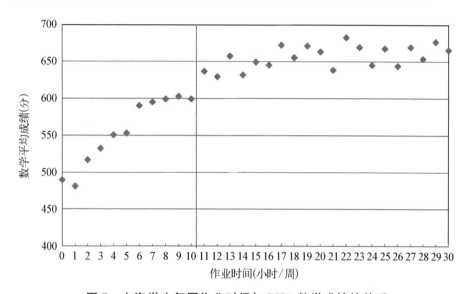

图7　上海学生每周作业时间与PISA数学成绩的关系

资料来源:国际学生评估项目中国上海项目组《质量与公平:上海2012年国际学生评估项目(PISA)结果概要》,上海教育出版社2014年版

新中国成立后,就号召过减轻学生负担过重的问题,身体搞垮了,学了也无用。但大家还都想着铁棒磨成针。这与考试制度有关,我们的考试成绩中包含着"下功夫"的因素。考试并不是规定每个人都只能学两小时,而是看哪个成绩好。所以每个人都想平时多学几小时,哪怕多学几分钟,都会认为总比少一分钟好。实际上,成绩并不完全取决于投入时间,还要讲究学习方法,如果你的时间只会用来死记硬背,那么你的学习结果很可能就不如能够用多种学习方法去学习的学生。

过度的反复练习反复操练,已经被证明不会大幅度提高成绩。一定量的操练是需要的,因为操练的结果是形成准确的记忆与行为。"记忆准确"是一种必要和重要的思维品质。记忆是我们思维的开始。但是思维不仅只是记忆，思维过程还需要许多其他的思维品质。千万不要以为记好就行，简单记忆会被计算机替代。计算机比我们记得多、记得准、不会忘，而且计算机可以24小时不用吃饭，不用睡觉，只要通上电、不关机，就还可以干。我们要做计算机无法记忆、无法做的事情。而且最要紧的是，要求孩子过度反复操练，还会占据学生发展其他思维品质和其他智慧潜能的时间与空间。实际上，个性、创新能力和其他思维品质的发展也都需要时间和空间。

我曾经与美国教育部领导开了个玩笑：我们现在要"刷题"，做60道题学生就可以获得90分。但我们的老师和家长说，熟能生巧，要获100分，结果就叫学生刷120道题，但一考试学生仍然可能最多97、98分，为什么？因为学生难免会粗心大意。也就是说，前60道题得了90分，后60道题只得了六七分。而后60道题得出来的东西，有可能对大多数的人来说是可以被计算机替代的。美国的问题是，大多数学生60道题都不做，做20—30道题就不错了。

那么，到底是每天让学生刷120道数学题好，还是做60道题好呢？我认为，做60道就行了，其中40道题可以让学生自己选，爱做什么做什么，发展个性。另外做20道题的时间应该去睡觉。不是所有人最后都要成为数学家，而且我相信如果真有成为数学家的天赋，那学生一定不是做规定的那60道题，也许40道甚至30道题就学会了，那学生如果对数学真有兴趣，一定是在做其他的数学题，同学们在学的东西，对他来说太简单了，手到擒来。他一定也不是靠每天做120道题，过度疲劳地做出来的。过度疲劳就会睡眠不足，而睡眠非常重要，睡眠足对学生两大发展特别重要，一个是脑发育和智慧发展，另一个是人的体质和身高。如果睡眠长期不足，两方面都会受到限制。

这个问题的解决，需要全社会共同努力，"减负"需要一个很长的历史过程。

第五，城镇化带来巨大压力。我拿了一些数据，2007年的时候，上海的学龄前儿童是31万多人，需要1050所幼儿园，十年一过增加了50万名儿童，幼儿园增加到1500多所。就是差不多增加了500所，每年新增50所。现在上海市中小学和幼儿园以每年80所左右的数量在增长。这需要多少建材、多少土地、多少设备和多少教师啊！

未来，九年以后，上海还能不能是世界第一？是不是还能够保持"优质均衡发展"？上海面临巨大考验。而且，那时候PISA测试的内容也一定不一样了，不仅要测试阅读、数学和科学，应该还要测试解决问题、协作解决问题、创新创造、全球胜任能力等等，那时所有测试可能都会在计算机上联网进行。我们不能把今天的成就等同于未来的成功。面对未来的挑战，我们准备好了吗？这对我们的教师、学校和上海市政府都是极大的考验。我们感到的不是飘飘然，而是压力山大！

工业化带来城镇化，知识经济现在又进入了全球化时代。教育也是如此，大家都知道知识最为重要。于是，为了求知求学，我们就走遍世界，到哈佛、牛津去上学。未来，为了发挥个人的才能，我们也照样会走遍世界，也许在纽约、伦敦、巴黎工作生活，也许到非洲、拉美不知名的小山村服务人类发展。我们的孩子一定会走遍世界。

我们的教育工作，就是要努力办更加公平的教育，让所有的孩子受到更好的、适合每个人发展的教育。现在我们的责任似乎更大了。我们不仅要让中国所有的孩子受到教育，还要为共建"人类命运共同体"贡献力量！这也就是说，我们还要向世界分享上海乃至全国的教育经验。我们才刚刚起步，联合国终于把教师教育中心设在上海了，但是要办好它，让它发挥名副其实的作用，为世界培养优秀教师做出贡献，任重而道远！

谢谢大家！

（讲座时间：2019年5月；成稿时间：2022年9月）

作者简介

张民选，教授，曾任上海师范大学校长、上海市教育委员会副主任、上海市教育科学研究院院长、教育部国际教育研究与咨询中心主任。是亚洲首位荣膺"全球教育领导者"的杰出人士。研究方向为各国教育制度和政策的比较研究、英国教育研究、课程理论研究、高等教育研究和教师教育研究,并长期研究大学生资助政策、隐性知识显现、跨境教育政策等问题。曾主持国家自然科学基金、全国社会科学基金、全国教育科学规划科研项目近十项。在《教育研究》等国内外专业刊物上发表论文数十篇,论著多次荣获全国和上海市优秀科研成果奖。

基础教育的全球趋势与创新型人才培养

赵中建

近期全球教育领域有若干个最为热门的关键词语,如核心素养(美国关注 21 世纪技能),双创教育(创新型人才),数据时代(关注定制化教育),科学、技术、工程和数学教育(STEM 教育)等,它们在一定程度上反映出全球各国共同关注的教育热点。

2013 年,全球 STEMx 教育大会于 9 月 19 日至 21 日在美国举行。大会基于网络平台以 24 小时不间断方式持续进行了三天三夜,有 15 位主旨演讲人和 184 名演讲者。大会旨在促进从小学到大学(K-16 年级)的教育工作者分享各自的经验以及学校 STEM 教学的创新手段,促使更多的群体关注和重视 STEM 教育。

英国国际权威科学期刊《自然》(*Nature*)杂志与美国权威科普期刊《科学美国人》(*Scientific American*)杂志合作,在 2015 年 7 月 15 日的《自然》杂志上集中推出涉及从幼儿园到大学的 STEM 方面的文章,并配以《培育 21 世纪的科学家》的封面文章和《一种教育》的杂志社论,系统审视了全球 STEM 教育的挑战和希望。美国《技术》(*Techniques*)杂志在 2015 年 3 月出版了 STEM 专号,指出 STEM 教育已经成为今日教育改革和经济发展的主要部分,成为"今天的创新,明天的成功"。美国著名教育期刊《教育领导》在 2015 年 1 月出版了题为 *STEM for All* 的专号。所有这一切确切地传递着这样一种信息:现在是关注和重视 STEM 教育的时候了!

当然,从国际上或从美国来讲,它们关注 STEM 教育已经很长时间了。那么,STEM 教育的基本特征是什么呢?

美国河谷市州立大学(Valley City State University)STEM 教育中心的

官网上有这样的描述：

> STEM 超过了其首字母缩写所意味的，它远不止于科学、技术、工程和数学；
> STEM 教育是关于学生参与的（engagement）；
> STEM 教育是关于基于项目的学习；
> STEM 教育运用科学探究过程和工程设计过程；
> STEM 教育是跨学科的；
> STEM 教育是关于积极学习的；
> STEM 教育是关于合作与团队工作的；
> STEM 教育是关于实际问题解决的；
> STEM 教育连接抽象的知识与学生的生活；
> STEM 教育混合了过程和内容；
> STEM 教育是以标准为基础的；
> STEM 教育是 21 世纪的教育；
> STEM 教育是关于美国未来的教育。

STEM 教育作为一种集成战略，一定是集聚到一起的。我们从中可以看到 STEM 教育的一些基本特点，如是关于学生参与的，是基于项目的，是跨学科的，是关于积极学习的，要进行科学探究和工程设计（设计的概念在美国中小学已经非常普及），把书本知识和学生的生活实际相连接，要特别注重实际问题的解决，也就是将学习和现实世界联系在一起。

这些或许就是我们今天的学校教育所缺乏的，或者说这是我们今天要去改革的。不光是基础教育，也包括高等教育，我们要给予积极的关注。

美国有一个非常著名的机构，是一个名为"项目引路"（PLTW）的非营利性机构，致力于在中小学中推进 STEM 教育的课程计划。该机构认为 STEM 教育是今日高技术、高技能全球经济的核心。它这样总结 STEM 教育的特点：

> STEM 教育课程计划，旨在使学生参与以活动为基础、以项目为

基础和以问题解决为基础的学习。它提供了一种动手做的课堂体验。学生应用他们所学到的数学和科学知识来应对世界重大挑战时,他们创造、设计、建构、发现、合作并解决问题。

这里指的是中小学教育。如果用这些特点体会一下高等教育,我们做到了吗?尽管美国 STEM 教育的提出和实施在总体上被看作是一种集成战略,是一种跨学科教育,但我是这么来理解的,STEM 教育首先是分科的,其次是整合的、跨学科的,最后是不断延伸和扩展的。

STEM 首先代表着科学、技术、工程和数学。最初工程并不在其中,主要是科学、技术和数学。这个词是从美国来的,我们以往从来不用。

今天中小学特别强调基于课程标准的教育改革,这是一种全球现象。就中小学基础教育而言,第一个是数学课程标准。美国全国数学教师理事会(NCTM)自 1989 年公布了美国第一份课程标准,即《美国数学课程与评价标准》后,又在 2000 年公布了名为《学校数学的原则和标准》的新版标准。隶属于美国国家科学院的国家研究委员会(NRC)于 1996 年发布了全美第一份《全国科学教育标准》,到了 2013 年又公布了《下一代科学标准》(*Next Generation Science Standard*,NGSS)。这一新标准是基于 2011 年公布的《K-12 科学教育框架:实践、跨学科概念和核心概念》而编制的,副标题中的三个词非常关键,实践、跨学科以及学科的核心概念,凸显了科学教育的新特点。这份"科学教育框架"还第一次将工程技术单独列出并加入科学教育的新框架中,并认为"此科学框架,旨在帮助实现科学和工程领域教育的愿景。在这些领域,学生多年来积极从事科学和工程实践、应用跨学科概念去加深他们对这些领域的核心观念的理解"。这正如前面所提及的 STEM 教育特点的"STEM 教育运用科学探究过程和工程设计过程"。

我这里特别关注新标准中"实践"这一活动,它在今天更有意义。这预示着我们中小学乃至高等教育的一种改革方向。实践描述了科学家在研究和建构有关自然世界的模型及理论时的行为,以及工程师在使用设计搭建模型和系统时一系列关键的工程实践。实践更加拓展了工程领域中的科学教育,尽管工程设计类似于科学探究,但两者存在较大的区别。例如,科学探究涉及的是通过研究可以回答的具体问题,而工程设计包含的是可以通过设计来解决的问题。一个是回答问题,一个是解决问题;一个是认识世界,一个是改造世界。这是科学和工程两者之间的最大差异。

这里顺便提一下,美国还有一点非常值得注意,即在编制课程标准之前,一定会有一个类似于框架性的文件,尔后还会有实施指南、课程评价等文件,是一整套的,系统性非常强。如 2011 年的《K-12 科学教育框架：实践、跨学科概念和核心概念》、2013 年的《下一代科学标准》、国家研究委员会在 2014 年颁布的《开发下一代科学标准之评估》(Developing Assessments for the Next Generation Science Standards)、2015 颁布的《实施下一代科学标准指南》(Guide to Implement the Next Generation Science Standards)。

2000 年 4 月,美国国际技术教育协会及其下属的"面向全体美国人的技术项目"隆重推出名为《技术素养标准：技术学习之内容》的中小学技术教育标准。关于技术教育在学校课程框架中的作用,美国"2061 计划"在 1989 年出版的《面向全体美国人的科学》报告中就曾明确指出过。该报告专设"技术的性质"一章,讨论技术与科学、设计与系统以及技术中的问题等内容,特别强调："技术是发展人类文明的强大动力,这在技术与科学紧密联系时尤其如此……从最广泛的意义上讲,技术增强了我们改变世界的能力。"

《面向全体美国人的科学》报告还指出"科学家研究、观察一个现象时,认为世界是可以认识的;工程师看待这些现象时,则认为这个世界是可以改造的……但是工程与科学研究相比,能更直接地影响社会系统和社会文化,影响人类事业的成功或失败,给个人带来直接的利害关系",并建议"具有科学素养的人"应该主要了解"科学与技术的关系、技术原理、技术与社会的关系"以及"有益于明智地使用技术的思维方法"等。High technology 在中文里往往翻译成高科技,但严格意义上说应是"高技术"。

重视技术教育实际上反映了当时国际课程改革的趋势。在 20 世纪 80 年代以来的世界课程改革中,尤其随着信息技术的迅速发展,技术已经成为与科学和数学并重的学科而广受国际社会的重视。例如,英国科学、技术和数学教育工作者协会(CASTME)副主席伯勒和英国教育理事会主任谢赫两人曾从全球角度展望了科学、技术和数学(STM)中的各种问题,认为"科学、技术和数学已日益成为基础教育的一个重要组成部分"。当时工程还不在其中。

我们可以看到,美国国家工程院和国家研究委员会在2009年组建了一个"K-12工程教育委员会",来探讨研究中小学中工程教育的现状和未来,并在2009年提出《K-12教育中的工程:理解现状和改进未来》的研究报告。该报告最后提出了三项原则和七条政策建议。

原则一:工程教育应该强调工程设计。

原则二:工程教育应该整合重要的且发展适当的数学、科学和技术学科的知识和技能。

原则三:工程教育应该促进工程思维习惯(① 系统思考;② 创造力;③ 乐观主义;④ 合作;⑤ 伦理考虑)。

七条建议分别涉及K-12阶段工程教育的影响、课程间的链接、教师专业发展计划、多样性、政策和课程计划问题及STEM教育整合等方面。建议七特别提出:国家科学基金会和美国教育部应该支持研究"STEM literacy"的特征和界说。研究者应该不仅要思考科学、技术、工程和数学的核心知识,还要思考连接四个学科领域的"大观念"(big ideas)。

STEM不限于四门各自独立的学科,更多旨在"整合",旨在跨学科。跨学科使原本分散的学科形成一个整体,这在使用诸如地球科学、地球环境科学、技术科学等概念时尤其如此。STEM教育特别关注学生STEM素养的形成,这涉及一个多学科交叉的研究领域,囊括了科学、技术、工程和数学四大领域,但STEM素养并不是四种学科的简单组合,而是把学生学习到的各学科知识与机械过程转变成一个探究世界相互联系的不同侧面的过程。一个典型的STEM课堂的特点就是在"杂乱无章"的学习情境中强调学生的设计能力与问题解决能力。

这种复杂的学习情境包含了多门学科,其问题可能涉及纳米技术、生物医学和天体生物学等知识。一个STEM课堂上教师可能提出一个问题,然后希望学生组成一个班级范围内的探究小组开展研究。在研究过程中,学生被要求使用技术搜集、分析数据,并设计、测试和改进解决方案,然后与其同伴交流研究成果。STEM课程学习中,学生需要花费更多的课外时间,比如在工程师的指导下组装一个可以爬楼梯的机器人。

前述的河谷市州立大学STEM教育中心和项目引路机构对STEM教育的解释，尤其反映了中小学STEM教育之"整合"的内涵及其最基本特征，这是我们在理解中小学STEM教育时必须予以牢记的。美国国家研究委员会在2014年出版了一份《K-12年级STEM整合教育》的报告，特别指出：

> 过去十年间，STEM教育已引起广泛关注。人们要求更重视这些领域的学习，并提高课程与教学质量。与此相应，大量与STEM教育相关的新教材、项目和专门的学校正不断涌现。然而，它们大多分别教授STEM教育中的一个或几个学科。当前，更多的人呼吁加强STEM教育学科间的联系。
>
> 倡导在STEM教育中应用更为一体化教学法的人认为，以更相关联的方式，特别是在真实世界的问题情境中，STEM学科会更贴近师生。这会提高学生学习积极性，改善其学习兴趣，提高学生的学业成就和学习毅力。

同样，《下一代科学标准》坦言其包含了工程和科学的核心学科理念与实践知识，对教授科学的教师提出了更高期望，希望他们能以一种整合的方式来教授科学和工程。

首先我们必须承认是有分科的，把分科的核心概念学好了，然后更多地去考虑学科整合。但它们不是一个简单的组合，要把学生学到的各学科知识转变成一个探究世界的相互联系的逻辑，就是在"杂乱无章"的学习情景中强调学生的设计能力与问题解决能力。要加强各个学科间的联系，采用更加一体化的教学方式。在这样的过程中，STEM学科会更加贴近实施方向，从而提高学生的学习积极性，改善他们的学习兴趣，提高学生的成绩和学习能力。

我们中小学新课程改革从2010年开始，也一直讲跨学科，一直讲整合。但这非常之难，我们课程改革领域更多的是学科专家，很难有综合的专家。

我一直在想，我们有那么多专家从事课程研究，从事比较教育研究，但对STEM教育这一全球现象的关注似乎慢了半拍。英国在这个方面做得不错,中小学广泛开设了一门课叫作"设计与技术",这一课程有完整的综合性。

STEM教育,我们还说它是在不断延伸和发展的,这已经成为国家的趋势、国际的趋势。

我自己在研究美国STEM教育时做了一张进展路线图:1983年一份关于基础教育领域的改革报告《国家在危机中:教育改革势在必行》;1986年美国国家科学基金会(NSF)一份关于高等教育领域的改革报告《科学、数学和工程本科生教育》;这两份报告标志着20世纪80年代美国教育改革的开端,而《科学、数学和工程本科生教育》报告被认为是美国STEM教育集成战略的里程碑。STEM教育在美国是先于高等教育、后逐步推广至中小学和幼儿园的一种集成教育战略。

1996年,美国国家科学基金会对全美大学科学、数学、工程和技术教育的十年进展进行了回顾与总结,并提出今后的"行动指南",发表了报告《塑造未来:透视科学、数学、工程和技术的本科教育》。报告着重"考虑美国各种两年制和四年制院校大学生的需求",针对新的形势和问题,对学校、地方政府、工商业界和基金会提出了明确的政策建议,包括大力"培养K-12教育系统中SME&T的师资问题"。

美国国家科学基金会在1986年的报告中还没有出现"技术"这一词语,但在1996年的报告中则将技术与科学、数学和工程相并列,只是这时的排列顺序是科学、数学工程和技术,简称为SME&T。STEM这个词语的正式出现则是之后的事情了。

2007年有一份报告非常有意思,当年是苏联人造卫星上天50周年的纪念日。美国国家科学委员会(NSB)在当年10月30日发表题为《国家行动计划:应对美国科学、技术、工程和数学教育系统的紧急需要》的报告。该报告发表的目的是向美国朝野警示:

> 50年前的威胁,今天正以另外一种形式出现,美国必须时刻不忘加强对学生的STEM教育。

《国家行动计划》主要提出两个方面的措施:一是要求增强国家层面对

K-12阶段和本科阶段的STEM教育的主导作用,在横向和纵向上进行协调;二是要提高教师的水平和增加相应的研究投入。

这样到了2007年,美国国会又通过了《美国为有意义地促进技术、教育和科学之卓越而创造机会法》,简称《美国竞争法》(America COMPETES Act),旨在通过技术,通过教育来培养竞争性人才。这一立法再次重申了1958年《国防教育法》的基本要求。当年强调要注重科学、数学和外语,而《美国竞争法》则用STEM替代了科学和数学,也就是说增加了工程和技术。

从高等教育到基础教育,再到幼儿园教育,这是纵向上的延伸。例如,我一学生在2018年撰写了《美国早期STEM教育课程研究——以马萨诸塞州为例》的硕士论文;又如美国儿童创造力中心(Center for Childhood Creativity)就发布过《STEM成功的基础:变革早期学习体验,构建终身思维技能》的报告。

此外,STEM教育本身也在扩大,如全球STEMx教育大会名称中的x就是最明显的扩大,这里的x代表着计算机科学、计算思维、调查研究、创造与革新、全球沟通、协助及其他不断涌现的21世纪所需知识与技能,而从STEM到STEAM,或许是近期最为常见的一种扩展。有的说其中的A是艺术,也有的认为A代表着一种人文。2015年美国国会通过了《2015年STEM教育法》,该法认为STEM教育不仅仅包括科学、技术、工程和数学,还包括计算机科学(computer science),所以今天在中小学进行包括编程和计算思维等内容的计算机科学教育将会日显重要。

STEM教育的实施需要得到政策保障,这里仅列举几点:一是作为联邦机构的美国国家科学技术委员会在2013年5月公布了尤为关注STEM发展重点和实施路线图的《联邦STEM教育五年战略规划》;二是美国国会通过的各项立法,如2015年10月通过的《2015年STEM教育法》以及其他法律,对STEM教育的实施给予了立法保障;三是美国教育部在2016年颁布的《2026年STEM教育愿景》,为人们展示了一幅美国STEM教育未来发展的图景。

这里再看几个课程案例。前述的项目引入(PLTW)机构最早推出高中阶段的工程入门课程(Pathway to Engineering),包括三部分内容:一是基础课程(Foundation Courses),内含工程设计导论、工程原理、数字电子学;二是专业化课程(Specialization Courses),内含航空宇宙工程、生物技术工程、土木工程和建筑、计算机整合制造;三是项目课程(Capstone Course),名为工程设计与开发。2008年还在高中阶段推出生物医学课程(Biomedical Sciences program),包括生物医学原理、人体系统、医学干预以及生物医学创新等科目。

初中阶段的技术入门(Pathway to Technology)一共是六个独立单元,分别是设计和建模、自动控制和机器人技术、能源和环境、分析和空间、技术科学以及电子模块。

延续至小学及幼儿园阶段的STEM课程以模块、单元等方式予以实施。按年级依次如下:

幼儿园　结构与功能:探索设计;推与拉;结构与功能:人体;动物与遗传。

一年级　光线与声音;光线:观察太阳、月亮和星星;动物的适应性;动画故事。

二年级　物质科学:物性;物质科学:形式与功能;变化中的地球;网格与游戏。

三年级　静止与运动:飞行科学;静止与运动:力与反作用力;变化轨迹;编程模型。

四年级　能量:碰撞;能量:转换;输入/输出:计算系统;输入/输出:人类大脑。

五年级　机器人科学与自动化;机器人科学与自动化:挑战;传染的诊断;传染的模型与模拟。

这样,从幼儿园到高中完整的STEM课程体系得以建立。PLTW实施这些课程的方式是以项目为基础、以问题解决为基础,旨在培养动手做的课堂体验。我们可以想象一下在这样的实施方式下且课程极具跨学科综合性的情况下,培养出来的学生会是什么样的?

我们国内目前也有不少机构在这么做,但它们绝大多数都是商业性质的教育培训机构,而PLTW则是一个非营利性教育机构。结果是否会有所不同?

再举一例是美国托马斯·杰弗逊科技高中,这是一所排名靠前的美国百名高中,也是排名前五的 STEM 高中。这所高中尽管新生入学也测试学生的数学和语言推理能力,但重点不在于学生学会了什么,而在于学生如何运用所学知识和技能来解决现实世界中存在的问题。学校具有以培养探究能力为核心的教学目标;课程设置以科学技术为核心且具多层次和多类型,同时拥有广泛的 AP 课程;强调以问题解决为核心的教学模式,实施有针对性的教育教学方法——实践为本,知行合一。实验室研究和导师制成为学校的办学特色。

杰弗逊科技高中的所有选修课都是 STEM 的某一个科目,学生必须完成一系列标准严格的科学和技术课程方能毕业,包括四年的核心科学课程,至少一个高年级的研究项目,要求学生就自己感兴趣的一个专题开展原创性研究。

杰弗逊科技高中还开设专业程度更精更细的课程,如微生物学、纳米技术、可替代能源系统、神经科学电子学等。这些课程是学校在政府和企业家的合作伙伴把 STEM 领域最前沿的趋势、最迫切的需求等信息传达到教师那里后,学校通过斟酌、协商、审议后才决定开发的。学校校长伊万·格雷泽是这样评价其课程的:

> 科学定理、定律、概念是简洁的、单向度的,而真实情境是复杂的、多维度的,所以当把单向度的知识应用于多维度的情境中,学生们的思维路径就变得多元了。
>
> 当我们和外界连通时,数字化资源和前沿动态就会顺势涌入;当给学生设置的问题就存在于现实生活中时,抽象的科学知识就具备了丰沛的实际意义。这就是 STEM 课程既要上连数字技术,又要下达真实情境的原因所在。

美国在 STEM 教育,在科创教育上做的东西,是基础教育在今天乃至在未来一段时间中的基本走向,也是国际基础教育的一个发展态势。如果做比较的话,这恰恰也是我们今天中小学教育及基础教育课程改革中的一个短板。

今天第二部分内容围绕我们特别关注的核心素养问题。我们以往的学校教育或课程内容过于注重知识的传授。要改变这种现象，还要形成学生主动学习的态度。

21世纪我国基础教育课程改革的具体目标是：改变课程过于注重知识传授的倾向，强调形成积极主动的学习态度；改变课程结构过于强调学科本位、科目过多和缺乏整合的现状；改变课程内容"难、繁、偏、旧"和过于注重书本知识的现状，加强课程内容与学生生活以及现代社会和科技发展的联系；改变课程实施过于强调接受学习、死记硬背、机械训练的现状，倡导学生主动参与、乐于探究、勤于动手，培养学生搜集和处理信息的能力、获取新知识的能力、分析和解决问题的能力以及交流与合作的能力。

课程改革的目标非常明确、非常具体，但在实际的改革过程中还是困难重重。在教育理论界还曾出现关于应试教育和素质教育的争论，这表明在整个学术界要达成一定的共识还颇有难度。

因此说从应试教育到素质教育——今天不用这个词了，今天叫核心素养，这个讨论延续了很长时间，最后大家一致认为应注重创新精神和实践能力。从应试教育到素质教育，从实施素质教育到培养核心素养，这是我们走过的改革之路，很不容易。核心素养主要是指学生应具备的适应终身发展和社会发展需要的必备品格和关键能力，突出强调个人修养、社会关爱、家国情怀，更加注重自主发展、合作参与、创新实践，尤其注重创新精神和实践能力。

能够实现的话，这个目标非常好，但是目标和现实之间往往会有很大的距离，这是要狠下功夫的，仅仅从理论探讨是远远不够的。

经济合作与发展组织（OECD）对核心素养（key competence，直译应该为"核心能力"）做了如下一些解释：素养不只是知识与技能，它是在特定情境中，通过利用和调动心理社会资源（包括技能和态度），以满足复杂需要的一种能力；可持续发展和社会内聚依赖于全体人民的能力/素养——这些能力/素养可以理解为包括知识、技能、态度和价值观。OECD还认为核心素养需要满足的三个条件为：一是对社会和个体产生有价值的结果；二是帮助个体在多元化的情境中满足需要；三是不仅对学科专家重要，而且对所有人都重要。核心素养是信息时代和创新经济对育人目标的要求，是对教育总体目标的一种具体化。

进入 21 世纪以来，美国就出现了一场"21 世纪技能运动"（the 21st Century Skills Movement）。自 2002 年以来，美国"21 世纪技能伙伴"机构（www.21st-centuryskills.org）一直引领着要在美国"将 21 世纪技能渗透到教育"中去。该机构有近 40 家会员单位，其中不乏一些重要的企业或学术机构，如苹果公司、思科系统、戴尔公司、福特汽车基金会、微软公司、全美教育协会、全美中小学图书馆员协会、ASCD、美国教育网络、教育考试服务机构等。该机构提出了在我国颇有影响力的"21 世纪学习框架"（Framework for 21st Century Learning），并在 2009 年出版了《21 世纪技能：为我们生存的时代而学习》（中文版由天津社会科学院出版社出版于 2013 年）。该书开篇即指出，在美国、中国和世界其他一些国家，都存在着类似的一种现实尴尬：从专科学校和大学毕业的学生缺乏许多基本技能与应用技能，包括口头和书面表达能力、批判性思考和解决问题的能力、专业水准和职业道德、团队协作与配合能力等。

21 世纪学校框架提出了三大技能领域：一是学习与创新技能；二是生活与生涯技能；三是信息、媒体与技术技能。这三大类技能要通过学校的核心学科和 21 世纪主题来习得或形成。

核心学科主要包括英语、阅读或语言艺术、世界语言、艺术、数学、经济学、科学、地理、历史、政府和公民等学科。21 世纪的主题应该是跨学科的，要渗透进这些核心学科，主要包括：全球意识；金融的、经济的、工商的和企业家素养；公民素养；卫生（健康）素养；环保素养；等等。以卫生（健康）素养为例，旨在获取、解释和了解基本的健康信息与服务，并运用这类信息和服务以提高健康水平；了解预防性的物理的和精神的健康措施，包括合适的食物、营养、专门技术、风险避免和减压；运用可获得的信息来做出适当的与健康相关的决定；建立和监控个人的和家庭的健康目标；了解国家的和国际的公共健康和安全问题。

在三大技能领域方面，是否掌握学习和创新技能是区分是否为 21 世纪日渐复杂的生活和工作环境做好准备的关键，主要包括创造与创新能力、批判性思维与解决问题的能力以及沟通与合作的能力。信息、媒体和技术技能主要涉及信息素养、媒体素养和信息与通信技术（ICT）素养的形成，它们之所以重要是因为21世纪的人们实际上生活在一个技术和媒体驱动的环境中,每天接触到大量的信息,面临着技术工具的迅速变化。21世纪的生活和工作环境所要求的远不止于思维技能和内容知识,在全球竞争的信息时代中驾驭复杂生活的能力还必须包括生活和生涯技能,如灵活性和适应性、主动性和自主性、社会与跨文化交流技能、生产能力和问责(绩效)以及领导力和责任感。

美国ASCD于2010年出版了一本书,名为《如何在课堂中评估高阶思维技能》,该书的内容目录包括:评估高阶思维的一般原则;评估分析、评价和创造;评估逻辑和推理;评估判断;评估问题解决;评估创造力和创造性思维。

当把这些内容和我们今天谈的核心素养以及STEM联系起来,我们发现实际上它们之间有着很强的相关度,它们的关系是非常紧密的。弗里德曼的《世界是平的》这本书对我影响非常大,它在阐述什么是21世纪的必备知识时强调要学会如何学习,特别在今天这么一个知识经济时代,在这么一个技术迅速发展、知识不断扩大的时代,学会如何学习至关重要;强调要培养激情和好奇心,随着年龄的增长,激情和好奇心在消退,怎么去保持激情和好奇心至关重要。

现在大多数学生,一路过来就是学习。其实他们还必须使个体能够成功地融入社会。在不断变化的环境下,必须能够持续地更新自己的知识和技能,以便随时应对发展和变化。这或许就是核心素养最根本的东西。

今天是一个开放的世界,特别是做教育的,我们要认识到这一点。传统出版业几百年静态发展的轨迹已经得到改变,这就意味着我们传统的课堂教学必将发生变化。教育技术正强烈地变革着学习方式,速度不可预测,令人兴奋,且极具创造力和创新性。在今天技术如此迅猛发展的时候,怎么来理解,怎么来学习,怎么来应对,真的是非常大的话题。随着新技术延伸到课堂,学生不再是信息的被动接受者。

教育技术正在为学生创造出更为有效的学习环境,让他们理解学习与真实世界相互联系的方式,并提供给他们更为彻底的可以更加深入地进行学习的工具。可以说大数据改变的不仅是我们的生活和工作,还改变着我们的学习方式。比如我们今天用手机扫码购物,你的一言一行、一举一动都在某个平台上被人家分析。

"未来的学校将不会完全变成在线的学校,必须要有线下的物理空间,但学校的功能不一样了,不再只是接受内容的空间,学生可以在家里通过互动式的教学节目接受内容,学校变成社会性的场所,人们在未来学校里讨论学习中存在的一切疑惑和困难、分享学习带来的愉悦和享受。"这是《大数据时代》作者舍恩伯格心中的未来学校的蓝图。这些,在我翻译的舍恩伯格的《与大数据同行:学习和教育的未来》(华东师范大学出版社 2015 年版)一书中都可以读到。

这里再以我目前工作的上海纽约大学为例,来简要地看看创新人才的培养。

世界在快速变化,从基础教育阶段来说,我们应该让学生做好准备。我这里说的是"准备",他们毕业成长以后可能会从事目前还尚不存在的工种,使用目前还没有被发明出来的技术,解决我们从来没有想到过的问题。我们今天处在一个全球化的时代,一个信息化的时代,一个知识经济的时代。在这个时代中,培养的人所具有的素养、所具备的能力一定要有价值,人要不断地学会学习。学生是千差万别的,没有一种教育模式适应所有的学生。教育要提供更多的选择,才能让每个学生找到适合自己的学习模式和发展模式。

各个行业对人才的需要也是不同的,教育要有多样性才能满足经济社会发展的需求,才能满足人的发展需求,上海纽约大学在努力做到这一点。我们要培养具有全球视野的国际化人才,因为我们有近一半的学生来自世界各国。我们创新人才培养的着眼点在于:科学视野、好奇心;学习兴趣,主动学习方法;实践、探索、试错;批判性思维;人文素养;跨学科基础;全球视野;跨文化沟通交流和合作能力。我们旨在培养理解差异、异中求同的能力,促进多元文化融合的素养;在比较、思辨的基础上建构世界观的全球视野;培养积极的人生态度和价值取向。

学校强调主动学习模式,创设全英语教学环境,设置通识教育核心课程,倡导专业选择延后(一般在二年级下学期),夯实跨学科基础,注重在纽约大学全球教育体系中的流动。这些举措和软硬件环境,都给培养学生的创新素养和实践能力提供了条件。学校有一句非常著名的口号:让世界成为你的课堂。学校通过这样的方式培养创新人才,这在一定程度上和我们前面谈到的全球基础教育的全球趋势是相一致的。

当前,我们关注和探讨的每一个热点,都应该是立足于国内教育的需求,立足于国内教育所面临的短板和所需要的改革,但我们的视野又必须是向外的,必须是全球的。"立基点于本土,求视野于世界",这就是我从事教育研究的座右铭。以上就是从我所关注的 STEM 教育出发,试图契合"国际基础教育发展现状与趋势及与我国的比较"这一主题,也算是与大家做的一些沟通和交流。

(讲座时间:2019 年 5 月;成稿时间:2022 年 9 月)

作者简介

赵中建,华东师范大学教授、博士生导师,上海纽约大学文理学部副主任、上海市基础教育课程改革专家工作委员会委员。坚持"立基点于本土,求视野于世界"的研究原则,长期从事联合国教科文组织文献研究、国家创新政策比较研究、美国教育研究等,积极倡导应用现代管理思想以促进学校管理创新。策划出版"联合国教科文组织教育丛书",选编或翻译其中的若干著作;主编"美国基础教育改革丛书",在国内率先介绍中小学 STEM 教育,致力于"双创"研究。

上海基础教育的改革和发展

尹后庆

我今天向大家汇报的是上海基础教育的情况。对基础教育大家会有不少看法,而且每个人的看法差异很大。我以官方的一些想法和做法为主,给大家做一些介绍。我相信今天所有在座的各位,你们对教育有自己的看法,有不少看法差异会很大。这些问题都是可以讨论的,同时也因为视角不一样,信息也会很不对称,特别是教育的问题确实非常复杂,所以看法不一致是很正常的。

现在上海基础教育的人口有多少? 200 万人左右。这个数字每年是会有些变化的。各年级学生人数也是根据各年份生育的情况有些参差的。现在上海一年级的学生有十八九万人,其中不是上海户籍的有 40% 左右,这个比例看起来有些高,但是上海人口的年龄结构是很有问题的。2010 年第六次人口普查显示,上海 0—14 岁的人口只占 7.8%,全国是 18%,全世界是 23%。如果人口数量不变化,当 0—14 岁年龄段的孩子进入劳动力阶段,整个城市会是什么样的状态? 一定是有问题的。因此年轻的劳动力进入上海(学龄人口中包含一些父母亲户口虽在外地但在上海有稳定工作和居所的随迁子女,其实未来就是新生劳动力)是很正常、很需要的。前一段时间大家注意到网上有一些信息,武汉、天津在抢人才。当然有的政策出台,没有好好考虑清楚,整个操作性跟整个系统性都有些问题的。但是像这样的城市得到一批年轻的、高学历的人群,将来对城市的发展是有极大好处的。

我看到过一个数字,也跟领导反映过,每 10 万人口中的大学生数,上海居然低于天津,上海低于北京没有话说,上海还低于武汉和西安——这两座城市大学比较集中。低于天津恐怕有很大问题了。

上海有2400万人，基础教育人口200万人左右，如果加上大学生90万人，教育人口在所有居住人口中的比例是比较低的。我现在还有一个职务是国家督学，代表国家到各地检查教育工作。通常在河南和山东这些地方，教育人口占当地人口的六分之一到七分之一。东北三省现在是什么情况？因为年轻人都往外面跑，所以年轻人口比较少，学龄人口也相应减少，将来也许会有一些问题。

我把这个数字告诉大家，一是让大家了解教育事业的总规模，感觉一下教育对于城市的影响、与人口的关系；二是表达我个人的观点，过于收缩外来人口教育的机会，未来可能对城市是有负面影响的。

上海的基础教育是什么状况？上海的基础教育在全国领先，在世界上是有影响的，这个是肯定的。有件事情大家都知道，就是所谓的PISA测试。在2009年和2012年两次参加PISA测试的65个国家和地区中，上海阅读、数学、科学三门学科都是第一，那是很不容易的。当然作为上海的决策者，对这个问题应该有一个清醒的认识。

PISA测试的"第一"让我们找到了自身所处的历史方位。我们要有一个定位，历史的定位。上海的教育在全世界版图中应该有个清醒的定位，我们所处的位置是比较高的。当然65个国家和地区，很多是国家。比如印尼，亚洲的人口大国，有2亿人口。他们评价中心的领导跟我讲，你们是第一，我们是很靠后的；但是印尼有2亿人口，都是农村人口，而你们是一座城市。又如日本，日本是整个国家抽样的。上海是作为中国单个城市去参加PISA的，所以不能简单比排名。当然有一个国家即新加坡，它是一个城市国家，是很厉害的。新加坡2012年总的成绩低于我们，但是数学测试是很科学的，它把所有的学生分成六个等级，最高等级是第六级，最低是第一级。第六级最高的我们低于新加坡3个百分点，加上次高的第五级上海达到56%，又远远超过新加坡。

第一级水平的孩子，在所有65个国家和地区中上海是最少的。第一级有一个定义，即这些孩子踏上社会工作的时候需要进行补偿教育。上海第一级的孩子人数占比3.2%，所有参加国家和地区的平均值是23%。其中美国第一级人数占比达25%，高于平均值。所以美国教育部邓肯部长听到这个消息后，他认为上海的公立教育系统是成功的。

按规定测试抽样先要抽学校,上海15岁的孩子一半在初中,一半在高中。在初中的是城市与农村、公办与民办,上海的农村学校比较少。这样把不同类型学校比例划分好以后,先抽学校再抽学生,是统一用软件操作的。

高中比较复杂一点,有实验性示范性高中、民办高中、职业学校,15岁的孩子在高中阶段的有35%是在职业学校。所以按照这个比例抽下来是比较科学的。当然当时公布这个数字的时候,有人质疑上海,其一,他说你不是说2 400万人口吗?按照比例,15岁的孩子一般有20万—21万人,现在怎么只有10万人?还有10万人哪里去了?其二,中国好像有两个教育体系,一个是本地人的教育体系,一个是农民工的教育体系,农民工的教育体系测试了没有?

第一个问题用2010年国家统计局发布的数据来回答:上海0—14岁人口只占7.2%,那么15岁的孩子会突然冒出来跟全世界同样比例吗?肯定不会的。这只有10万人的问题解决了。第二个问题用学生户籍的地域性来回答:参加测试的学生有26%不是上海户籍。说两个教育体系,其实是指当年小学有农民工子女学校的,初中就没有农民工子女学校了,所有的孩子只要符合条件都进入公办教育体系了。26%不完全是农民工子女,还有引进人才子女。

还有一个数据也可以说明问题,上海初中升高中的时候,65%升入高中,35%升入职业学校。大家都知道,相对来讲普通高中的学生学业水平高一点,职业学校的学生学业水平低一点。录取的时候每年有一条普通高中录取线,这是保护职业学校的。15岁的孩子35%在职业高中里,我们也做了抽样,占总比例的22%。我们把中等职业学校22%学生的数学成绩单独拿出来,在65个国家和地区中排列比较,排在第12名,这可以说明职业学校的学生也是不差的。所以这些数据一算是没有问题的。

那我们当初为什么要去参加这个测试呢?我们要在世界的教育版图上去寻找、去认清自己的位置,去发现自己的优势和问题,然后更主动地发挥优势,更能针对自己的问题进行改革。

大家都知道基础教育有一个评价问题,我们不能把评价简单看作考试。单纯追求考试分数会给教育功能的整体实现带来很多的问题。这个评价是非常专业、非常复杂,当然也是非常重要的。OECD这个组织大家都知道是中等以上发达国家的俱乐部。其中有很多的专家认为,国家的教育很重要,一个国家15岁孩子的状况预示着国家和民族未来的命运,因此有必要通过科学的评价推动各国重视教育、改进教育政策。

上海以前没有参加这个测试,没参加以前第一名是芬兰。大家一定知道有很多因素是无法类比的。芬兰有520万人口,国家资源非常丰富,科技比较发达。当时我去诺基亚公司,诺基亚手机占了全球手机市场的24%。一个诺基亚可以养活所有的芬兰人。它是福利社会,国家公共服务非常完善。

我老想知道他们的老师是怎么培训的,但是他们居然没有教师培训制度。不过没有制度并不等于老师不学习,老师们是自己在自觉地学习,而且所有的老师都是高学历的。当地的教育部门跟我讲,老师是芬兰人群中的前10%,我们的老师在上海大概是人群中的前35%。我们前10%的人肯定是到投资银行去搞金融,恐怕这也是差距。

上海参加这个测试以后,居然把芬兰挤掉了,在世界上的影响也更大了。但是我们应该非常专业、非常客观、非常淡定地去看待名次。我很反对把名次挂在嘴上,上海教育的内在品质跟芬兰比距离还很大。

英国教育部副部长来的时候我在教委接待过。英国教育部多次到上海考察基础教育,在基础教育方面跟上海有非常密切的交流。来访者问上海的基础教育为什么好,我说中国的政府高度重视基础教育,重视教育的公平和优质。下面我分别阐述一下这些问题:一是上海的基础教育理念发生了什么变化;二是基础教育主要是义务教育的公平状况;三是基础教育的课程改革,课程改革决定了孩子们在学校学什么、怎样学,这是最重要、最核心的改革;四是数学教育问题;五是改革教育评价问题;六是教师队伍建设问题。

第一,上海的基础教育理念发生了什么变化?

社会上普遍存在的是把教育看得太功利,总认为教育是谋生的工具,总希望孩子升大学、挣大钱。升大学是靠分数,因此我们的基础教育就围着分数转。教育的根本是为了孩子的全面终身发展。教育理念的改变很不容易,因为所谓理念本身就是社会存在决定的,但是我们又一定要不断去扭转,让大家理解教育培养全人的功能和责任。

2010年我们搞了一个纲要,纲要中提出了一些理念,比如"教育要公平惠及所有的学生"。我们要提供更加平等、优质、多样的学习机会。首先要平等，但是平等不等于平庸。同时一定是多样化的。现在发展民办教育，大家有时候有一些争议，但总的感觉民办教育是提供多样化选择的，还是应该发展。

上海着眼于学生和社会的长远发展，注重培养学生的创新意识、创新精神、实践能力、终身学习能力，当初设计了这样的理念，我们也是按照这样的理念去努力的。

从2010年开始，我们承担国家综合改革实验任务，从国家的层面来讲希望上海能够搞出更多可复制、可推广的改革经验。国家把高考的改革放在上海，其他方面也希望我们能够推出很多经验。上海自己要建设全球有影响力的科创中心，对教育来讲是很重要的任务。

上海改革和发展的三个宗旨：公平、科学、优质。现在公平问题是最重要的。总的来讲，上海教育的目标应该是教好每一个学生，办好每一所学校。从2010年开始，我们增加了一点——成就每一位老师，教育还要成就老师，不能只是把老师作为工具，老师在教育过程中做出了奉献，同时也应该成就老师自己。

所谓公平应该是优质均衡，而不是平庸的均衡。不光是扩大优质教育资源，而且要重视教育的过程公平。在讨论的时候，有人提出教育起点公平、过程公平、结果公平，我们最后没有把结果公平写上去。你说结果公平能做到吗？显然结果公平很难衡量。

芬兰的教育有一个非常重要的特点，是根据学生的不同特点推送给其不同的教育资源。那么所谓过程公平是统一性的公平，还是个性化的公平？

科学就是坚持全面协调可持续发展，尊重教育客观规律。优质应该有一个全面的质量。教育评价要改革，要凸显教育对于人的全面发展的质量观。教育公平要从基础均衡走向优质均衡。

第二，基础教育主要是义务教育的公平状况。

上海从进入2010年以后，第一次PISA测试以后，我们自己有一个非常清醒的认识：上海已经拿了第一了，接下去的目标不是去拿第一，而是要在教育内涵上发展。当时我们非常清晰地提出这个意见，所以我们追求优质均衡。优质均衡的目标是什么？提升相对薄弱学校的办学水平，办好每所家门口的学校,促进每个学生的发展,让更多的学生接受更高质量的教育。

2010年以后,上海不断提高均衡水平:一是校舍建设标准。大家知道上海城区是很困难的,但要求新建的学校一定要达到标准。二是设施设备标准。现在学校的设施设备,各位如果到学校里面去就可以感觉到已经发生了很大的变化。孩子们家里的环境现在是不是发生了很大的变化?从80年代到90年代到现在,每个人家里都发生了很大的变化。我曾经管过校安工程,有的区里的学校没有把它搞好,我跑到学校去,说你这学校的校舍跟我60年代上学时的环境没有两样,只不过今天水泥地上涂了一点油漆,这有什么用?设施设备的标准要根据教育发展和时代发展的要求提升,这并不是追求豪华。其实有时候我们自己的眼界决定了设施设备的水平。三是信息化配置标准,四是教师基本配置要求,五是投入保障机制。上海的义务教育就是从这五个方面不断按照时代发展要求去建设、去提高。

这几年搞了学区化办学、集团化办学。校长在办学过程中是希望有交流的。在一个团队里、一个学区里有六七所学校,其中有的校长非常优秀,能够把他的经验、想法、做法告诉大家,有的学校特别有资源,有的学校不断有名人去做讲座,那么大家能不能开放一点,互通共用优势资源呢?校长之间其实是需要在专业上相互支撑的,集团化办学对于学校与学校之间充分应用社会资源办好学校还是有作用的。只不过有的地方光挂一块牌子,没有真正运作起来。

教委是有相关措施的,2014—2017年基本形成新的格局。在集团化方面,激发学校内生动力,首先是靠自己,不是靠别人;骨干教师轮训流动,优质课程共享共建。管理运行机制是用好的学校带动相对薄弱的学校。

从2011年开始,我们推出一条措施叫办好"新优质学校"。办好新优质学校的一个很重要的方式是提出新的教育理念,并把教育理念落实到学校里。其实想一想,学校是干什么的?我们评价一所学校,往往在所有的学校里进行比较,看它的得分。那么分数高的就是好学校吗?其实不是这样的,好学校是要让孩子成长为自信的人、在社会上有用的人,我们是从这个角度讲义务教育的学校应该回归教育本源,我们的教育是要让学生自主发展、健康发展、全面发展。因此,回归教育本源就是要关注每个学生,关注每个学生的差异发展。

现在有一个情况,公办、民办学校之间有矛盾,在上海民办中小学中,小学只占8%,初中大概占15%。上海公办系统走掉了8%的小学生、15%的初中生,剩下都是差生? 这个观念是有问题的。因此义务教育,新优质学校,首先是要树立正确的育人观念。在公办学校,所有的孩子,不管家庭出身,不管学习基础,不管个人喜好、个人兴趣如何,站在学校校长和老师面前,教育好他就是应尽的责任。要让学生按照国家的教育方针,按照学生发展的本来规律关注他们,支持他们的发展,让他们成人成才。当然,学生是有差异的。

然后是注重课程建设,要从学生发展的需求,建立丰富可选择的课程体系。有次我到宝山高境第三中学,这个学校的校长感觉到,如果搞分数,学生也不大有劲,有些家庭没有什么大的追求,对孩子没有更高的要求。所以搞了赛车模型。这样一弄,孩子们很有劲,全校的孩子都去参加赛车活动。然后在这个基础上又搞出很多科技活动。这个校长脑子很管用,他找到一个切入口,整个学校的学习成绩也提高了。总之,要立足学生发展需求,建立丰富可选择的课程体系,课堂教学中要根据学生发展需求,关注困难学生的成长。

为什么提出新优质学校? 有件事情当初对我刺激特别大,虹口区在柳营路有一个灯具市场,这个灯具市场里有一万多个外来工,都把小孩带来了,小孩都去边上的柳营路小学报名上学。大家都知道,一所小学里如果来了30%的外来工的小孩,有的本地小孩的家长就开始关注了。后来变成50%了,有些上海居民就把小孩转走了。增加到70%的时候,上海居民几乎都把小孩转走了。这是一所公办学校,学校的校长、教师是普通的校长和普通的教师,但是素质很高,不管孩子发生了什么变化,还是始终如一按照原来教育的底蕴来进行教育。这里面有非常动人的故事。有个老师面对孩子每天交来的油腻的作业本,说我给你买新的作业本,你不要再弄脏了。但是第二天交来的作业本又是脏的。老师就去家访,一到他家里傻了眼了,一间14平方米的屋子里,父母小孩睡在一起。有一张桌子,这张桌子父母亲早上做油饼,然后晚上孩子就在这上面做作业。于是老师想,孩子处在这样的环境里,学校可以考虑让他放学后在学校里做好作业再回家。

后来他们的德育课程用自己编写的教材——"81个好习惯"。点子哪里来的？他们就看这些小孩身上有哪些不良习惯，这些习惯怎么养成的，进而思考如何使其改变。两三年积累下来，总结出81个好习惯。为什么不是82个、85个呢？这是从实际出发的。教育就是育人的、改变人的，所以这样的教育是回归教育本源的。

当时，我们组织中央新闻单位、上海新闻单位，一共36个新闻机构对这所学校进行采访，有的听了这个情况掉下眼泪，后来《人民日报》登了他们的报道。这样的学校，不是从学生的分数，而是从学生的心灵和基础出发开展教育工作。在老师面前，不管你来自哪个地方，你的家庭背景和过往经历是怎么样的，就是按照育人的规律把你教育好。

闵行还有一所学校，班主任真的是做得非常出色，教育孩子要有孝心，要感恩父母。这个学校里也是50%—60%都是农民工子女。因为在上海的学校里，上海学生生活条件一般较好，农民工子女多会羡慕，觉得别人的父母怎么那么好，就看不起自己的父母。在让所有的孩子说一说自己的父母，然后说几句感恩的话时，班主任觉得有个孩子有问题，于是想解决这个孩子的思想问题。班主任知道他父母是卖鱼的，就自己拿了小型录像机到鱼摊上把他父母的情况拍下来，并让父亲对孩子说一句话。这位父亲说：我们到上海就是为了改变生活的状况，虽然我现在很苦，但是我希望我的女儿不要像我这样吃苦，希望你好好成长。班主任把视频给这个孩子看，孩子大哭。所以其实人的思想工作是需要一把钥匙开一把锁的，这位老师找到了解决这个孩子感恩父母的症结问题。这样的学校真的是突破了单一分数指标，是从学生的思想、从全面素质培养出发来教育学生。

一定要从理念到课程，到教学，到教师的行为，整个地从关注人的发展出发，关注人的思想内涵、修养、习惯。比如"81个好习惯"的案例，真的是从育人角度出发的教育，回归了教育的本源。这应该是上海的义务教育所应当提倡的一种理念、一种做法。我们要让教育回归本源，而不是脱离人的发展，追求人生以外的外在价值。现在教育的功利价值对整个教育的影响太大了。

从2007年开始，我们让城市的学校委托管理农村的学校。这项工作惠及10多万名学生。我相信上海学校与学校之间的差距，其他省市是不能比的，尤其城市和农村的差距，上海总体上还是比较小的。

上海现在每年80%以上新开办学校是在原来的郊区，这些新开办的学校超过50%是通过市中心区的优质资源带动起来的。最近大家看到一师附小在崇明办了新的学校，上海实验学校在崇明东滩办了一所实验学校。现在交大附中、复旦附中、上海中学、华师大二附中，除了原来的学校以外，都在郊区办了分校。

现在大家知道世界外国语学校是很热门的学校，但20世纪90年代的时候，它就是徐汇区的向阳小学王小平校长带了三个年轻的老师利用公建配套学校创办的一所民办学校。如果这所公建配套学校是新校舍，没有团队，就可能成为一所非常一般的学校。

这说明办学的团队非常重要，所以交大附中在嘉定，就是交大派出几个人，教师队伍由三方面组成。交大附中派出几个人。交大附中跟嘉定区申请几个编制，开校前两年就招来，放在交大附中教学，教了两年后新学校开办了就把人安排过去，所以这些老师不是全新的老师，而是在交大附中这样一所非常好的学校有工作经历的老师。这个措施是需要突破的，编委是有规定的，编制是要给到单位的。新的交大附中还没有成立起来，怎么给编制，这是一个问题。没有编制，财政就不给钱。当时嘉定区委书记希望做成这件事情，我说没有问题。编委提前两年拿出编制放在这个地方，反正编制拿出来，财政就给钱。

所以嘉定的交大附中现在成绩非常好。我当初跟他们讲，你嘉定交大附中的升学率跟本校一起算，分校不是靠挂一个牌子骗老百姓。现在嘉定交大附中非常好。其实这个措施，我相信是对未来，对整个上海的基础教育的版图布局是非常重要的。坚持免试入学，公民办同招，总体上都是为了公平。

第三，基础教育的课程改革。

上海改了30年，是从1988年开始的。1988年是什么情况？整个中国两亿名学生用一套教材，上海、西藏都是用同一套教材。我们感觉这套教材从理念、内容到教学方式，总体上都不符合改革开放后上海的需要。上海作为一个对外开放的城市，感觉这套教材是很落后的。因此当时的上海市委、市政府，以及市教育局的领导一起去找教育部，上海要带头进行课程与教学改革。

1988年开始进行了一次课改，到了1998年又进行了第二次课改。从全世界基础教育的角度来看，一般来讲十年要做一定的调整。特别是最近几年，因为技术发展确实非常快，对人的要求也有很大的变化。比如我退休后关注到世界各国的改革，关注到教育的变化，现在已经变成你无法用你的教材去教育培养孩子应对明天的世界。基础教育的教学，是要把所有学科中培养学生关键能力跟必备品格的内容提炼出来。有了必备品格跟关键能力，不管世界发生怎样的变化，都可以应对。

现在已经不是原来说的"学会数理化，走遍天下都不怕"的时代了，即使这些数理化知识你倒背如流，也不能应对当今的社会，一定要从知识提升到能力提升到素养提升，教育才算到位。从这个角度讲，课程是需要改革的，并不是说今天学什么内容，永远学这个内容。我们今天学的内容是工业化时代形成的。

大家知道上海近代中学课程计划最早是哪所学校的？上海格致中学。在辛亥革命以前的二三十年，整个中国接受了西方的技术。格致中学是官办的学校，因为政府支持搞了江南制造局，学习西方造船技术一定要有技校。江南制造局的技校是最早的技校。然后他们又感觉技校不足以支撑近代的造船工业，一定要引进西方完整的科学教育课程体系来培养人才，因此办了格致中学并请了外国人做校长，整套引进西方教育。

西方的科学教育课程作为教育体系快两百年了，我们今天从工业社会走向后工业社会，基础教育的课程体系要不要改革呢？对此争论很大，很多人认为基础还应该是这个基础，但是其实这个基础观是应该发生变化的。也许今天仍然需要学物理、化学、生物、地理，但是学这些东西不是简单知识的记忆，知识的解释性意义现在网上一查就知道了，关键在于通过知识的学习形成面对当今社会的必备品格和关键能力。比如人的学习能力，它是人未来发展很重要的一种能力。

学习能力怎么形成？是在学习过程中形成的。那么今天的基础教育课堂，是该死记硬背，对付考试，拿高分，还是应通过学习过程让学生学会学习？这是很重要的改革，课程改革是紧紧跟随整个时代发展来推进的。两次课改中有很多的指导思想，立足于国家战略，立足于上海实际，推进综合改革与重点领域相结合。我们现在强调顶层设计,还必须同时强调基层改革。

比如一期课改的时候,进入课程方案的很多东西是上海大同中学提出来的,是他们先实践的。原来没有选修课,所有的孩子都学同样的东西,大同中学是带头搞选修课的。原来所有的课程都是老师讲学生听,大同中学搞了一种活动课程。现在整个世界基础教育的学习方式有非常多的变化,如问题化学习、项目化学习。学习已经不是系统知识的记诵,而是把一个项目拿进来,围绕项目,围绕问题的解决,涉及的相关知识需要理解,然后来解决问题。

当然这种学习和系统知识学习是要相辅相成的,这毕竟是一种新的学习方式。很多学习方式、很多课程形态是在基层的创造中搞出来的。比如原来是唱歌课,你到教室里面老师教你唱歌。当时一师附小老师提出叫"唱游课",是唱歌与游戏活动的排列组合,整个形态发生了变化。其实唱歌课不能只关注唱歌的技能技巧,而是通过音乐课的学习,提升学生对音乐文化的理解、对音乐的感悟与表现能力。教育就应该通过艺术教育提升学生的文化理解力,提升学生对音乐艺术的感悟,通过参与艺术活动,提升表现能力等。所以,整个课程的功能、内容,以及课程的组织方式、学生的学习方式都需要改。因此两期课改关注了课程的丰富性,关注了教学实践的多样性。而且在整个课程建设中,让学校从实际情况出发,围绕这些改革进行转型。所以两期课改对上海教育品质的提升,对上海校长、教师驾驭课程实施的能力提升,起了非常大的作用。

我曾到复旦附中去督导,发现它的图书馆是上海中学里最好的图书馆,复旦附中图书馆馆长是上海中学里最优秀的馆长。后来《上海教育》杂志听到这个话就去了解,了解了以后,杂志每年民间评教育年度人物,把复旦附中图书馆馆长评为当年上海教育的年度人物。后来这位馆长退休了,回到苏州去,有一次来找我,说必须见我一下。原来是她把她的经历告诉女儿,女儿跟她说人家表扬了你,你都没有感谢人家一句,所以她是专门来感谢我的。她向我介绍自己主要做了三件事:

第一件事是向学生推荐好书。这些书都是她自己去挑选的,上级推荐的书她都不要。她每周向学生推荐几本新书、好书,很多学生是根据她的推荐来借书的。

第二件事是分析学生的阅读倾向。当时还不像今天有大数据,她都是用纸笔记录的,分析学生近期借哪一类书,哪几本书学生非常喜欢。很重要的一条是她把来借书的同学中特别有个性特征的情况汇报给校长。

第三件事是组织讲座。复旦有很多专家,每个礼拜四下午她都请专家来图书馆作讲座。讲座起先是一两百人听,后来到礼堂举办,几百个学生听。讲座成为复旦附中校园生活中很重要的内容。

有个学生到图书馆借了一本书,这本书从来没有人借过,是德语版的歌德的《十四行诗》。她就去问这个学生:你会德语,是为自己借的,还是为别人借的?这个学生英语成绩很好,德语也好,喜欢欧美文学。一个有特长的学生就这样被发现了,后来曹校长把他推荐给复旦大学的西方文学专业。这位馆长还跟我说,复旦附中也有人逃课的,但是逃到图书馆。她一看角落有个孩子,就问他在看什么书,喜欢什么书,想给他推荐几本。有个性的学生就这样被发现了。我后来问她是什么专业毕业的,她说是北大图书馆专业。这真是一个人才。像这样的老师,我就把她推出来。其实在课程改革中,把类似例子告诉校长、老师,是希望大家知道今天孩子的学习是多样化、个性化的。就像复旦附中这样的学校,真的是应该关注学生的个性发展。

这样的课改,为 20 世纪 90 年代以后上海的发展提供了人才支撑。现在是什么情况?上海从二期课改开始做了一件事情,即加强外语教育。当时市领导根据上海城市面向世界发展的需要,提出要办双语学校,要用外语来教数理化,发改委发了一个文件,全上海办 180 所双语学校。这个文件到教委,当时我是处长,我跟领导说,这个文件要执行的,但是我们能不能改成办好双语学校、加强外语教育。双语学校肯定办不到当初教会学校那样的水平。

加强外语教育有什么措施?从一年级开始学。当时我们问了很多心理学家、语言学家,了解到学语言的最佳时期是一、二年级。但是这种学外语,不是像今天家长把孩子弄到补习班学习,而是在真实的语言环境里学习。

一年级开始学外语,用我们自己编的外语教材是不行的。怎么办?引进牛津教材。有人说牛津教材是殖民主义的,这个帽子大了,我们不敢。教育部有的领导很支持,我们还是把牛津教材弄过来了。牛津教材的语言学习方法是提倡实用的,在语言运用中学语言,无非是把外国的情景改成中国的情景。

虽然最初用牛津教材很多老师不适应,但是慢慢有一批老师适应了。很多学校用经过改编的牛津教材,孩子很喜欢,语言能力提升很快,但是对付考试不行,对付考试还是要用中国人编的英语教材。但是中国人编的英语教材有它的问题。有一次上海跟澳大利亚交流,我们派五位中文教师去教中文,他们派五位英语教师来教英语。他们回去的时候我们请吃饭,这些老师很认真,说把我们的英语考卷拿回去让澳大利亚的学生做,竟然都不及格。说我们的语言教学是哑巴英语,讲语言知识,讲语法,不重实用,学生只会看,不会说,现实情景中很多问题解决不了,我们说英语让人家感觉在读文章。所以引进教材和改变教法是对的,后来也是有一定效果的。

上海的课程改革是有效果的,有时候所谓效果大家看不见。比如,上海的学前教育绝对是世界上最好的。上海的学前教育真的很酷,国际学前教育学会是在上海开会的,来了1 000多个外国人,我们开放80多所幼儿园给他们参观,有一些国外的学前教育专家,他们原来是想来传经送宝的,到这里一看一交流,没话说了。但是,上海"携程"事件一出,给上海的学前教育抹黑了。

其实课改确实为国家和上海的人才培养做了很多事,起了很多未来才能认识到的作用。

课改始终紧扣社会需求,以提高学生素质为核心。一期课改提出提高学生素质的目标,二期课改提出以学生发展为本。一期课改的时候没法提出以学生发展为本,当时没有这个条件,以人为本是进入21世纪后搞科学发展观的时候提出来的。对于以学生发展为本,当时也争论了很长时间,最初提的是以学生为本,后来加了两个字——发展。加两个字的解释是,学生的发展既是本人的发展,又是社会需要引导他发展,这样就圆过来了。

一期课改的时候没有选修课,我们之所以开出必修课和选修课,是因为从学习要求的角度看,选修课兼顾了学生多样性的发展,另外从课程的形态看,一个是学科课程,一个是活动类课程,相辅相成。到了二期课改,课程形态更加复杂了,除了分为必修课与选修课,还分为学术类课程和实践类课程。

这背后是有理论依据的。人的学习肯定是两个方面的：一是直接经验的学习；二是间接经验的学习。教材里的知识是间接经验，是前人的经验，学生自己一定要在实践中学习。因此从形态上分成三类课程：一是基础性课程；二是拓展性课程，主要是在学生掌握基础的前提下，根据每个人的需求进行拓展；三是项目学习，通过研究真实生活中的问题来展开学习。这样的整体课程设计，这样的结构，能够保证今天的学生走出学校以后，和过去光是学习知识的学生有一些区别。

中间有课时比例调整，12年整体设计，整个的政策与结构有了很大的调整。这我就不具体多讲了，总之是从整体持续探索学科课程改革，提升学科课程前瞻性和可操作性。什么意思？我们在制定课程标准与搞教材建设的同时，按照课程标准与教材对教师的教学进行引导，然后开展质量评价，从多个方面共同推动整个课程的实施。学科课程中存在什么问题，发展前沿是什么，我们都按照这些要求去确定学科课程的改革任务。从课程标准、教材、教学、评价一体化思考，推动学科课程的改革。在教学实践中，我们根据学生的发展需求完善学习方式，主要是丰富学生的学习经历。

PISA测试以后，上海的教育在世界上影响大了，所以经常有各国的教育部部长，包括当时奥巴马总统的教育顾问，他带了30多个人的代表团来上海，了解上海教育的奥秘。美国教育的不公平问题是比较突出的。

当时这个团里有一个教育部的副部长，她问我上海为什么能够达到今天的成绩。我跟她说第一个原因是中国政府重视教育，要不然我们的发展不会到今天这样的程度。第二个原因是课程改革。第三个原因是中国基础教育有教研制度。她问什么是教研制度，我想这个怎么跟她讲明白呢？后来我说作为一个教师，面对教室里40个孩子，就是老师跟孩子互动，国家的课程到了老师手里，就看老师的水平了。老师怎么理解，用什么方法去教学，决定了40个孩子的教学质量。

教学，大家认为是一个黑箱，怎么把这个黑箱打开？我是督学，到学校里要了解老师教学的情况，我会去看老师的现场教学。然而美国老师的教学你不能去看，这是他个人的行为，如果老师在上课，有人检查其上课质量，老师要罢课的。你要听老师的课，半年以前就要通知他可能去观摩，他得准备，你不能随便去的。

针对这个问题,我们这边是有办法解决的。我就是让做同样工作的老师建立一个团队,互相进行切磋研究,研究解决教学中的问题,如果教学的指导思想变了,那么自上而下就会有东西下来,在教研中学习,对问题进行个性化研究。现在这个教研制度,全世界都受影响了。为什么?弗里德曼,《世界是平的》的作者,他是《纽约时报》的专栏记者,有一次他到云南参加慈善活动。他说要在上海待三天,到了上海以后,他说要看上海的学校,上海的同志就推荐给他上海中学、上海实验学校,都是比较好的。他说不去,他要到最普通的学校去。因为他是住在徐家汇那边,就找到了闵行区跟徐汇区交界的地方,有一个叫蔷薇小学的,设施是20世纪90年代的,就是小区里面的学校。这所学校现在还有约40%的农民工子女。

他去了以后不找校长,先去跟老师和学生交谈,然后才跟校长交谈。学校安排一位英语老师陪他,晚上他跑到宾馆里就写文章,当晚发到《纽约时报》,第二天就登了。他说发现了上海教育的"奥秘"。教师70%的时间在上课,30%的时间在学习。他说老师是需要学习的。这30%的学习是两种学习:一种是老师需要到教育学院、大学去学习;一种是学校里针对教学中的问题进行研究学习。

他说这个学校里接待他的是34岁的英语老师,这位英语老师告诉他一周是怎么工作、怎么学习的。这样一讲,就讲出了上海的教师培训制度和上海的教研制度。在教研制度下,过去一段时间里,大家围绕着教育改革做了非常多的工作。教研员慢慢从个人和权威成为合作共同体,研究的起点是理论验证式的教学研究,现在转向问题导向式的研究。而这种教研的变化,推动了一线教学质量的提高。

我要特地说一下教研,它不仅是自上而下的。课程改革和教研是以校为本的,鼓励学校创造,提升学校的课程领导力。原来学校的课程都是国家统一规定的,学校就负责教学。原来教学是一节一节课上,我们研究的是教材与教法,现在研究的是课程,课程是为学生服务的,要用课程整体安排去实现培养目标。这是境界的提升,所以课改通过教研制度的完善,能够提高学校内在的质量。

我今天为什么要花时间讲这个东西,其实上海的教育从进入21世纪开始,重心就不是在建设学校、争取经费,而是要改变人的思想,改变人的行为。

这都是一些改革的方面。学校里教研和教学实践,围绕学习方式的转型开展行动研究与实践,这个是比较难的。要建设一个以学生为主体的教学体系,让学生不是只坐在教室里听老师讲,一定要转变学习方式。这种学习方式以自主学习为切入点,通过信息技术推动,丰富学生的学习经历,老师成为学生学习的指导者、引路人,同时以学校特色课程和活动为载体,推动学校课程体系的结构化改造。

上海有一批学校,在这些方面是做得非常精致的,所以二期课改持续时间长。二期课改是1998年开始的,当时是知识经济初见端倪,国际竞争日趋激烈,科学技术突飞猛进。我现在回顾一下,二期课改最重要的可能是我们关注的几个问题,其中一个是外语问题。当时影响是非常大的,其实外语问题现在仍然存在。最近我看网上有一篇文章讲中美贸易,有位学者认为我们对美国信息的解读还是有点问题,而这些问题跟我们整体的外语水平有关,他举了很多的例子。

现在国际组织中中国人还是比较少的,其中外语就是一个问题。1998年的时候应对知识经济兴起,推出项目化学习、研究性学习,这是把学科综合化。因为生活中的问题或者社会上的问题,或者大自然中的问题,肯定不会局限在某一学科里。学生从学科中学到的知识,一定要在解决问题的过程中灵活地综合应用,形成自己的能力。这种研究能力,发现问题、探究问题,用证据来说明结论、来假设推论等能力,都必须在探究性的学习中获得。所以1998年的时候我们提出课程中要有研究性的学习。在这些方面,我们要让理念能够继续落地。

第四,数学教育问题。

大家看到消息,英国人引进中国的数学教材还有复习资料。其实我感觉引进复习资料是很糟糕的事情,干吗引进复习资料?可能有些人跟英国人忽悠,说学生不光是学教材,还要做题目。我很反对简单、片面地用这种复习题。你数学好,根本不用做这些题目,你做几道难题就行了;你不好,才要从基础做起。统一的题目肯定是有问题的,是加重负担的,不是个性化的。而且我感觉老师应该有命题能力,对不同的孩子推送不同的题目,去巩固他的学习基础,去提升他的解题能力,通过批改题目分析孩子学习中的问题。如果老师没有命题能力,没有对作业的分析能力,那教学是有问题的。

所以我非常反对"一课一练",当然也可以推荐给老师,但是老师要分析以后再布置给学生做。

英国和上海有一个协议,第一次来的时候提出上海派60个数学老师去任教,英国派60个老师到上海来。现在这个项目已经进行三轮了,没有60个,也有40个。一来一去,他们感觉上海的数学有特点。

全世界都在研究上海的数学,我们自己的研究还不够。归纳一下,可能有这样两点:一是把数学教学定义为数学活动的教育。这个数学一定是抽象的,数学是抽象、推理、应用三段。我们原来的内容是中段的。我们在数学教学中提出数学建模,这种建模的思想就是从具象到抽象。因此强调数学的抽象和应用是改革的重要趋向,整个数学教学讲了基本原则和四个改革要点,这些要点渗透在我们的教材里。二是重视数学与现实生活的联系。加强课程的主干,最基本的数学知识相对集中、相互联系,不能碎片化,要有一个结构。拓宽创造性学习的课程渠道,就是在活动中应用学习,增加课程的可选择性。有的孩子数学学到这个程度就可以了,有的可以往上走。

我们高考取消文理分科,其实文理分科主要是在高中的教学里,每个孩子都要有人文知识,也都要有科学知识。这是通过高中的课程标准去落实的。结果讨论的时候没弄明白,文件里把取消文理分科,写成数学不分文理卷,其实数学的分层完全是合理的。文理是否分科不是针对高考时候的数学是否分卷,而是高中教学面对考试时,考文科的忽视科学,考理科的忽视人文。所以我们要通过高中的课程计划落实不分文理科,实现科学和人文的整体均衡,但是数学应该分程度。现在命题的数学老师水平很高,一张卷子既要照顾到理工科学生的录取,又要照顾到文科学生的录取。出卷还是次要的,关键是有相当一部分高中学生,如果用理科数学的要求去要求他,高中三年他将苦不堪言。但是如果完全按照标准,那北大清华说招不到学生。其实教育一定是分层的,特别是在今天高中普及的时代。我讲高中学生92%考上大学,应该是分层的。

整个数学教学中,对数学基本概念、基本技能的多角度理解及比较,数学问题解决的层次性推进,这些都在整个课程教材里体现,所以这样的教材大家认为比较好。这也是上海的一种创造。通过这些做法,学生持续学习和解决问题的能力有所提高。但PISA测试给了上海一个结论,即上海

60%的学生有数学焦虑现象。这也是现实。数学成绩好吗？好的。但是60%的学生有数学焦虑现象。所以我们自己一定要有清醒的认识。

其实很重要的还是教学中的分层。还是以国际数学教育的现代要素为例。比如协调群体学习与个别学习，强调学习途径的多样化，还有在学生独立学习基础上教师的帮助式教学。1990—2007年，上海青浦每年对八年级学生进行测试，按照能力目标来分析，发现学生的水准大幅度提高，常规应用水平的目标已经基本达成；但是探究性的水平，也就是分析解决问题的能力不足。这个研究还是很有价值的。

我跟大家举一个例子，以说明数学教学为什么要强调情景化。我到美国哈佛大学的教育学院开过一个会，这个会是中美两国教育厅厅长的交流会。教育分团里包括高等教育和基础教育的人，基础教育的人为各省派厅长，中国派了15个厅长。

会议期间我去参观了哈佛大学附近的一所小学。我听了一堂数学课。我真的感觉到他们有他们的优势，我们有我们的优势。很大的一个教室，一共二十八九个孩子，六七个孩子一个组，其余孩子一个组，由两个老师分别教学。这一定是教学程度不一，分组有所兼顾吧。但是我发现有一个非常胖的小女孩，在两个组之间游走，两个老师都不管。学生进来也好，不进来也好，老师不管。教室边上是落地窗帘，窗帘外还有一个沙发区域。风一吹把窗帘吹开来，我看沙发上还睡着两个孩子，没有人管。

但这个数学课很有意义，完全是现实情景和数学结合的，四个任务贯穿一堂课。第一个任务：你知道波士顿有多少家慈善机构吗？有的孩子知道，有的当然不知道。老师告诉他们波士顿有40多家慈善机构。那这40多家慈善机构干什么呢？有的是拯救动物的，有的是保护环境的，有的是关爱老人的，有的是帮助穷人的。德育就渗透在这里面。

第二个任务：给你一万美金，请你分给刚才讲的慈善机构，分给谁、分几家、每人分多少你自己定。当然讨论的时候还要说说为什么。整个过程中有数学，有生活，有社会。

第三个任务：做一个账单，收入多少、支出多少，这是一个数学任务。

第四个任务：根据支出的项目学开支票。

英国人说中国的老师，用中国的话来讲是有问题你留下，我给你补课，你作业拿来我批，你昨天作业做了没有？英国 BBC 专门拍了一部片子，每个礼拜放一部，为拍片子在中国找了五个老师，在江苏和浙江找的。去了以后一定要按照中国的方式进行数学教育。中国的方式是严格，老师板着脸训孩子。然后又找了英国的学校，用英国的方式进行教学教育。英国的方式是老师只管自己讲，也不批改作业，也不盯。三部片子，第一部片子是铺垫，第二部片子是过程，第三部片子是五个月以后考试，结果中国学生成绩好。这样的对比下，英国比较关注中国的教育。其实在中国的教育中，我们比较严谨，我们教师比较认真。但是我们也有问题，比如我们的数学，我到学校里听课，听了二年级的数学课，口算的速度我都反应不过来。

还有一个问题，高层次思维，PISA 测试对学生的数学成绩有一个评价的框架，按照框架命题，一个题目是考框架里面哪一个问题，分析得非常清楚。我们是考分第一，我们最高层次的第六等级的学生和第五等级的学生加在一起，占 56%，比例非常高。但是我仔细去看这个结果，第六等级的学生，我们比新加坡少 3 个百分点。我们还是要研究这些问题。

英国有专家分析了我们的教材，认为上海小学的数学老师比美国和英国小学的数学老师对初等数学有更加深刻多角度的理解，上海数学教育的奥秘是有层次地推进。数学课程以问题解决为导向，而不是集中于事实和程序的掌握。辨识教学、辨识训练，可能是中国数学老师优于西方的关键之处。现在全世界对数学教学的关注超出了我们的预料。

第五，改革教育评价问题。

我们一定要关注人的发展，不能只看分数。要通过评价去推动人的发展，推动课程教学。因此我们要做的是课程、教材、教学、评价一体化。人的发展与培养目标，同课程教学评价形成统一与联动。我们的高考改革，其实面临的就是这样的问题。

刚才休息的时候我跟有的同志也说，高考改革很难。上海在 21 世纪初开始的自主招生改革其实非常好，但是在全国没有办法做。上海的复旦、交大，后来九所有自主招生权的学校，在上海的自主招生改革中没有出现过一件举报。当时讨论高考改革的时候，我非常主张大学分层，那些重要的大学、学术性很强的国家队，完全可以自主招生。

现在还是主要靠分数。其实我们当初讨论的一个方案是这样的，因为大学已经普及了,所有的大学按照专业提出各专业大类对高中学生进门的学科组合与水平要求。两个概念,一个学科组合,一个水平要求。比如北京大学物理系,除了语数外以外,提出来还要什么学科组合,然后要提出这个学科组合的水平要求。如上北大物理系物理必须是 A,但是进上师大物理系,物理 B 以上就行了。可是这个太复杂,老百姓看不懂,就要简单,高一分就进去了,低一分就出去了。在今天高中高度普及、大学高度普及的情况下,按总分录取是一件非常不理想的事情。仅用分数的线性排序来决定一个人的褒贬很不科学,但是没有办法。

其实人是多样化的,我曾经举过一个例子,我所受的中学教育是不健全的,五年级就碰上"文化大革命"了,然后到中学里没学什么东西就上山下乡了。中学我还算能写写东西,所以老师很喜欢。班级里有一个非常调皮捣蛋的孩子,后来毕业分配的时候,因为他的姐姐在外面插队,老师把他分配到上海铜带厂的一个高温车间。分进去以后,老师傅跟他说你跟着我学怎么车零件,他弄出来一个零件,做得比师傅还好。我会舞文弄墨,但我能说我一定比他好吗?这个零件我永远做不出来的呀!

其实人的智能类别及其价值是不一样的。如果不同的价值能够得到不同的评价,然后推广到学校教育里,不同部门、不同行业的人才链就可以形成了。我们是出于这样的想法架构高校制度改革的。但是现在还是靠总分录取,把那些有特长的学生的特长遮蔽掉了。现在上海比较好的就是春季高考里有应用型大学本科的,其实不一定要很高的分数,如果学校能够补充一些考核的办法,能够对学生进行面试,不一定按照总分录取,这对一部分人才的成长是有好处的。

招生考试制度的评价,目的是把不同人的特点评价出来。而现在整个教育评价是以高考、中考为龙头,层层相连,环环相扣的。因此我们要改。怎么改?不仅要促进学生全面有个性地发展,而且要让学生、家长、教师有获得感,从学校到区域要整体设计。因此我们从 2010 年开始改革,现在高考改革对高中教育还是有拉动的。"3+3",孩子可以在六门功课里选三门,这样就有选择了。

PISA 测试给我们一些启发,我们要关注非连续文本的阅读。PISA 测试有一个阅读,我们成绩是第一,但是里面有几个地方成绩很差,就是非连续文本的阅读。非连续文本指的是图表、账单,我们学生的阅读水平低于OECD的平均值。

高中学生现在有一个综合素质评价,有四个板块——品德与发展,公民素养,休息课程与学业成绩,身心健康与科学素养,已经实施了。但是这在高考中很难用,现在只在自主招生中使用。自主招生什么地方用?复旦、交大的自主招生,60%是高考成绩,30%是面试成绩,在面试成绩里考察上述方面,10%是学业水平考试成绩。我们认为30%的比例低了,感觉将来比例还可以再大一点。学生综合素质的评价,关键是采用记录的方式,确保真实性。

义务教育阶段,应当重点关注以下十个方面:学业水平指数;学生学习动力指数;学习负担指数,即便学业水平再高,但若学生负担指数很高,还是不能表扬,并且还要分析问题所在;教师教学方式;师生关系;校长课程领导力;社会经济背景;学生品德行为;学生体质健康;学校进步指数。这十个方面可以形成一个雷达图,我们都能看得清楚明白,比较几个年度可以看出哪些有进步,哪些有退步。当然,关键是要通过评价认识到问题,然后加以改进,而不是追求最后的分数。

这个事情好像有点进步,对推动学生学习状况、教育管理模式的改变有助益。我们原来就是看分数的,教育局也是看学校的分数。我们希望将来能够引导社会价值观念的转变,能够催生出系列的改革。这是通过评价撬动基础教育的改革,很不容易。

这个评价里,我们现在推的是关于小学教学的评价。我们的假设是,小学一年级的孩子,系统性的知识从来没有学习过,幼儿园小朋友的学习是具象的,进了小学以后要变成抽象的。我们尝试让幼儿园的小朋友进行抽象的学习,进行相关测试。这些测试能不能体现学生学习的规律,科学地评价学生?能不能降低学生的学习负担?——现在社会上普遍反映学习负担比较重。这需要实践也需要大的社会环境的配合和支持。大家都对教育有很多现实的感受,我只能说我们在想什么、怎么做,然后大家来评价。教育是一个很大的系统,上面的领导有自己的想法,最后还要落实到每一个老师的行为,而行为是很难改变的。

第六,教师队伍建设问题。

专业教师队伍是基础教育的关键力量。现在不仅评价学生,还评价老师。国际上评价老师的 11 个指标,我们好像是处于领先地位的。我们在改变,从注重分数转变为注重学生发展,从注重老师怎么教好转变为怎么使学生学好——现在关键是要推动学生主动去学,而不是老师去教,从注重教师单一传授知识课堂能力转变为提高教师整体把握教学的实践能力为主的专业境界、专业能力、专业知识——这是现在正在做的,也是未来需要做的。

教师培训制度,上海做得是比较早的。上海最早推出教师培训制度是 1989 年,当时上海市人民政府发布了《上海中小学教师进修规定》,规定每个老师每五年必须接受 240 个学时的进修,才有可能晋升职称。五年前教育部下了一个文,每个老师每五年必须接受 360 个学时的进修。全国有 1 400 万名中小幼的老师,每个老师每五年 360 个学时,培训老师哪里来?无论如何,这个制度总算建立起来了。

我前面讲了 PISA 测试所带来的对上海教育的关注,其中教师培训制度是一个很重要的方面。这个测试中有很多的指标,比如教师在过去一年参与各类专业发展的比例,我们都比人家多。但是在商业机构、社会机构培训的教师比较少,都是在教育机构和学校里培训。教师一年中参与各类专业发展持续的天数,我们远远超过平均数,达到 62.6 天。总之,教师培训制度推动了整个教师队伍的专业发展。

上海几乎所有的学校都在向入职教师提供培训。在国外,新加坡是 100%,英国培训的比例也是比较高的。

我把上海基础教育的概况给大家做了汇报,我感觉到我们整个社会尊重老师、支持教育是非常重要的。当然,我们的教育还有非常多需要改进的地方。

(讲座时间:2019 年 11 月;成稿时间:2022 年 9 月)

作者简介

尹后庆,中国教育学会副会长、上海市教育学会会长。历任上海市教育局普教处副处长,上海市教育局办公室副主任、主任,上海市教委基础教育办公室主任,上海市人民政府教育督导室常务副主任,上海市教委督导办主任,上海市浦东新区社会发展局局长,上海市教委副主任、巡视员。曾参与或主持多项上海基础教育重大改革方案和政策的制订,包括浦东新区城郊两元并轨,浦东新区管、办、评联动机制建设,以及上海进城务工人员随迁子女教育政策体系设计、上海学前教育公共服务体系建设、上海市城乡基础教育一体化建设、上海中小学课程改革等。

现代社会调研方法和趋势

袁　浩

今天我是想跟大家一起来讨论一下现在的社会调研方法和趋势。我们都知道现在是一个大调研的时代，但是在大调研过程中其实也涉及一些新的技术和新的发展思路。在讨论社会调研之前，我想跟大家交流一下目前社会上的一些热点问题。

比如最近很多人都在讨论这么一个问题，就是上海和深圳之间出现了很多的争议。特别是2017年很多统计数据出来之后，人们发现了一个问题，就是上海在人均GDP方面跟深圳有非常明显的差距。这个在知乎上面，在微博上面，前段时间有非常多的讨论。

GDP总量，上海是3万亿元，深圳是2万亿元；而人均GDP，深圳出奇地高。上海的人均GDP排名只能排到全国第十七位，深圳一下子排到第二位去了。第一位是鄂尔多斯，这是个典型的资源型城市。

深圳没有资源，怎么回事呢？我们思考的是什么？就是这个统计数据并没有说谎。我想在座各位都是在各个行业长期做领导的，其实都非常清楚，若论城市实力，可以说在有些方面深圳排在上海前头，但是不可能人均GDP上面会出现这么大的差距。

这背后就是我们说的，光看统计数据，其实会给我们一些错误的信息。这里面稍微深入仔细看就会发现，其实关键不在于人均GDP的高低，或者GDP总量的高低，而在于算人均GDP时的分母不对。

深圳的统计数据中，常住人口是1 200万人，但是户籍人口不管，劳动人口900多万人，最神奇的是农业人口只有1 100个人。上海现在还有30万个农民。而深圳的一、二、三产业人口中，第二产业有400多万人，第三产业也有500多万人，两者加起来有900多万人。这就是说，1 190万人的常住人口里有900多万人是劳动人口,还不算处于劳动年龄的失业人口。

深圳的统计中,常住人口是有很大水分的。上海同样是2400万人口,劳动人口是多少? 我想很多领导都非常熟悉这个数字,上海的劳动人口只有1300万人。这样一算,实际上上海和深圳的人均GDP没有那么大的差距。

除了这个之外,如果再仔细看,从其他的地方了解,通过网上的信息再来考虑,比如2016年,深圳说自己有2000万人,这跟统计局的1190万人差了810万人。实际上是什么? 就是在深圳工作生活的大概有2000万人,但是真正进入深圳统计局统计范围的只有1190万人。

那劳动人口900多万人的统计数据是怎么来的? 是交社保的数据。实际上有大概1000万人是没有交社保的,或者社保交到了其他的城市,他们只是在深圳工作。这样我们就知道了,深圳的2万亿元的GDP是2000万人的常住人口创造出来的。

上海是2400万人,当然这可能也有一定的低估,可能实际人口在2500万人左右。但是总体来讲,上海的人口统计数据相对准确些。上海的城市范围比较大,相对来说"潮汐式"工作模式,即工作在上海、居住在周边的情况比较少。而深圳这种情况非常普遍。

我们用不同的渠道数据相互印证,更能够准确理解数据的含义。比如网上城市数据团的研究告诉我们的数字,就是上海到底有多少人。用的是什么数据呢? 用的是手机的信号的数据,还有刷卡记录的数据。就是银行里刷卡记录的数据和手机的信号的数据来回计算,通过一年的跟踪,大概算出来上海人数最多的时候是3000万人,最少的时候是春节期间——1800万人。

这波动到什么地步? 有一半的人到了春节就没有了,然后到了夏天的时候,非春节期间大概有3000万人。这样的人口波动,不仅对人均GDP的计算,而且对按人均来计算的能耗、垃圾等数据都会产生非常重要的影响。因为不是10%、20%的影响,而是50%的影响。这实际上对于预测和规划实有人口的波动,是一个挑战。

社会调研涉及的一个很重要的点,就是找到目标人群,如果实际人口都搞不清楚,寻找目标人群时也会出现很大的偏差。要搞清楚目标人群、实际人口、实际状况,需要综合运用多种技术手段,除了调查以外,还有现在的大数据、云计算。

社会调研,现在可以说越来越受到重视。在决策过程中,社会调研主要为最终决策提供参考。这个提供参考的过程,有一个反馈的机制。实际上这是很多的社会系统论在操作过程中的循环过程,是螺旋上升的过程。一个组织者首先要确定自己的工作目标、战略、执行过程,以及他对整个项目的控制,然后才能确定他要做的社会调研的目的和内容。

社会调研为组织决策者提供的参考,就是组织资源应该放在什么地方、目标应该是什么样子,同时社会调研还要影响决策,影响领导作出正面抑或反面的决策。然后,领导的决策又会影响到公众和社会,公众和社会又会对决策作出评价,这些评价又会反馈给组织决策者。这是社会调研总体的运作机制。

这个机制告诉我们,社会调研处于组织决策者作出决策的过程中的某个环节,不能替代决策者作决策,只是给组织决策者提供参考。

接下来我们看看调研的总体流程,这个是一般意义上的,或者说是常规流程。这里我给大家简单介绍一下,这个流程既适用于做市场调研,也适用于做社会调研。调研的过程包括提出需求、论证方案、审批方案。

我们上个星期正在做的就是关于某个开发区的科技服务体系的调研。最开始是想去了解开发区里的企业和企业员工对开发区有什么新诉求,特别是在科技创新方面,这些企业和企业员工有什么新想法,有什么不满。调研中了解到的需求很明确。

我们了解到这些需求之后要做方案的论证,提出调研需求的纲要,把整个计划报去审批。之后因为调研项目的细化、方案的设定,调研计划经过了较长的审批过程,审批完了之后才开始做调研、访谈等,进行实际的操作。

这个过程是一步一步的,实际上调研的持续环节只是总体调研过程中很小的一部分,真正体现设计水平的是前面的调研需求的纲要,包括方案的论证方面。开发区的调研,现在的设计大概包括100个企业管理者的访谈、3 000个企业员工面对面的问卷调查,同时还要开几个座谈会。

通过这种方式比较全面立体地掌握了开发区企业和企业员工的总体需求,我们才能进一步设计调研项目的总体流程。虽然这个流程不是必需的,但是一般情况下遵循这个流程可以使项目获得比较好的效果。

现在简单回顾一下传统的社会调研方法。可以说在过去的100年中,调研方法有了翻天覆地的变化。现在用得比较多的,可能也是各位领导平时在用的,就是观察法、访谈法、座谈法以及典型个案分析,还有问卷调查法和电话调查法、文献研究法。此外,在心理学、教育学领域,实验法用得比较多。现在用得非常普遍的是问卷调查法和访谈法。其实这些传统的社会调研方法已经用了100年了,可以说效果非常好。当然,如果用得不恰当,则会产生负面的影响或结果。

所有的调研方法中,难度最大的是访谈法。以前我们的学生也好,老师也好,总是觉得访谈法很容易,就是找个人来问问,但是我们在实际操作过程中发现,最容易的其实是问卷法。问卷有固定的格式,是结构化的,调研时相对来说更容易操作。但是访谈法非常体现研究者和访谈者的水平。在访谈过程中我们发现,一般的研究生都驾驭不了访谈法。访谈过程中要围绕一个主题,察言观色,根据受访者的回答随机应变,营造一个非常宽松而又高度信任的氛围,成功地引导受访者回答问题。所以说访谈法看上去很简单,但是实际上是所有方法中最体现技术水平和个人修养的方法。

如何选择基础的调研方法?要根据调研的目标、数据、来源、获取数据的成本,选择基础调研的方法。做调研首先要思考的就是调研的目的,要做一个什么样的调研?要做一个大型的调研还是一个小型快速的调研,这决定了应该用什么样的方法。

这里首先来看用得最多的观察法、访谈法,最著名的像毛主席的《湖南农民运动考察报告》。他用自己的观察和座谈办法,然后开调查会,通过这种方法来获取一手资料,最后写成调查报告。这个报告可以说在我们党整体的历史发展过程中起着非常重要的作用,它告诉我们农民或政权的力量可以从农村开始发展壮大,走农村包围城市的道路。

现在有了很多新的手段,比如浙江在基层治理中提出"最多跑一次",就是一般的镇里的服务中心,一件事情最多跑一次就解决。只要来把材料交齐,跑一次就行了,剩下的事情则在管理者内部流转即可。

我们专门去做了相关调研,调研过程中发现除了基层治理的过程,还有其他很有意思的现象。调研过程中我们做了口述式的访谈。我们希望找到这种基层治理历史的渊源,即不光是考察目前在做什么事情,更多的是去看它的历史及其发展脉络。

浙江有一个镇我们去调研了很多次。可能在座的领导不太熟悉,这个镇跟上海有很大的渊源,全国有很多姓应的人的祖籍都是这个镇。这个镇的内部治理结构在当时非常有特色。我们找到一位老先生,他已经80岁了,他告诉我们,这个镇光祠堂就有100多个。这在全国范围内都很少见,对基层治理有非常大的借鉴意义。

祠堂,一般的村子可能有两三个就不错了,毛主席所在的韶山村就有毛氏祠堂。但是这个镇,居然在一个很小的范围里就有100多个祠堂。调研过程中,我们做了一些口述史的挖掘,做访谈,收集各种资料。同时进行一些观察,比如看到当年的老宅子里还有毛主席语录,镇里还有很多的老建筑。

我们想做什么?我们的研究目的其实很明确,就是要搞清楚这样一个地方,其基层治理或乡村治理的历史渊源是什么,现在的治理结构跟50年前、100年前的治理结构有什么样的联系。这个就是我们说的做个案访谈包括做口述史可以获得的结果。

现在新的技术出现了,观察法有信息的手段,这个手段不仅仅是大家看到的各种探头,而且探头的智能化程度已经很高了。很多综合治理的监控系统已经跟公安系统联系在一起了。现在新的观察法到了什么地步?上交大几个学者有最新的研究结果。他们发现,监控可以拍到每个人进门的照片,可以智能地独立分析拍到的人是不是罪犯。如果这里有一张照片,照片上人物的面部可以识别出来,不需要跟公安局的系统连起来,就通过面部的结构,上交大自己的人工智能识别系统就可以判断这个人以前有没有犯罪的嫌疑,或者说有没有前科,以及他将来有没有可能犯罪。

这个东西很玄,我专门把他们的论文找出来,他们说这个是机器学习的结果,也不知道其中到底是什么样的机制,但是算法可以公开。有了这个系统,以后每个小区都可以有一个人工判断的过程,来了一个人系统便可以告诉你这个人的犯罪指数,从1到10,如果到10,保安要留心,如果是1,就可以放进去,这是未来可能的趋势。

上交大这几个学者的论文已经发表了,网上可以检索到。他们的算法用的是美国的数据,用的是谷歌上的犯罪记录和照片记录,在中国的适用性还有进一步研究的可能。如果这个理论真的成立,那通过面相就能判断一个人有没有可能犯罪。这是研究带来的冲击,如果将来有生理学或者犯罪学数据的支持,可能精确性会更高。

当然这可能会涉及很多伦理问题,因为你不可能在一个人没有犯罪事实的情况下,通过他的面部就判定他将来会犯罪。但是神奇的是他们就是靠照片,其准确度已经超过 80%,这几个教授完全不知道犯罪学和各种法律相关的东西,就靠人工智能机器学习的方法达到这样的地步,这还是值得我们继续跟踪的。

这个方法将来衍生或者扩展,就会对观察法有更多的帮助。试想,如果可以预测一个人会不会犯罪,也便可以预测一个人会不会离婚、会不会出轨等,或者有没有领导气质等,这可能会让我们回到宿命论的境地。但是不管怎么样,可以说观察法或许是人工智能跟现在社会非常重要的一个结合点。

访谈法现在也还在用,并且有一些新的发展,比如远程视频、微信、QQ 之类的实时沟通等。这里需要提到智能访谈文本分析。这个其实也是我们说的人工智能的手段,可以通过对文本、语音的分析来观察或重组这些文本、语音相互间的关系。比如现在做的聊天室的分析。可能有的领导开会的时候通常会有会议纪要,这些会议纪要一般都存着,现在可以把会议纪要找出来,哪怕是手写的也可以转换成电子文档,然后对这些内容进行整体的文本分析,可以看出一个领导在一个较长的时期里其工作的总体思维演变过程或发展过程。通过这种方式能够呈现企业发展过程中,不同的团队成员在会议或其他工作中为企业留下的无形资产或所做的谋划。

座谈法现在用得比较多的就是焦点小组,这个在教育学、心理学等领域用得非常多。焦点小组跟一般的座谈会不一样,有一个主持人负责组织讨论,但主持人是通过倾听的方式来了解被调查者的思想观点和看法,同时旁边会有一个单向的玻璃镜,研究者就待在玻璃镜后面观察焦点小组的人在讨论过程中的言行。比如在调研创业孵化基地的过程中我们组织了一次焦点小组,了解人们在孵化基地获得了什么。其实各位领导很清楚,现在大学生创业孵化基地成功的比例很低。大部分大学生在孵化基地里最后获得的只是一次创业经验,真正能够走出来成为一个大公司,或者把公司培育成熟的比例非常低。但是我们发现了一个派生的结果,之前我们都没有想到。像这种创业孵化基地,在上海很多地方最后变成了谈情说爱的地方。之前我也不知道为什么,后来才知道,原来这样的地方免费提供咖啡,有免费空调、免费场所,甚至有的地方中午、晚上还包饭,所以好多人没事儿就往这些地方跑,时间长了这些创业孵化基地就变成了谈情说爱的地方。这也是一件好事,可以促进上海结婚率的提升。这是在组织焦点小组过程中,通过主持人的引导,对一个问题进行讨论,让受访者自由发挥、相互启发收获的意外之喜。

传统意义上的问卷调查法主要包括电话调查、一对一面访、邮寄问卷等方法,前两者在中国用得比较多,后者在日本、美国等用得非常普遍。

我们现在用得比较多的是电话调查,电话调查的优势是可以快速反应,可以在很短的时间内获得特定问题的大众民意结果。比如我们上海大学社会调查中心,以前用电话调查系统跟《文汇报》合作,就是在两会期间,一些政协委员、人大代表的提案提交之后,我们马上用电话调查的形式在上海居民中做调查,电话询问他们对社会热点的看法。这种方法过去几年都获得了比较好的社会反响。

电话调查的劣势是什么呢?比如去年在上海做的一个基层妇联改革的调研,这个调研询问的对象是居委会工作人员。他们的敏感性很高,接到电话便问我们是哪儿的人,我们说是上海大学的,他们说不对,不可能,认为这事可能是假的。我们总共打了大概500个电话,差不多有三分之一的受访人员打电话到上海市妇联进行核实。电话调查最近几年,基本上很难操作,主要是因为人们在接到电话调查时总会存在非常强烈的怀疑心理。这导致的结果是收集到的信息失真比较厉害。我们后来还是用传统的方法,就是到社区去,一个社区一个社区地跑,问居委会工作人员和居民,改革到底是什么情况。我们发现电话调查在现在这个时代,好像不是那么有用了。

面访是做问卷调查最常用的方法。问卷调查法现在的进步主要体现在有一套系统,叫作电脑调查系统。这套系统,说它复杂也很复杂,说它简单也很简单。它可以像在线调查系统一样,用手机就可以操作,进行调查。我们现在用得比较多的,像问卷星,还有其他很多调查系统,甚至微信也有。现在各行各业都在用在线调查系统。

在线调查系统是电脑辅助调查系统的简化版。比如问卷星存在很多不稳定因素,尤其是在做一些大型调查的时候不太好用。所以我们在学校里一般是自己开发系统。真正复杂的其实是电脑辅助调查系统。这种系统现在国外最先进的是密歇根大学的,国内最先进的是北京大学的,有一套从密歇根大学引进的系统。有了这种系统,调查过程中便不再需要纸质问卷,而是用一个 iPad,真正的核心在后台,其实很多公司现在都在使用。北京大学的这套系统可以实时跟踪,分析调查过程中调查员和受访者之间的互动。它分析受访者回答每个问题所用的时间长短,分析调查过程是不是可靠,受访者的答案在当时情景下是不是值得相信。上海大学现在的调查系统在功能上还没有那么强大,但是能够满足我们的基本需求。用比较先进的系统辅助调查,可以获得非常高质量的数据,这跟很多的商业公司做调查有非常大的区别。好的系统,抽样方法几乎是一样的,所获得的年龄结构、性别结构都是非常接近统计数据的。一个好的抽样、一个科学的设计带来的结果,就是这个样本数虽然只有几千个或者几万个,却可以预测几千万甚至十几亿人的情况。有了调查数据之后,就可以获得问卷里涉及的个人幸福感、职业经历、收入、教育经历等很多在人口普查数据中没有办法获得的信息,还可以通过调查来进行推论,即从样本来推测全国的情况。

接下来我们看看上海大学正在做的大都市社区状况调查。我们的方法,包括我们的设备,跟北大有百分之七八十的相似度,甚至我们的问卷,很多都是借鉴他们的,在他们的基础上进行了一些改造。我们主要是在设计过程中以街镇为单位将上海划分区块,在上面加载公共交通网络、基础设施,以及我们编码的调查地址、希望了解的一些感兴趣的场所。我们就是这样一层一层往上面加载信息,通过这种方式研究上海的社区,包括居住空间的分布情况。在这种方式下,都是一些数字编码,我们把一个一个的家庭、个人编码了。也就是说,我们在全上海市抽取了一定数量的家庭,然后在这些家庭里再抽取一定数量的个人,由此推论整个上海市的一些情况。目前我们做完的,比如社区层面已经做了 550 个村居调查,覆盖了上海所有的街镇。我们又在 120 个社区中进行入户调查,调查家庭情况和个人情况,最后获得了差不多 1 万个样本。

接下来简单汇报一下初步的结果。社区层面,我们关注居委会、业委会、物业公司,还有社会组织、社工。关于这些不同的组织共同治理社区的情况,我们已经有一些初步的成果,也即关于上海大都市治理状况的总体描述。我们调查发现,30岁以下,60岁以下,除了70岁以上的,基本上是持平的。换句话说,在上海本地人中,幸福感跟年龄之间没有太大的关系。年轻人跟中年人平均值是一样的。但是差在外地人,这个趋势很明显,就是外地户籍群体中,年轻人幸福感低,中年人一般,而老年人很幸福。上海有将近一千万人的外地户籍常住人口,这个结果还是有一定的政策意义的。也就是说,外地户籍人口中,年轻人是很不幸福的;而60—69岁这批人,就是刚刚退休的这批,在上海是很开心的,至于这批人为什么开心,我们要留到后面做更详细的研究。但是从趋势上讲,我们经常讲一个人幸福不幸福,这里面有一个调节变量,这个变量就是一个人有没有户籍,这会影响年龄和幸福感之间的关系。换句话说,我们经常讲年轻人生活得很惨,主要是指非上海户籍的年轻人在上海生活的压力很大。总体上讲,我们的幸福感水平如果投到城市空间上面,浦东的人很幸福,奉贤、金山的人也很幸福,宝山的人还行,长宁、嘉定的人好像没有那么幸福。

当然这是一个初步的结果,因为这个调查现在正在做,我们希望把还未做的一些街道做完。这个工作量其实很大的。我们做了差不多1万个样本,成本为400元每个,这还不包括前面社区的那些成本。大家可以想到,比如我要到金山或者崇明去,基本上就要待上一天或者一个星期,成本比较高。除此之外,现在还有一个比较热的词叫"获得感",我们的问卷中也问是不是有获得感。获得感和幸福感有点差别。浦东的人获得感很强。

我们专门问了这么一个问题:你们家日常事务是由妻子做主,还是丈夫做主?我不知道各位领导有没有住在浦东的,浦东家庭中妻子的地位高一些,而奉贤、金山这些地方,妻子做主的比例明显要低很多,也就是在上海有很明显的梯度的差别。总体来讲,在市中心家庭中妻子做主的比例要高一些,在郊区尤其是远郊,丈夫做主的比例要高一些。

我们后来又对金融业从业人员做了调查,发现他们多住在老婆做主比例较高的地方。我不知道是什么原因,现在还只是得了个初步的结果。我们去年才做完,数据正在处理中。除此之外,有两套以上住房的人获得感比较强。为什么金山、奉贤的人获得感比较强?因为他们那有两套以上住房的人比较多。

我们还调查了受访者的上海话水平。很多人讲在内环听不到上海话,实际上不是这样的。我们发现,会说上海话的人还是在市中心的比例较高,上海周边可能是新上海人更多一些。

接下来主要介绍大数据社会调查的发展。这里主要给大家介绍几个现在做的案例,这些案例可能跟网上的很多案例有一些联系,因为大家用的方法和数据都差不多,但是我们用的思维方式、模型可能有一些差别。在"互联网+"的时代,大家都在用大数据,但是怎么用,有很多的讲究。大数据在社会调查中的一些比较源于《社会物理学》一书,这本书讲到对现有数据的深入挖掘,这些数据包括GDP、无线网、蓝牙等,还有通话日志,各种各样移动端以及其他物流网中的数据。

在大数据环境下,我们现在主要使用三类数据:一是现有的一些数据库,数据量很大,主要是结构化的数据。这类数据来源于政府,包括民政、交通、司法、公安等方面的数据,还有市场的数据,包括电信的、金融的、零售的,还有互联网公司的数据。二是基于物联网的数据,来源于传感器和智能手机。比如百度地图的数据基本上来源于百度导航,我们可以根据私家车的运动轨迹预测某个地方是不是堵车。此外还有位置数据、沟通数据,以及反映个体特征的数据。三是基于移动互联网的数据,主要是通过网页抓取,获得一些非结构化的关系和数据,来源于微博、新闻、论坛、微信等。这三类数据合在一起,成为大数据背景下对人类行为进行分析的数据来源。

这三类数据的基础是互联网的文本分析,包括对互联网的文本进行采集、搜索、分析,最后将其可视化。现在做得非常吸引眼球的有商业数据的可视化,尤其是在计算机行业。文本数据主要来源于新闻、论坛、文献、微博,以及很多其他的数据来源,包括淘宝网、政府的一些网站,上面有各种各样的文本信息。我们有一个团队专门做全国县一级官员升迁调查,每个月把全国所有的县级政府网站上官员的简历抓下来,然后形成一个数据库。每个月抓一次,看看不同的人——我们现在做的过去十年所有的县级干部,就是县长、书记、副县长、副书记这些县一级的领导人——变动的过程。在这些变动过程中,如果在特定的时间点你要回溯,很多情况下找不到资料。实时抓取在技术上是很简单的,可以形成很有意思的数据库。这方面的论文,去年有一篇发表了,专门研究官员的升迁和当地的 GDP 增长的关系。

下面我们重点用这种大数据来做一个商业分析,给各位领导看看我们现在做的案例。这个案例主要分析上海的商业网络的形态是什么样的。当然,网上现在有类似的研究。上海的市级商圈和地级商圈大概有三十几个,我们用城市数据团的数据、手机的数据配合信用卡和银行卡的刷卡记录,归纳出了这些商业中心的状况。

从商圈活力指数——总消费、人流量、占地面积来看,陆家嘴张杨路是最有活力的,即陆家嘴非常活跃,其次是南京东路、淮海中路、南京西路这三个传统的围着人民广场的商业中心。这是通过手机移动数据来说,人流量是最大的,银行卡消费记录金额也是最大的。四川北路、五角场、大宁是比较接近的商业中心,直观感受上五角场更有活力,我们印象中虹口的四川北路改造之后,现在商业的活跃度已经下降了。这说明什么?单纯靠人流量,四川北路人流量多,刷卡的也多,但是不能反映用现金交易的商业活动情况,尤其在五角场这个范围更加明显。

从空间分布结构来看,我们说的这几个商业中心基本上都是在中环以内。其实未来发展会比较快的,像大宁那些地方,可能会改变现在的商业布局。城市数据团发布的信息告诉我们,来五角场的人是从哪来的,他们平时主要在哪些地方活跃,然后到五角场消费。我们的数据只保留了晚上 6 点以后到五角场去的那些人平时是在哪活跃的情况。从中可以看出,五角场覆盖的基本上是周边区域,说明五角场是很明显的区域型商区。像五角场、四川北路,几乎没有浦东的人到这些地方去。而像南京西路、淮海中路,基本上把整个上海都盖住了,说明其影响力波及全上海,当然对浦东也有一定的影响。陆家嘴的影响主要在浦东,对浦西也有一定的辐射。总体而言,浦西有全市影响力的商圈,浦东的人到这些地方去的还是不多,浦东的商圈对浦西的影响也较弱。换句话说,陆家嘴张杨路解决了浦东的人的商业需求,而上海的商业竞争主要是在浦西的各大商业中心展开。

通过大数据可以看出商业中心覆盖的人群大概分布在什么地方。反过来,也可以通过大数据预测某些特定的社会活动吸引的人群将来自哪里,可以把这些商业中心的数据换掉,比如可以用类似的方法分析一场演出会有哪些人来看,申花的比赛会吸引哪些地方的球迷来看。这些都可以用手机相关的数据或者类似的刷卡数据来分析。

城市数据团的数据表明,不同的商圈面临的竞争对手不同。浦西有非常复杂的竞争关系,划的区块也很明显。

接下来我们看另外的数据,就是我们现在做的大众点评的调查。大众点评是一个主要做消费点评的网站。从这个网站上可以搜集不同的数据。过去我们搜集了上海的餐饮数据,发现餐饮业最活跃的是五角场、人民广场,陆家嘴没有那么活跃。其实我们反过来想,陆家嘴的餐饮业没有那么密集,五角场是以生活服务为核心的,所以分析餐饮数据,五角场的数据量会更多。

对于我们来说,这些点评的内容告诉我们,同样一个人会去上海的哪些不同的地方吃饭,这样会建立不同的商业中心之间的联系。就是说,一个人既会去陆家嘴,也会去人民广场。比如在上海大学的学生会喜欢到哪个地方,到静安寺还是人民广场去吃饭,我们可以通过这种数据来了解。

我们用网页抓取技术把大众点评的数据抓下来,汇总出庞大的数据,基本上可以和市级商业中心、地区级商业中心对应起来。不同的商业中心,对应的点评数量也是不一样的。我们通过聚合的数据分析出来的,是2008—2015年上海商业中心活跃度的变化情况。每年的数据都有,可以做出动态图,呈现上海商业活动的扩散情况。

不同的商业中心,不光是要看排序,更要关心的是不同商业中心之间的关系。因为我是上海大学的,我比较关心的是上海大学的学生主要到哪儿去吃饭。当然,只要你告诉我你关心哪个区域,我可以大概给你勾画出来区域内的人主要到哪儿活动。交通线很重要,上海大学的学生主要沿着7号线活动,基本上不到浦东去,到静安寺就停下了,再往前就不怎么去了。这样看出来什么?这实际上告诉我们的不光是商业的活跃度,还有整个上海不同的商业中心相互之间活动的关系。这是实地调查很难反映出来的。

我们对40岁以下的比较有消费活跃度的人群的消费行为在上海的分布进行了分析。像静安寺、人民广场、五角场,这些地方在上海起着非常重要的作用。还有大宁,总体上讲是地区级的商业中心。陆家嘴这些地方主要是辐射浦东,上海最核心的还是人民广场。这是从大众点评归纳出来的情况。

如果我们做一个网络关系结构，五角场、平凉路这几个商业区的客群是同一批人，五角场和大宁之间有竞争关系，但是根据餐饮业的竞争来讲，大宁地区的人吃饭的习惯跟五角场的人吃饭的习惯是完全不同的，这两个商业中心的客群特征是非常不一样的。大宁地区的人会去人民广场、静安寺这些地方，五角场地区的人主要在五角场消费，这反映出上海不同群体的消费习惯在上海的空间分布上会有什么样的不同。

除了大众点评的数据之外，还有用淘宝数据做出来的淘宝指数，淘宝指数可以用于和 GDP 作对比。很多城市 GDP 很高，但是淘宝指数很低，比较典型的是大庆、鄂尔多斯，因为这些地方资源很丰富，但是互联网的融入程度很低。

我们现在来看大数据和调查数据之间有什么样的关系。如果反映在地图上，调查数据通过抽样大概能得到一个个色块，这些色块是一张图模糊的结构。换句话说，这样的图是调查数据呈现出来的，它会在一个特定的区域产生一些大的色块，也就是调查的点。如果把样本量增大，就会向我们呈现一个景象，我们远看就能分析出这是某个人物，或者这是一个人的表情。大数据描绘的图在大多数地方比较模糊，而在特定的区域上非常准确，因为有大数据。但不可避免的是，所有的大数据都有非常明显的偏差。现在很多人讲大数据是全样本，非常精确，非常可靠，实际上真正的大数据给我们的信息量是很特定范围里非常准确的数据，而其他的信息基本上没有。比如前面我们讲的，手机的信息会告诉你每一个人每天乃至每一秒在什么地方，甚至精确的移动范围。但是手机的数据不会告诉你某个人一天中做了什么事情，也就是说只告诉你某个人去了哪里，至于他的喜怒哀乐，他做的事情，他的情感，他跟别人的交往，手机的数据都不能告诉你。

所谓大数据，是在某一个维度上极为精确的数据，但是在其他维度就会碰到问题。把大数据和调查数据结合起来，会在某一点上非常准确，同时有一个总体的样貌呈现给大家，大家可以从总体上和细节上把握现实社会。这是我们说的调查数据和大数据相结合，会带来很多的优势。

既然有优势，就有劣势。我们讲两个反面的例子。最典型的就是前段时间在一个非常大的行业协会的会议上，有一个"航母级"的互联网影业发言人，他说通过大数据挖掘发现了不同观众的相关偏好，比如《芳华》的观众比《战狼Ⅱ》的观众消费了更多的热饮。这是在公开场合，非常大的业界会议上他说这么一句话，大家觉得这句话有什么问题？这句话成了大数据分析行业的一个笑话。他的结论实际上跟大数据一点关系没有，不用大数据也知道，因为《芳华》是在冬天上映的，《战狼Ⅱ》是在夏天上映的，说白了两部电影上映时间不同。而他的推断是，因为《芳华》相对文艺一点，《战狼Ⅱ》则是火爆的片子，所以文艺片刺激大家喝热的，战争片刺激大家喝冷的。

很多时候并不是数据量越大越好，在1936年的时候就出现过这样的笑话，当时美国总统选举的时候，美国的《文摘周刊》杂志做过一个数据分析。当时杂志调查两个总统候选人，即罗斯福和蓝顿谁会赢得大选，调查发现蓝顿非常受欢迎，所以这个杂志预测蓝顿会在选举中获胜，这个预测会影响很多商业和政治的安排。但是结果罗斯福获胜了，当时很多人反思问题在哪里。这个杂志是向上千万拥有电话的人做调查，有230万人做回应。当时家里有电话的都是有钱人，是这个社会的中上层，而这个调查没有包括美国的中下层，结果算出来完全是反的，得出了错误的结论。样本量大小并不必然会决定准确度，而真正好的设计是科学的设计。特别是你对总体样本的认识，数据量大、技术先进并不能代替科学的研究设计，这里面的主要问题是样本的选择性偏差，错误的抽样方法或者研究设计导致错误的评价结果。

另外还有一个话题，就是到底是公办学校好，还是民办学校好。这是非常值得讨论的话题。实际上背后是非常复杂的研究内容。我们经常比较，一个学校的教学质量是好是坏、升学率是高是低。但是单纯比较升学率的好坏，会产生非常严重的偏误。尤其是上海前几年这个问题非常明显，民办学校先招生，公办学校后招生。今年开始公民同招，会一定程度上改变这个问题。

我们之前研究教育质量，就看到底是公办学校成绩好还是民办学校成绩好。很多民办学校明显好过公办学校。要比较两类学校到底哪类学校对学生更有帮助，更有益于学生成长，我们要考虑两类学校生源的一致性，相同学生用不同模式教出来才有可比性。这是过去很多的研究者、家长和老师在比较的时候都会碰到的问题，不是说学校帮助某个学生成长，而是因为有好的学生在一起，促使学生们更快地成长。其实就算把上海市所有的学生都找过来进行研究，你仍然解决不了样本选择的问题。以前在民办先招的时候,我们都没有办法研究这个问题,现在公民同招了,有了这个前提,所以我们正在规划做相关研究。我们在同样水平的公办和民办学校里,找背景、学习成绩,包括上辅导班的经历都非常接近的两批人进行比较。在不是公民同招的时候这样的比较很难做,大部分民办学校的生源都要好过公办学校。现在我们设计这个研究,让同样一批智商也好,成绩也好,家庭背景也好,我们知道的那些因素基本上一致的人,一部分进入民办,一部分进入公办,三年或者六年之后我们再看升学率,看高考成绩。以前我们很难说,因为民办学校的学生是一批,公办学校的学生是另一批,两者在入学成绩上有很大的不同。就像比较复旦大学的学生和上海大学的学生毕业之后工资到底谁高谁低,因为进复旦大学的那些高中生,本身的高中学习成绩就好,要比较的话我们只能比较本来差一点就可以考上复旦大学的那批人,最终考入上海大学,这群人在上海大学的氛围里,四年之后是不是学得更好,找到了更好的工作。只有找到这么一大批人才能进行比较。事实上,我们不能把一批考上复旦的同学拉到上大去,这样做实验也好,做比较也好,其实难度很大。

这次公民同招,上海政策的改变给我们评价公办学校、民办学校谁好谁坏,提供了很好的契机。这个时候还可以比较之前的,我们说民办学校接收了一大批好学生,那之前的经验是不是真的有利于学生的成长,都可以通过未来几年的效果进行比较。换句话说,我们以前一直认为,很多的技术上的或者尝试性的结论,可能随着新的调查技术或者调查理念的出现而被推翻。除了民办学校、公办学校之间的比较,其实还有很多类似的问题,举一个比较直接的例子:上大学到底是对穷人好还是对富人好?穷人为了上大学,要付出更高的成本、更多的心血,而对富人来说,上大学不一定是唯一的出路。我们在设计比较的时候,考虑更多的是必须是同样一批人,因为某种原因,被随机分配到大学,这样才能进行比较。

接下来我们讨论一下大数据研究的局限性。从目前来讲,只能说大数据研究取得了很多的进展,但是其实到现在为止还做不了太专业的事情。这并不是说大数据不好,其实大数据非常好,只不过我们现在的技术,我们的统计学,我们的社会科学还没有足够的水平去利用。大数据有很多的干扰,比如前面讲的刷卡记录里发现大宁商业中心、五角场商业中心、四川北路商业中心的商业活跃度接近,但是事实上我们感觉五角场商业中心的商业活跃度更高,就是因为大数据中存在干扰。其实样本是有问题的,就是银行卡的刷卡记录都是特定的消费人群,可能这些消费人群在这三个商业中心的分布是均匀的,所以反映出来的商业活动是接近的。但事实上我们都知道,五角场那个地方大学生很多,年轻人很多,他们很多人都已经没有刷卡的习惯了,都是用支付宝、微信、现金,这个时候大数据中的干扰就很难避免。你哪怕有全样本,上海所有的银行卡刷卡记录,这个数据也是不完全的。大数据也会有广度和深度的缺失,总是有一些特定的样本,变量非常有限。我们之所以做社会调查,就是因为我们想了解很多特定主题的变量,这些变量往往不是我们平时所能了解的,也不是通过大数据便能一目了然的。前面的《芳华》和《战狼II》的数据,没有考虑季节因素,分析模型里没有季节这个变量,数据分析师的经验不足以发现这样的缺陷,就会导致一些错误的结论。

还有一个相关的案例,就是冰激凌的销量。我们经常讲冰激凌的销量跟一个地区的犯罪率,尤其是抢劫和人身伤害的犯罪率有密切关联。这在美国表现得尤为突出。从数据上可以很明显地看到,一旦某个地方冰激凌销量上去了,这个地方的犯罪率也会上去。这是为什么?难道说犯罪分子都是吃着冰激凌出来作案?肯定不是,背后就是因为季节的原因。夏天热,冰激凌销量就上去了。夏天热,大家出门活动的频率也高,大家穿的衣服也少,这个时候更容易发生抢劫、人身伤害等犯罪行为。而冬天的时候大街上没有几个人,犯罪分子想抢也没什么机会。所以,哪怕你有非常多的样本数据,如果完整性有缺失,也会得出一些跟平时的体验不太一样的或者说违背常识的结论。

大数据研究在因果关系的检验上存在非常大的缺陷。搞大数据研究的人特别强调大数据分析,不讲究因果关系,只关心相关关系。如果只关心相关关系,就容易犯刚才说的错误,即冰激凌的销量跟犯罪率紧密相关,这种是很明显的相关关系。尽管相关关系在大数据里可以获得非常坚实的数据支撑,但是相关关系不一定意味着存在直接的因果关系。

这实际上又涉及数据的真实性,因为数据也会"说谎"。前面我们说人均GDP,虽然是统计数据,看上去都是官方的,但是其反映的问题恰恰会混淆大家对事件真相的观察。

关于代表性。大数据研究总是受到样本的局限,很多情况下没有办法代表全样本,要想代表全样本,就要仔细研究变量的问题。

关于预测性。我们现在很难真正用大数据来做准确的预测。有一个业界的笑话,就是在上海有好几个做大数据分析的公司,这些公司从美国引进大数据分析模型。美国有很多的公司,专门分析美国的博客比如 Facebook 这些网站上的对美国股市的评论的信息。分析出来之后,可以相对比较准确地预测美国股市的波动,有的甚至可以提前一个星期预测出来。然而相同的模型在中国却很难准确地预测中国股市的走势,很多人想通过研究中国的微博,还有中国的很多新闻网站的新闻,来预测中国的股市,但效果都不是很好。总之,同样的预测模型到了中国就不灵了。中国有中国的国情。

关于合法性。这涉及数据安全与隐私保护。在数据安全与隐私保护方面,现在还没有很好的方法去监管。大数据公司有各种渠道拿到各种数据,淘宝上现在好多,数据满天飞,基本上 2 000 元就可以把一个城市的物流数据全部买下来。最近打击力度已经强多了。比较有名的是如家事件、携程事件。有一年如家的连锁酒店几千万客户的资料,在淘宝上花 200—500 元就可以买下来。这些资料包括所有客户的身份证、进出店记录、家庭住址、身份证号码、手机号码等,非常恐怖,可以把所有人的行踪联系起来。关于数据安全的问题,其实在中国还是一个有争议的点。

关于产权。我们现在大数据做了这么多,具体地讲数据到底归谁,是归每个个体、数据提供者,还是归公司、公众、政府,现在还没有一个清晰的界定。这还关联到另外一个问题,就是如何给数据定价。上海有大数据交易平台,但是大数据交易肯定不能论斤卖,也不能论个数卖,有的数据有上亿个样本,甚至是几十亿个样本,有的样本量很小,但是价格很高,各种数据到目前为止没有统一的定价标准。

目前来讲,以上是限制大数据研究的几方面因素。社会调研要继续发展下去,一方面要通过社会调研来克服大数据研究的局限性;另一方面要通过人工智能把大数据分析和社会调研,包括传统的调研方法有效地结合起来。后者是我们现在需要进一步发展的领域。

(讲座时间:2020 年 5 月;成稿时间:2022 年 9 月)

作者简介

袁浩,上海大学社会学院副院长,副教授。研究方向和专长为幸福感研究、中产阶级的社会心态与社会网络研究。主持和参与的项目有2011年教育部"留学归国人员科研启动基金"中小企业的社会网络研究、2010上海市浦江人才计划项目"社会支持网络与心理健康的动态交互模型研究——以上海白领移民群体为例"、2009年国家社科基金青年项目"金融危机背景下中等收入群体的生活方式与价值取向研究"。

附录 上海大学上海经济管理中心简介

上海大学上海经济管理中心(以下简称"中心")于1997年由香港瑞安集团捐助、上海大学创办,在时任全国政协副主席、中国工程院院士、上海大学校长钱伟长与时任上海市市长徐匡迪的亲自关心下成立,钱伟长亲自为中心题名,徐匡迪亲自为中心题词,中共上海市委组织部和香港瑞安集团共同参与建设和管理,是上海市政府发展研究中心干事单位、上海大学软科学研究基地。中心以"整合知识资源、服务社会发展"为宗旨,立足全球化、知识经济、"互联网+"和科技创新的时代需求,开展多层次的教育、培训与咨询服务。中心愿景是建设成为与上海城市地位以及上海大学实力相适应的国际一流的干部教育与高端培训领域领导者。

高端培训项目

中心以自主招生、委托培养、合作办学等多种形式开展教育培训服务,在高端培训市场赢得优良的社会声誉。中心长期开设上海市领导干部社会治理专题研讨班、高层管理高级研修项目(EDP)、企业家创新领导力、科技金融与互联网金融、公共人力资源管理、工商管理、知识产权、智能制造等品牌培训项目。2015年获教育部批准,与法国让穆兰·里昂第三大学合作举办可持续发展专业硕士项目。20多年来,中心立足上海、服务长三角地区、面向全国各地,开展教育培训服务,累计培训学员已达5万余人次。

基地平台建设

根据人社厅发〔2017〕85号文,上海大学获准设立成为第七批国家专业技术人员继续教育基地,基地办公室常设于中心。利用学校综合性大学的多学科优势,着力打造成为学校服务国家和上海发展战略、人才培养和拓展校企合作、深化产学研应用的平台,在多个专业技术领域形成理论创新与知识积淀,并与上海市人社局签订协议共建上海公共人力资源研究所,不断开展课题研究,加强高校智库建设。

中心还是中共上海市委组织部干部教育培训高校基地、上海市干部教育中心培训基地、上海检察官专题培训基地、上海市企业家培训基地、上海联合产权交易所高校教育培训基地、上海市职业经纪人后续教育基地,是上海大学服务区域经济与社会发展的窗口。中心通过与中共上海市委组织部、上海市人社局、上海市检察院、上海市科技创业中心、上海市交通委、浦东新区科经委、静安区委组织部等单位长期合作,建立培训平台,打造培训品牌,同时通过与上海久事集团、上海航空公司等知名企业集团不断深化合作,拓展高层培训业务,形成集培训、研究、咨询三位一体的良性发展格局。

中心每年要举办各类培训项目40余项,包括特大城市与社会治理创新专题研讨班、企业创新与领导力培训班、智能制造与机器人技术应用高级研修班、材料基因组工程技术与应用高级研修班、转型升级与知识产权高级研修班、交通行业急需紧缺人才培训班等品牌培训项目。中心聚焦装备制造、信息技术、生物技术、新材料、创意文化、科技金融、知识产权、社会治理等重点培训领域,服务"一带一路"建设、"长三角一体化战略"和上海"五个中心"建设等人才培训、培养和教育的需要。

师资力量与教学保障

中心立足长三角,面向全国,依托上海大学综合性大学学科优势以及高水平的师资队伍和20多年来积累的国内外知名专家、学者和企业家等优质师资开展办学,在社会治理、企业家创新领导力、科技金融与金融科技、工商与人力资源管理、智能制造、可持续发展等领域形成了特色与品牌。中心坐落在风景优美的上海大学延长校区内,交通便捷,拥有1 000余平方米的专用多媒体现代化教室、各类小型研讨教室和资料室等,具有一流的软硬件设施及教学环境。

地址：上海市广中路788号(延长路149号)上海大学科技楼8楼

电话：021-56332594　021-56331091

网址：https://jgzx.shu.edu.cn/